달리기 인류

OUT OF THIN AIR
Copyright ⓒ Michael Crawley 2020
All Rights Reserved

Korean translation copyright ⓒ 2025 by Booksea Publishing Co.
Korean translation rights arranged with C&W Agency
through EYA Co.,Ltd

이 책의 한국어판 저작권은 EYA Co.,Ltd를 통해
C&W Agency와 독점 계약한 도서출판 서해문집에 있습니다.
저작권법에 의하여 한국 내에서 보호를 받는 저작물이므로 무단전재 및 복제를 금합니다.

달리기 인류
인류학의 퓰리처상 '마거릿 미드상' 수상작

초판 1쇄 발행 2025년 9월 15일

지은이	마이클 크롤리
옮긴이	정아영
펴낸이	이영선
책임편집	김선정
편집	이일규 김선정 김문정 김종훈 이민재 이현정 조유진
디자인	김회량 위수연
독자본부	김일신 손미경 정혜영 김연수 김민수 박정래 김인환

펴낸곳 서해문집 | 출판등록 1989년 3월 16일(제406-2005-000047호)
주소 경기도 파주시 광인사길 217(파주출판도시)
전화 (031)955-7470 | 팩스 (031)955-7469
홈페이지 www.booksea.co.kr | 이메일 shmj21@hanmail.net

ISBN 979-11-94413-57-8 03380

달리기 인류

인류학의
퓰리처상
'마거릿 미드상'
수상작

마이클 크롤리 지음 정아영 옮김

서해문집

이 책에 쏟아진 찬사

"영감으로 가득한 글은 속도감이 넘치며 진지함과 유머 사이를 오간다. 에티오피아 숲의 갖가지 소리와 냄새와 풍경이 마치 눈앞에 있는 듯 생생하고, 인류학적인 성찰은 이야기의 흐름을 방해하지 않으면서도 이해를 돕기에 충분하다. 이 책은 세상에서 가장 특별한 미지의 스포츠 문화를 낱낱이 파헤쳐 그 핵심에 숨겨진 강력한 단순함을 드러낸다." _**가디언**

"열다섯 달 동안의 매혹적인 이야기! 이 가슴 뭉클한 이야기는 러닝화를 한 번도 신어본 적 없는 독자들에게도 깊은 공감을 불러일으킨다." _**퍼블리셔스 위클리**

"달리는 능력을 신비로운 마법 같은 것으로 여기는 세상에서 얻은 놀라운 통찰과 교훈으로 가득하다. 담백하고 절제된 문체로 가히 경이롭기까지 한 에티오피아 달리기 문화의 면면을 하나씩 뜯어보며, 그 중심에 자리한 단순하고도 강력한 본

질에 다가간다. 또한 선수들이 맞닥뜨린 고난과 극복하기 어려운 장애물까지 가감 없이 그려내어 깊은 감동을 안긴다. 앞으로 세계 경기에서 걸출한 선수들이 선두를 질주하는 모습을 볼 때면 이전과는 다른 감정을 느끼게 될 것 같다."
_**아다레난드 핀**, 저널리스트, 《케냐 선수들과 달리기를》 저자

"세계 최고의 선수들을 키워낸 풍부하고 다층적인 문화를 심도 있게 탐구한다. 저자의 예리한 통찰을 따라가다 보면 그토록 크고 담대한 꿈을 꾸는 이들이 어떻게 성공을 거머쥐게 되었는지를 새롭게 바라보게 될 것이다."
_**앨릭스 허친슨**, 육상 선수 출신의 물리학자, 《인듀어》 저자

"에티오피아에는 달리기의 심장과 영혼이 있다. 이 책을 읽은 모든 독자가 러닝에 대한 한없는 사랑을 느끼고, 저자 마이클 크롤리처럼 삶을 변화시키는 경험을 할 수 있기를 진심으로 바란다. 달리기는 삶 그 자체니까!"
_**하일레 게브르셀라시에**, 올림픽 육상 금메달리스트

"달리기에 관한 최고의 책! 열정적인 러너라면 꼭 읽어야 할 필독서일 뿐만 아니라, 러닝에 조금이라도 관심이 있다면 누구에게나 기꺼이 추천할 만한 책이다." _**트레일 러닝**

"당신의 달리기를 영원히 바꿔놓을 책! 저자의 탁월한 통찰

은 전 세계 모든 러너들에게 도움이 될 것이다." _**러너스 월드**

"매력적이고 따뜻하며 인간적이다. 무엇보다 즐거움을 주는 책이다." _**타임스 리터러리 서플먼트**

"이 책을 즐기기 위해 꼭 러너일 필요는 없다. 동아프리카 마라톤 선수들의 뛰어난 기량에 감탄해본 적이 있다면 분명 흥미로울 것이다." _**우먼스 위클리**

아내 로즐린과 딸 매들린에게

달리기 기록과 러닝화에 관한
간단한 메모

이 책에 나오는 훈련과 경기는 대부분 2015년에서 2016년 사이에 이루어진 것으로, 긴 세월을 놓고 보면 그리 오래된 일이 아닙니다. 하지만 이후 러닝화 제작 기술이 발전을 거듭한 덕에 이제 마라톤의 역사는 마치 완전히 새로운 시대로 접어든 것처럼 느껴지죠. 그렇다 보니 본문에 들어가기에 앞서, 달리기 기록에 관해 간단히 짚고 넘어가는 편이 좋을 듯합니다. 우선 달리기에 익숙하지 않은 독자를 위해, 이 책이 달리기 기록을 시간, 분, 초를 콜론으로 구분해 나열하는 방식으로 표기하고 있음을 알려드립니다. 즉 2:01:39는 2시간 1분 39초를 나타냅니다.

최근 몇 년 동안 육상 언론의 관심은 선수보다 신발에 더 집중돼왔습니다. 선수들이 전반적으로 이전보다 훨씬 빨라졌다는 인식이 생겼기 때문이에요. 이 같은 분위기는 제가 에티오피아에 있을 때도 이미 감지됐습니다. 그곳에서도 러닝화 기술이 가져다줄 가능성에 대한 기대감이 확산됐죠(그리고 우려도요). 그런데 기록을 순위와 함께 살펴보면, 마라톤 최상위권 선수들의 속도는 그리 빨라지지 않았다는 걸 알 수 있습니다. 2015년 남자 마라톤 랭킹 50위 선수의 기록은 2:07:57이였으며, 2019년 같은 순위 선수의 기록은 2:06:22입니다. 여성의 경우 2015년 50위 선수의 기록이 2:23:30, 2019년 50위 선수의 기록이 2:25:42로, 약 2분 차이가 납니다. 1분 30초에서 2분가량의 기록 향상은 러닝화가 경기력에 어느 정도 영향을 미쳤음을 시사하긴 하나, 일부 평론가가 주장하는 것처럼 극적 수준의 왜곡이라고까지 하긴 어려운 듯합니다.

남자 약 2시간 8분, 여자 약 2시간 25분인 50위 기록은 제가 에티오피아에서 알게 된 마라톤 선수들이 '인생 역전'을 꿈꾸며 목표로 삼았던 기록입니다. 2015년 당시 이 정도 기록이면 나이키나 아디다스와 스폰서 계약을 맺을 수도 있었습니다.

○ 아디스아바바는 에티오피아의 수도다. 저자 마이클 크롤리와 에티오피아 선수들은 버스를 타고 이동하며 아디스아바바 곳곳에서 훈련을 한다. 여기에 나오는 거의 모든 지명이 본문에 나오는 훈련지다.

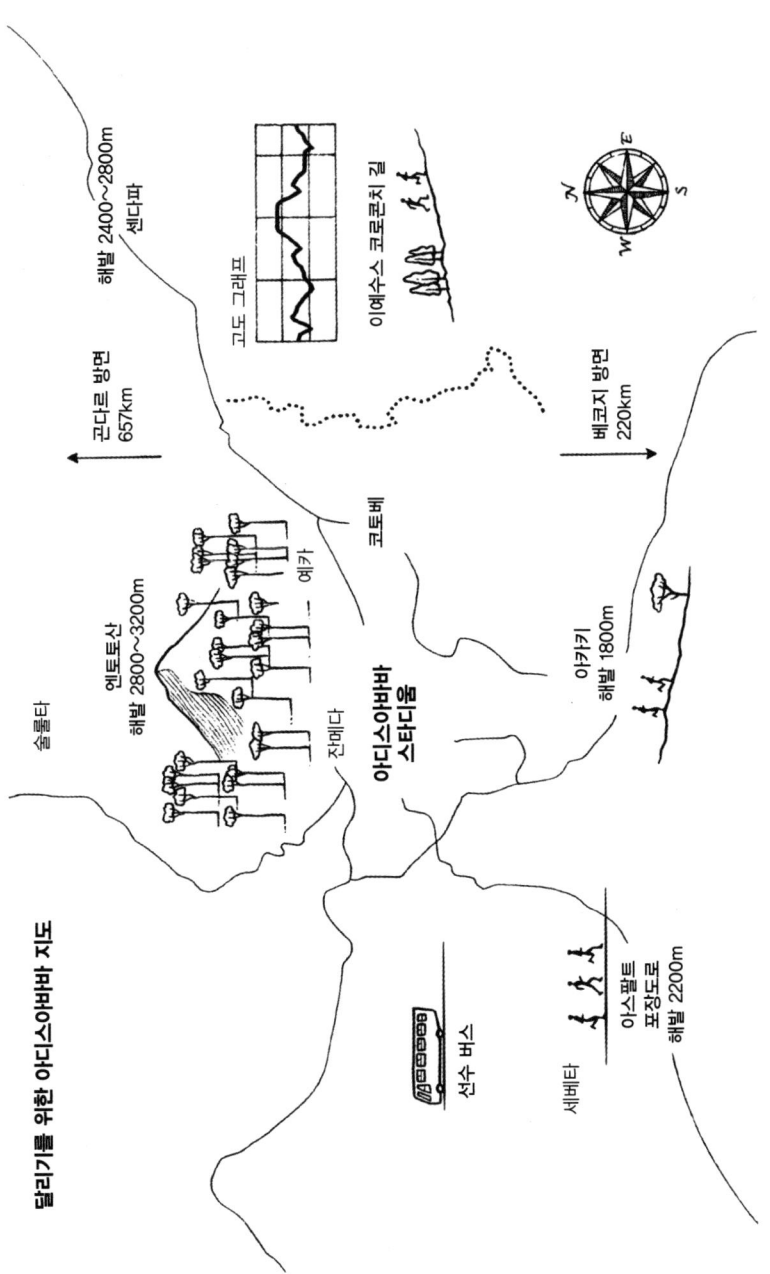

이 책에 쏟아진 찬사 · 004

달리기 기록과 러닝화에 관한 간단한 메모 · 008

달리기를 위한 아디스아바바 지도 · 011

1	특별한 공기 · 015	
2	마센코 연주자가 됐을지도 · 039	
3	앞사람 발을 따라 뛴다 · 077	
4	소 굿 소 파 · 103	
5	꿈의 들판에서 · 129	
6	지그재그로 정상에 오르다 · 145	

차례

7	미친 건 좋은 거야 · 175
8	로마에서의 승리는 천 번의 승리와 같다 · 205
9	새벽 3시에 언덕을 오르내리는 이유 · 229
10	선수들은 에너지를 어디에서 얻나? · 253
11	그만한 가치가 있는 일 · 282
12	숨 고르기 · 303
13	당연히 서로 죽자고 뛰어야죠 · 331
14	달리기가 제 삶이니까요 · 357

감사의 말 · 382

일러두기

○ 본문의 각주는 모두 옮긴이 주입니다.
○ 이 책에 나오는 마라톤 및 육상 신기록은 저자의 집필 시기인 2019~2020년
  당시의 것으로, 이후 경신된 주요 신기록은 옮긴이 주를 통해 밝혀두었습니다.

I

특별한 공기

특별한 공기

새벽 4시 40분, 알람이 울린다. 눈을 뜬 지는 이미 6~7분 정도 됐다. 진작부터 교회 스피커에서 익숙한 기도 소리가 흘러나오고 있고, 내가 지내는 데서 키우는 개는 밤새도록 하이에나를 향해 짖어댔다. 이렇게 일찍 일어나야 하는 날에는 애초에 잠이 잘 오지도 않는다. 러닝쇼츠는 이미 입은 상태였고, 전날 밤 미리 준비해둔 나머지 트레이닝복을 껴입는다. 5분 뒤 하일리에와 파실이 내 방문을 두드린다. 우리는 추위를 막으려 후드를 뒤집어쓰고 우리 그룹의 훈련 버스가 있는 곳으로 걸어간다. "피곤하죠?" 나는 암하라어°로 파실에게 묻는다. "하나도 안 피곤해요!" 파실이 활짝 웃으며 대답한다. 그가 피곤하다고 하는 경우는 극히 드물다.

    칠흑 같은 거리의 인파를 보고 나는 깜짝 놀란다. 암하라어로 새벽은 '고흐'라고 하는데, 여기 사람들은 마치 누가 자기 귀에 대고 이 단어를 있는 힘껏 외치기라도 하는 듯 하루를 부지런히

○   에티오피아는 암하라(Amhara)어와 영어가 공용어다.

시작하는 것 같다. 일찌감치 자욱한 먼지를 헤치며 목적지를 향해 가는 사람들, 시내행 미니버스를 타려고 기다리는 무리가 보인다. 미니버스들은 새벽 4시쯤부터 운행을 시작하기 때문에 벌써부터 '피아자'나 '아랏킬로' 같은 익숙한 행선지를 외치는 소리가 울려 퍼지고 있다. 빛바랜 아스널 셔츠를 입은 아이가 미니버스 문밖으로 몸을 내밀며 영어로 말을 건다. "어디 가세요?" 내가 "엔토토산山"이라고 대답하자 아이는 미련 없이 버스의 어둠 속으로 모습을 감춘다.

버스 안은 이미 꾸벅꾸벅 조는 선수들로 가득하다. 후드가 달린 트레이닝복을 입은 선수도 있고 전통 의상인 샴마를 두른 선수도 있어, 꼭 수도사와 권투선수가 뒤섞여 있는 것처럼 독특한 분위기를 자아낸다. 하지만 너나없이 모두 훈련 전에 몇 분이라도 더 자려는 모습이다. 보조 코치 겸 보조 에이전트인 하일리에는 휴대전화를 끊임없이 확인하며 운전기사에게 선수들을 태울 위치를 알린다. 선수들은 조용히 고된 하루를 준비하는 일용직 노동자들과 함께 어두운 길가에 나란히 서서 각자의 버스를 기다리고 있다.

희미한 새벽빛 아래 이따금 달리기를 하는 이들이 눈에 띈다. 차량이 많아지기 전에 도로에서 훈련을 하려는 것이다. 이들은 헤드라이트 불빛과 뿌연 배기가스 사이로 찰나의 유령처럼 나타났다 순식간에 다시 어둠에 묻힌다. 버스는 아직 캄캄한 마을을 지나 굽이굽이 산길을 오른다. 버스가 달리는 동안 서서히 동이 트고, 대시보드 위에 어수선하게 놓인 기독교 관련 물품과 앞

특별한 공기

유리에 붙어 있는 스티커 두 장이 드러난다. 왼쪽 스티커는 흰 비둘기, 오른쪽 스티커는 불룩한 나이키 스우시 로고다. 버스는 아스팔트 길에서 울퉁불퉁한 돌길로, 다시 흙길로 바뀌는 구불구불한 도로를 따라 달리기의 출발점을 향해 오른다. 그러다 길이 너무 좁아져 더 이상 차로 갈 수 없을 듯한 길목에 이르러 멈춰 선다. 다들 조용히 앉아 기다리는 가운데 앞좌석에 앉은 메세렛 코치가 세 개의 스톱워치를 초기화하고, 숫자가 빼곡한 종이에 마지막으로 몇 가지 적어 넣는다. 마침내 코치는 뒤를 돌아보고, 모두 버스에서 내리라는 지시를 내린다.

　오전 6시, 버스에서 내려 내 입김이 옅은 안개로 변해 산 쪽으로 올라가는 모습을 바라본다. 그 뒤로 우리가 곧 달릴 반쯤 어둑한 길이 더 흐려 보인다. 초조한 마음에 다리가 떨리기 시작한다. 공기가 얼마나 더 희박해졌는지 느껴본다. 버스로 이곳까지 올라오는 데 한 시간이 넘게 걸린 터였다. 내가 아디스아바바(이하 '아디스')에서 지내는 해발 2500미터 지역보다 몇백 미터는 더 높은 곳이다. 몇 주 전 에티오피아행을 계획하고 있을 때 하일리◦에에게서 문자가 왔다. "엔토토산은 무조건 가야 돼요. 하일레 게브르셀라시에가 베를린에서 압도적으로 활약할 수 있었던 비밀이 바로 이 산에 있어요." 하지만 이 '비밀'은 아디스에서 그다지 잘 지켜지는 것은 아닌 듯하다. 지난 몇 주 동안 내가 훈련했던 숲

◦ 에티오피아의 전설적인 장거리 달리기 선수. 올림픽 10000미터 금메달리스트이자 2008년 베를린 마라톤에서 2:03:57로 세계 기록을 경신했다.

에서 만난 많은 선수가 이미 어딘가 신화적 분위기를 풍기는 이 산에 대한 이야기를 낮은 목소리로 나누고 있었다. "지금 여긴 해발 3800미터예요." 메세렛 코치가 말한다. "인터넷으로 확인해보셔도 돼요." 나는 그렇게 높다니 믿기지 않는다고 대답한다. 아니, 애초에 믿고 싶지 않았다. 설마 우리가 에베레스트산 중턱씩이나 되는 고도에 있으면서 더 위로 달려 올라가겠다는 건 아니겠지?

결국 정확한 고도는 그다지 중요하지 않다. 중요한 것은 그 고도에 대한 '믿음'이다. 높은 고도에서 달리는 건 폐활량에 해가 되지 않을 뿐 아니라, 오히려 젊은 선수들이 꿈을 키우는 데 훨씬 큰 도움이 될지 모른다. "이곳은 공기가 특별해요." 아세파가 버스에서 내려 허리를 펴며 말한다. 달리기 선수로서는 이례적으로 건장한 체격을 지닌 아세파의 별명은 강철이란 뜻의 '비레투'로, 하일리에는 이를 '아이언맨'으로 통역한다. "헤모글로빈에 좋아요." 그때 테클레마리암이 말했다. 헤어라인이 점점 뒤로 물러나 머리를 너무 많이 쓰는 탓 아니냐는 농담을 듣곤 하는 친구다. 그가 영어로 이런 단어를 말하는 걸 보고 내가 놀란 기색을 보이자, 테클레마리암이 덧붙인다. "헤모글로빈, 아시죠?" 나는 잘은 모른다고 대답한다. "그냥 '아주' 천천히 달리면 돼요. '특별한' 공기가 있는 데니까요."

엔토토산은 잉글랜드의 최고봉보다 세 배 이상 높은 고도에 위치한다. 달리기 시작하면 곧바로 두통이 찾아올 수 있을 만큼 높은 고도로, 실제 나는 손가락 감각이 사라지기 시작했다. 엔토토산은 19세기 말 황제 메넬리크 2세가 아디스를 세운 곳이다.

그러나 이곳은 너무 추워서, 얼마 지나지 않아 메넬리크 2세의 황후가 조금 더 따뜻하고 온천이 있는 계곡 쪽으로 궁전을 옮기자고 주장했다. 엔토토산은 호주에서 들여온 유칼립투스나무가 빼곡히 심겨 있어 '아디스아바바의 허파'로 불리지만, 산소가 풍부하다는 느낌은 들지 않았다. "호흡기에 부담이 없진 않을 거예요." 메세렛이 말했다. 그는 무릎까지 내려오는 하늘색 아디다스 재킷을 입었고, 후드 끈을 턱 밑에서 단단히 조여 추위를 막고 있었다. "숨을 들이마시고." 그가 발끝으로 서서 온몸으로 깊게 숨을 들이쉬며 말한다. "내쉬어요." 이번에는 폐에서 공기를 힘껏 내보내며 말을 잇는다. "다시 들이쉬고…. 내쉬고." 그러더니 내 어깨를 다정하게 토닥여준다.

이곳에 도착했을 때 버스 안엔 눈에 띄게 망설이는 분위기가 감돌고 있었다. 비좁은 좌석에서 웅크리고 있던 팔다리를 풀기까지 다들 꽤 시간이 걸렸고, 이 그룹이 평소에 보이던 특유의 활발함 대신 졸음 섞인 긴장이 느껴졌다. 에티오피아인들도 나처럼 이 산에 대한 두려움을 조금은 갖고 있는 게 분명했다. 메세렛이 이번 메인 그룹 훈련은 1킬로미터에 3분 50초 페이스로 70분간 달린 뒤, 200미터 언덕 스프린트(전력 질주)를 12회 반복하는 것이라고 설명한다. 그러더니 나를 보며 말한다. "그런데 마이클은 오늘 언덕 스프린트는 안 하는 게 나을 것 같아요." 나도 그게 좋을 것 같다고 대답한다. "그냥 90분 동안 가볍게 뛰세요. 쉬운 것 같아도 쉽지 않을 거예요." 메세렛이 걸어가는 길에 덧붙인다. 산중턱의 어스름한 길 위에서, 그것도 아직 고도에 제대로 적응도 못한 상태에서, 굳이 듣고 싶지 않은 모호한 말이다. 나는 테클레마리암이 메인 그룹 대신 나와 함께 달리겠다고 해 마음이 한결 놓였다.

지구상에서 가장 강력한 폐를 가진 60명이 내뿜는 입김으로 창문이 뿌옇게 서린 버스가 정차한 곳은 숲으로 둘러싸인 빈터 가장자리였다. 테클레마리암이 나에게 따라오라고 하더니, 다른 선수들 뒤에서 숲 방향으로 천천히 걸음을 옮긴다. 달리기 시작하자 기분이 한결 나아진다. 근육이 주변 공기보다 조금 더 빠르게 따뜻해지면서 몸이 슬슬 깨어나는 익숙한 감각 덕분에 조금 안심이 된다. 지금까지 한 달리기 중 가장 높은 고도에서 하는 것이지만, 아침 달리기를 시작할 때의 익숙한 느낌은 다르지 않다. 이 점이 낯선 환경에 놓인 나에게 작은 위안을 준다. 팔다리가 한층 더 풀리고 움직임이 자연스러워지면서 테클레마리암이 이끄는 느긋한 템포에 걸음이 맞춰진다. 그러나 이내 어지럼증이 찾아오고, 느린 속도인데도 폐가 무리한다는 게 느껴진다. 호흡기에 부담이 갈 거라는 메세렛의 말은 사실이었다. 공기를 들이마시고 내쉬는 데 동원되는 근육과 호흡의 메커니즘이 갑자기 선명하게 느껴진다. 평소에는 너무도 무의식적으로 이루어지는 일이기에 당황스럽고 놀랍다. 내 몸이 산소 부족 상태를 감지하고 이를 받아들이려 애쓰는 중인 것 같아서, 나는 메세렛이 알려준 대로 폐 속을 깊이 채우려 노력한다.

이제 산길을 따라 늘어선 유칼립투스나무 사이로 햇살이 반짝이며 비치기 시작하고, 러닝화가 땅에 부딪히는 규칙적인 발소리만 들린다. 그러다 버스 안에서 우리가 언제 침묵을 했느냐는 듯 에티오피아 선수들의 활기찬 수다가 시작된다. 우리 바로 앞의 메인 그룹 선수들이 계속 이야기를 하고 있다는 건, 아직 달리기 강도가 그리 높지 않다는 뜻이다. 하지만 우리가 따라가는 흐릿한 길은 위쪽으로 뻗어 있었고, 연달아 나타난 두 개의 언덕길이 각각 10분씩 이어졌다. 나무가 갈수록 부자연스러워 보인다. 지나치게 곧고 자로 정렬한 듯한 모습이다. 급기야 나무가 드문드문해지더니, 이제 벌거벗은 달 표면 같은 풍경이 펼쳐진다. '에티오피아의 방투산'○이라고나 할까.

산소 부족 탓에 사고가 명료하지 않고 생각이 이리저리 흩어진다. 그러는 사이, 길은 이제 잉글랜드 북동부 더럼의 내가 자란 곳 근처에 있는 햄스터리 숲을 떠올리게 한다. 나는 둥글고 거대한 유리 덮개 안에 갇혀 산소가 부족해진 숲을 상상한다. 처음에는 산의 기복에 따라 자연스럽게 높아지고 낮아지던 길이 산의 경사면을 따라가며 한층 예측하기 어려운 변덕스러운 경로로 바뀌어간다. 그렇지 않아도 공기가 희박한 환경에서 피로가 쌓이자 다리로 전달되는 산소량이 조금씩 줄어드는데 말이다.

앞에서 달리던 이들이 두세 명씩 그룹에서 떨어져 나가기 시작한다. 페이스를 높이기로 무언의 합의가 이루어진 듯 하나둘 몸을 낮추고, 그러자 간격이 벌어진다. 이 변화는 처음에는 거의

○ 방투산은 프랑스 남부의 산으로, 강한 바람이 부는 정상부의 황량하고 독특한 아름다움으로 잘 알려져 있다.

눈에 띄지 않다가 곧 놀랄 만큼 빠르게 진행된다. 갑자기 나는 달리기를 하며 한 번도 경험하지 못한 고통에 직면하게 됐다. 고도가 있는 곳에서 훈련을 시작한 지 겨우 일주일이다. 내 폐는 이 상황을 감당하지 못하고, 다리는 갑작스러운 연료 공급 차단에 어떻게 반응해야 할지 모르는 것 같다. 그저 다리를 들어 올리는 것, 매번 가짜 정상에 도달하는 것에만 집중하기로 한다. 결국에는 걷지 않는 것만을 목표로 삼는다. 시야를 넓혀 전경을 바라보기보다 발밑의 땅 한 조각에 시선을 고정하고 다리가 멈추지 않도록 애쓴다. 내 주의는 몸 안의 감각들로 좁혀진다. 설명하기 극도로 어려운 감각들이다.

올림픽 마라톤 4위를 기록한 선수이자《스포츠 일러스트레이티드Sports Illustrated》기자인 케니 무어Kenny Moore가 달리기에 대해 쓰면서 '고통'이라는 단어와 연관 짓기를 꺼렸다는 게 떠오른다. "뜨거운 레인지 상판에 손을 댔을 때의 고통과는 다르다"라고 그는 썼다. "오히려 무력감이랄까. 견딜 수 없는 무게, 제어할 수 없는 두려움과 같다." 멈춰야 할 것 같은 느낌이다. 생각이 흐트러지고, 막연한 단어들이 머릿속을 떠돌기 시작한다. 힘겹게 언덕을 오르며 나는 "캠버, 클램버, 케이퍼, 스카퍼, 스캠퍼" 하며 두서없이 읊조린다.° 호흡이 점점 더 거칠어지면서 폐에서 치밀어

○ 머릿속에서 발음의 유사성에 따른 여러 단어가 연상되는 상황이다. '캠버(camber), 클램버(clamber), 케이퍼(caper), 스카퍼(scarper), 스캠퍼(scamper)'의 뜻은 각각 '비탈, 기어오르기, 가볍게 뛰어다니기, 달아나기, 빠르게 뛰어다니기'다.

오르는 공포감이 나를 처음 달리기를 했던 어린 시절의 기억으로 이끈다. 아홉 살의 나는 무릎에 손을 짚고 숨을 몰아쉬며 나 때문에 속도가 늦어졌다고 아버지에게 사과한다. 아버지는 내 어깨에 손을 얹으며 괜찮다고, 우리가 함께 달리는 것만으로 행복하다고 말한다. 그 후 마음이 차분해지자, 달리기가 힘들긴 했지만 내가 했던 다른 어떤 스포츠보다 내 내면 깊은 곳으로 파고들어 무언가를 건드렸다는 느낌이 들었다.

결국 테클레마리암이 돌아와 "이제 200미터밖에 안 남았어요"라며 나를 달랜다. 나는 몇백 미터마다 얼마나 더 남았는지 묻는다. 그때마다 그는 "말했잖아요, 200미터요"라며 같은 말을 반복한다. 테클레마리암은 이 농담이 갈수록 더 웃겨진다고 생각하는 것 같지만, 전혀 아니다. 이제 나는 거의 기어가는 중이다. 눈은 따갑고 소금물 같은 땀이 뚝뚝 떨어진다. 숨이 차서 말다툼을 할 기운도 없다. 그때 모퉁이를 돌자 우리 버스가 보인다. 드디어 멈출 수 있었다. 테클레마리암은 단 2분 만에 특유의 매력을 되찾는다. 위대한 하일레 게브르셀라시에처럼 그의 미소는 전염성이 있다. 아직 오전 7시 30분도 되지 않았는데, 우리는 벌써 20킬로미터 넘게 달렸다. 아디스 상공에 태양이 떠오르고, 우리가 돌아왔을 때 메인 그룹은 달리기를 마친 뒤 스프린트 훈련으로 가파른 경사면을 오르내리고 있었다. 어느덧 나는 내가 달리기를 좋아하는 이유를 되찾았다.

완만하게 펼쳐진 농경지가 내려다보이는 해발 3500미터 언덕 꼭대기에 메세렛 코치와 함께 섰다. 흙벽으로 된 둥근 에티오피아의 전통 농가 투쿨과 황금빛 밀짚 더미가 언덕에 점점이 흩어져 있다. 경사면을 올라오는 선수들을 향해 메세렛은 "나! 나!" 즉 "와! 와!"라고 외치며 더 빨리 달리도록 독려한다. 그리고 대부분의 스프린트에서 체닷 아야나가 승리한다. 체닷은 152센티미터의 작은 체구로 땅을 강하게 박차며 달린다. 부상에서 회복 중인 후네그나우 메스핀은 일곱 번째 스프린트를 마친 후, 몸을 웅크리며 구역질을 한다. "이러다 죽겠어요." 메세렛에게 투덜댄다. "계속 뛰어, 멈추지 마, 가볍게 뛰어서 내려가!" 메세렛이 대답한다. 훈련 중에는 무자비했지만 훈련이 끝나고 모두 풀밭에서 휴식을 취하는 시간이 되자, 메세렛은 후네그나우에게로 가 그의 어깨를 감싸며 몸이 많이 돌아왔다고 격려한다. "저도 알아요." 후네그나우는 살짝이나마 웃으며 대답한다. 몇 해 전 하프 마라톤에서 59분 39초를 기록하고, 세계 크로스컨트리 선수권대회에서 8위에 오른 선수였다. 몇 달간만 훈련을 잘 이어간다면 세계 최고의 선수들과 겨룰 수 있는 몸 상태가 될 거라는 걸 그는 안다. 하지만 뛰어난 경력도 이곳에서는 큰 의미가 없다. 당장 그와 겨룰 준비가 된 선수들이 오늘 아침에 함께 달린 우리 그룹을 포함해 족히 수백 명은 되기 때문이다.

 우리가 풀밭에 앉아 쉬는 사이, 다른 그룹 선수들이 숲에서 나와 풀밭을 이리저리 뛰다 다시 나무 사이로 사라진다. 어떤 이들은 둘씩 짝을 지어 달리고, 또 어떤 이들은 열다섯 명 이상이 일렬로 대열을 이뤄 달린다. 혼자 달리는 사람은 없다. "여긴 정말 달리기하는 사람이 많네요." 내 말에 메세렛이 고개를 끄덕인다.

"아디스에만 최소 5000명은 될 거예요. 처음에는 큰 새 떼처럼 시작하지만, 시간이 지나면 그 떼는 다 흩어지고 성공하는 사람은 몇 명 안 돼요. 오늘 아침에 마이클이 본 몇백 명 중에서도 성공하는 사람은 손에 꼽을 정도일 거예요." 메세렛은 풀밭을 대각선으로 가로질러 달리는 이들을 바라본다. 다리가 정확히 같은 박자로 움직이고 있다. "그 성공을 이루는 데 필요한 건 뭘까요?" 내가 묻는다. "성공하는 이는 눈으로 보고 머리로 생각한 뒤에 다리를 움직이는 선수죠. 감정에 의지해 달리는 사람은 성공할 수 없어요." 이 답변은 나에게 의외로 다가왔다. 나는 최선을 다해야 한다거나 110퍼센트의 노력을 기울여야 한다는 둥 달리기와 관련된 상투적 조언을 기대하고 있었음을 깨달았다. 나는 이 말을 수첩에 적었다. 에티오피아에서 지내는 동안 채울 열두 권 중 첫 번째 수첩이다.

우리 그룹 사람들은 햇볕 아래서 농담을 주고받고 있고, 후네그나우와 또 다른 선수 한 명이 도수가 약한 현지 맥주인 텔라를 사러 농가로 간다. 나는 또다시 놀랄 수밖에 없었다. 메세렛은 이 맥주를 훌륭한 탄수화물 공급원으로 인정했다. 그때 웬 남자가 서류 가방을 든 채 비탈을 어설프게 뛰어 내려간다. 그러자 누가 암하라어로 한마디 던진다. 내가 알아들은 유일한 단어는 '지브', 즉 '하이에나'뿐이다. 모두 웃음을 터뜨렸고, 나는 하일리에게 무슨 뜻인지 물어본다. "속담 같은 거예요. 가장 빠른 하이에나는 더듬이를 얻는다." 하일리에가 머리 위로 손가락을 삐죽 세워 보이며 영어로 설명해준다. "뿔이겠죠"라는 내 말에, 그가 "맞아요, 뿔" 하고 정정한다. "너무 서두르다 보니 고기 대신 엉뚱하게 뿔을 물어뜯고 있다는 거죠. 결국 성급하게 행동하지 말라는 뜻이에요." 빠른 움직임에 생계가 달린 프로 선수가 맞장구치기에는 다소 묘한 속담처럼 느껴진다. 하지만 오늘 훈련을 끝내고 서둘러 돌아가려는 사람은 아무도 없다. 우리 버스 운전기사도 풀밭에 누워 햇살을 받으며 선잠을 자고 있다.

훈련 전의 긴장과 훈련 후의 유쾌한 기분은 확연히 대비됐고, 나는 지난 두 시간 동안 내가 몇 주에 걸쳐 느낄 법한 모든 감정을 경험했다는 걸 깨닫는다. 에티오피아에서 15개월의 여정을 시작하며, 달리기와 인류학이 서로 비슷한 일을 가능하게 한다는 생각이 들었다. 둘 다 완전히 다른 삶을 살아볼 수 있게 한다. 인류학자로서 나는 아디스에서의 삶이 지닌 리듬과 복잡성에 몰입한다. 달리기 역시 매번 다른 감정의 폭을 불러일으키는 데다 장거리 달리기 훈련의 경우 특유의 난관이 따르기 때문에 그 자체로 하나의 여정이자 모험이라고 할 수 있다.

사회학자 막스 베버Max Weber는 '탈주술화disenchantment는 근대성을 특징짓는 상처'라고 말했다. 그는 서구의 많은 사람이 "세상에 작용하는 계산할 수 없는 신비로운 힘은 없으며, 원칙적으로 모든 것을 계산으로 지배할 수 있다고 믿는다"라고 썼다. 이는 베버가 이 글을 쓴 당시보다 오늘날 더욱 사실에 부합한다. 우리는 심박수 모니터와 GPS 시계를 착용하고, 신중히 계획된 페이스로 달린다. 우리는 달리기를 한 뒤 그에 대한 GPS 데이터를 스트라바Strava 같은 앱에 업로드 한다. 이렇게 기록으로 남기고 다른 사람과 비교하지 않으면 '달린 걸로 치지 않는다'고 농담을 하기도 한다. 스포츠 과학자는 최고의 운동선수들을 테스트해 그들의 생리학적 지표를 측정한다. 우리는 우리의 한계를 안다고 생각한다. 에티오피아가 나에게 매력적으로 느껴지는 이유는, 이곳 선수들은 '계산할 수 없는 신비로운 힘'이 자신들의 성공에 크게 작용한다고 믿고 있다는 점 때문이다. 그렇지 않다면 왜 일주일에 사흘을 몇 시간씩이나 이동해 엔토토산 같은 곳으로 가서 달리겠는가. 새벽 4시에 일어나 신성한 땅과 '특별한' 공기를 찾아가는 것은 달리기를 단순한 레크리에이션이 아닌 일종의 순례로 만든다.

에티오피아에는 천사와 악마가 에너지를 통제하고, 주술사의 도움으로 다른 선수의 힘을 빼앗을 수 있다고 믿는 사람들이 있다. 에티오피아는 숲을 지날 때 어느 선수가 장난기 하나도 없는 진지한 얼굴로 자신이 10000미터를 25분 32초에 달리는 꿈(세계 기록보다 거의 1분이나 빠른 기록이다)을 꿨다며 내게 말을 걸어온 곳이다. 또한 이곳은 엔토토산의 공기가 자신을 2시간 8분대의 마라톤 선수로 만들어줄 거라고 믿는 사람들이 있는 곳이다. 한마디로 마법과 광기 속에서 꿈이 지금도 살아 숨 쉬는 곳이다.

특별히 재능 있는 에티오피아와 케냐 선수들이 독보적 성과를 내고 있음에도, 장거리 달리기는 경기 해설자들이 선수의 이름 대신 '동아프리카 선수' 혹은 심지어 '아프리카 선수'로 통칭하는 게 여전히 용인되는 스포츠다. 2016년 스코틀랜드 글래스고에서 개최된 '그레이트 스코틀랜드 런'을 보도하는 BBC 방송을 한 시간 동안 들은 적이 있는데, 해설자는 우간다 선수인 모지스 킵시로를 경주 내내 멀쩡한 이름을 놔두고, 그것도 '케냐' 선수라고 칭했다. 이 경기에 앞서 지난 2014년 마찬가지로 글래스고에서 개최된 영연방 경기 대회Commonwealth Games°에서 킵시로가 10000미터 금메달을 차지한 사실도 있었으므로, 이 상황은 평소보다 더 충격적이었다. 잠시 생각해보자. 다른 스포츠에서 이런 일이 생기면 사람들이 분노하지 않을까? 코트디부아르의 전 축구 선수 디디에 드로그바를 단순히 '서아프리카 선수'로, 세르비아의 테니스 선수 노바크 조코비치를 '크로아티아 선수'로 칭한다면? 또 에티오피아에서는 작명이 아이에게 하나의 새로운 이름이 주어지고, 그 뒤에 아버지의 이름과 때때로 할아버지의 이름까지 덧붙여지는 방식으로 이루어진다는 사실을 유의해야 한다. 즉 해설자가 에티오피아의 위대한 장거리 달리기 선수 케네니사 베켈레를 '베켈레'라고만 칭할 때, 그들이 실제로 가리키는 이는 선수의 아버지이기 때문에 이를 지켜보는 에티오피아인은 혼란을 느낄 수밖에 없다. 이 점을 고려해 이 책에서는 가급적 첫 번째 이름을 사용하려 한다.

　상황이 이런 데는 장거리 달리기가 주는 신비감도 한몫한 것 같다. '외로운 장거리 달리기 선수'라는 대중적 이미지로 인해 이 선수들은 종종 비행기를 타고 와 우리가 이해하기 어려운 수준의 속도와 지구력으로 세계를 놀라게 한 뒤, 다시 엔토토산의

○　4년마다 개최되는 영연방 국가들 간의 종합 스포츠 대회.

숲으로 아무도 모르게 사라진다는 식의 내향적이고 고독한 모습으로 그려진다. 이들이 세계적인 선수들임에도 우리는 그들의 삶과 신념을 거의 알지 못한다. 그래서 그들이 거두는 성취를 흡사 '난데없이 나타난' 것처럼 본다. 이것이 바로 케냐 선수 제프리 캄워러의 이야기를 그린 다큐멘터리 〈미지의 주자The Unknown Runner〉(2013)에서 그 제목이 적절해 보였던 이유다. 그는 당시 이미 세계 주니어 크로스컨트리 챔피언이었으며, 지금은 하프 마라톤 세계 기록 보유자다.°

다음으로, 우리는 보통 장거리 달리기에서 성공하는 것을 선수가 통제할 수 없는 결정론적 요인들에 따른 결과로 해석한다. 그중 대표적으로 꼽히는 요인이 고도다. 즉 에티오피아, 케냐, 우간다 출신 엘리트 선수들의 뛰어난 경기력을 마치 '하늘에서 뚝 떨어진' 것처럼 인식하는 경향이 있는 것이다. 유전적 특성에서 그 답을 찾으려는 이들도 있다. 예를 들어 운동유전학 및 유전체학을 연구하는 국제 과학자 컨소시엄인 '애슬롬 프로젝트Athlome Project'는 '엘리트 선수들의 운동 능력과 연관된 유전적 변이'를 규명하는 데 주력한다. 스포츠 과학자이자 이 프로젝트의 책임자인 야니스 피칠라디스Yannis Pitsiladis는 엘리트 선수들의 운동 능력에 유전적 요소가 작용할 가능성이 있다는 전제하에 수많

○ 제프리 캄워러는 2011년 세계 주니어 크로스컨트리 챔피언이 됐으며, 2019년 하프 마라톤 세계 기록을 경신했다. 2025년 기준으로는 우간다의 제이콥 키플리모 선수가 하프 마라톤 세계 기록을 보유하고 있다.

은 논문을 발표했다. 하지만 아직까지 그러한 유전적 요소는 발견되지 않았고, 그 역시 이를 인정했다.

유전적 요인이나 고도에서 비롯된 이점이 있다는 가정은 '선천성' 문제로 귀결된다. 에티오피아와 케냐의 육상 선수는 '타고난 재능'을 가진 것으로 여겨지며, 이러한 시각은 빈곤 담론에까지 영향을 미친다. 시골의 빈곤한 환경에서 성장하면 필연적으로 보다 '자연스러운' 삶의 형태로 살아가게 된다는 것이다. 미디어는 이를 어린 시절부터 밭일을 하고 맨발로 먼 거리를 달려 등하교하는 모습으로 묘사하며, 여기에는 이러한 생활 방식이 자연스럽게 세계적 육상 선수를 탄생시킨다는 해석이 담겨 있다. 그러면 우리는 아프리카인에게 달리기는 별다른 고민이나 깊은 생각 없이 쉽게 습득되는 것이라고 믿게 된다. 나는 과학자가 아닌 인류학자이며, 이러한 이론에 반박하려는 것은 아니다. 그러나 장거리 달리기에 대해 이런 식으로 이야기하는 것이 초래하는 영향을 조명할 필요는 있다고 생각한다. 아프리카 선수들에 대해 '힘들이지 않고 달린다'거나 '달리기 위해 태어났다'고 표현하는 경향은 그들이 쏟은 수년간의 준비와 희생을 감춘다. 특히 에티오피아, 케냐, 우간다 선수들의 전문성을 제대로 보지 못하게 만든다. 또 에티오피아 선수들에게 제공되는 제도적 지원이 실은 영국보다 훨씬 우수한데도 이런 사실을 간과하게 만든다. 나는 에티오피아인의 성공적인 달리기에는 보다 미묘한 문화적 요인이 작용한다고 확신했고, 아디스에 머물며 이러한 요인에 대해 깊이 탐구하고 싶었다.

'동아프리카'의 장거리 달리기라는 개념은 문화적으로 이질적인 선수들을 하나의 범주로 묶는 것이다. 그중 많은 이들이 서로 다른 민족 출신이며, 다양한 언어를 사용하고, 종교 신념에 따라 상이한 달리기 방식이나 태도를 갖고 있다. 이 지역의 달리기에 관한 서적 대부분은 케냐에 초점이 맞춰져 있는데, 이는 케냐가 영어로 소통이 가능하며 그곳에 기자나 서구 선수들을 위한 편의 시설을 갖춘 호텔이 많기 때문이다. 따라서 '동아프리카'의 달리기를 말할 때 결국 우리는 케냐의 달리기를 이야기하는 것이다. 나는 한편으로는 이러한 이유로 인해, 다른 한편으로는 에티오피아의 예외적 특성에 매료돼 이 나라에 끌렸다. 에티오피아는 325년 세계에서 두 번째로, 그리고 아프리카에서는 최초로 기독교를 국교로 받아들인 국가다. 또 아프리카에서 독자적인 문자 체계를 가진 유일한 국가이자 유럽의 식민 지배를 받지 않은 유일한 국가다.

1960년 로마 올림픽 마라톤에서 아베베 비킬라가 맨발로 뛰어 놀라운 승리를 거둔 이후, 에티오피아는 케냐보다 두 배 많은 올림픽 남자 마라톤 금메달을 획득했다. 또 에티오피아 선수는 세계 남자 마라톤 기록 상위 10위 안에 다섯 명이 자리한다. 올림픽 남자 10000미터 종목에서도 케냐가 한 차례 우승에 그친 데 비해 에티오피아는 (올림픽을 세 차례나 보이콧했음에도) 다섯 차례나 우승을 차지했다.○ 그리고 남녀 5000미터와 10000미터 모

○ 2025년 현재 기준으로는 여섯 차례다.

두에서 세계 기록을 경신한 바 있다. 소말리아 출신인 영국의 장거리 육상 선수 모 파라는 세계 타이틀을 거머쥐기 시작한 이후 5000미터와 10000미터 주요 대회에서 단 두 번 패했는데, 모두 에티오피아 선수에게 패한 것이었다.

 메세렛 코치와 함께 엔토토산의 들판을 바라보았다. 그곳에는 에티오피아의 모든 달리기 수준을 보여주는 선수들이 있다. 들판 한구석에는 에티오피아 최고의 선수들이 선호하는 토요타 하이럭스 여섯 대가 일렬로 주차돼 있다. 한 대당 수입 가격이 약 10만 달러로, 마치 야외 전시장을 연상케 한다. 나무 사이를 오가며 달리는 선수들의 배경과 수준이 복장으로 드러난다. 아디다스와 나이키의 새 시즌 트레이닝복을 입은 선수들부터 에티오피아 국가대표 팀의 밝은 노란색 재킷을 입은 선수들, 찢어진 반바지에 플라스틱 샌들을 신은 선수들까지 다양하다. 하지만 이들은 종종 함께 달린다.

 나는 그중 한 그룹을 유심히 지켜본다. 그들은 맨 앞 선수가 선택한 경로를 따라 들판을 지그재그로 달리고 있다. 메세렛이 그 선수는 2시간 5분의 마라톤 기록 보유자라고 알려준다. 사실 메세렛은 그의 기록에 대해 '5분'이라고만 말했는데, 나는 이미 이곳 사람들이 마라톤 기록을 언급할 때 시간을 빼고 분만 이야기하는 걸 알아차리고 있었다. 여기서 세 시간 이상 걸리는 마라톤은 상상도 할 수 없는 일이다. 하지만 그룹 뒤쪽에서는 꼭 인근 농장에서 왔다가 우연히 합류하기라도 한 듯 보이는 10대 소년이 겨우 따라가고 있다. 선두 선수는 거의 1분마다 180도 가까이 방향을 바꾸고, 나머지 선수들은 물고기 떼처럼 그 뒤를 따른다.

"왜 저렇게 지그재그로 달리는 거죠?" 내가 물었다. "실은 저도 잘 몰라요. 선수들은 서로를 보고 배워요. 누가 저렇게 달리라고 해서 저렇게 달리는 게 아니에요." 이 말도 나를 놀라게 했다. 선수들이 코치뿐 아니라 서로에게서 배우기도 한다고 인정하다니? 나는 선수들이 이렇게 달리는 이유가, 느린 선수나 밝은 색 재킷에 이끌려온 농촌 아이들이 훈련에 참여하며 함께 배울 수 있도록 하기 위해서일지도 모른다는 생각을 잠시 해본다.

들판의 또 다른 그룹은 끝도 없어 보이는 훈련을 하고 있다. 팔을 높이 휘저은 뒤, 방향을 바꿔 우리 쪽으로 조깅을 하며 돌아온다. 그런 다음 두 손으로 몸 앞에 일정한 반경의 원을 여러 번 그린다. "저건 무슨 훈련일까요?" 이번에는 하일리에게 물어본다. "그냥 몸을 푸는 거예요. 수확을 기원하면서 씨를 뿌리는 동작 같은 거예요." 말할 것도 없이, 나는 이런 훈련을 본 적도 들은 적도 없다. 이제 그들은 마치 피아니스트가 음계 연습을 하는 것처럼 각 달리기 동작을 따로 떼어 차례차례 과장된 모습으로 연습한다. 그 후 악수를 나눈 뒤 그대로 바닥에 앉는다. 많은 동작이 어딘지 모르게 익숙한 느낌이 들어 곰곰이 생각해보니, 내가 아는 어떤 준비운동이 아니라 바로 이곳 바와 레스토랑에서 본 에티오피아 뮤직 비디오를 닮았다는 걸 깨달았다. 선수들이 리듬에 맞춰 일제히 어깨를 흔들고 발로 땅을 구르는 모습은 어깨춤이라는 뜻의 '에스켓사'를 떠올리게 했다. 어깨를 격렬하게 떨고 강하게 숨을 내쉬는 동작이 특징적인 에티오피아의 전통 춤이다.

이 들판에만 적어도 200명의 선수가 있었다. 나는 15개월 동안 이곳에 머물며 에티오피아의 장거리 달리기 문화에 대한 인류학적 현장 연구를 진행할 예정이다. 들판에 있는 선수들 중 아직 '성공하지 못한' 일부는, 즉 내 앞에 있는 선수들 중 일부는 내가 현장 연구를 마치기 전에 다치거나 진전이 없어서 낙담하고 포기할 것이다. 몇몇은 삶을 영원히 바꾸게 될 것이다. 이 책은 한 그룹의 엘리트 선수들이 큰 성공을 거머쥐기 위해 애쓰는 여정을 따라가며, 그들과 함께 달리고, 지그재그 달리기나 준비운동으로서의 춤 같은 것을 이해하고자 하는 내 시도에 대한 기록이다.

서구의 '한계 이익'에 대한 집착과 실험실에서 운동 성과를 설명하려는 스포츠 과학자와 달리, 에티오피아에서 살고 달리며 경험한 것은 나에게 스포츠에 대한 훨씬 더 직관적이고 창의적이며 모험적인 접근법을 보여줬다. 마라톤 기록 2시간의 벽을 깨기 위한 다양한 시도가 계속되는 와중에 최근에는 케냐의 엘리우드 킵초게 선수가 오스트리아 빈에서 1:59:40를 기록했고, 이를 보도하는 언론은 서구의 과학자들을 동아프리카 달리기의 '전문가'로 묘사하면서 탄소섬유 판을 넣은 러닝화와 공기 역학적 달리기 대형 같은 혁신적 요소에 초점을 맞췄다. 하지만 한 젊은 에티오피아 선수는 나에게 이렇게 말하기도 했다. "과학자가 기록에 대해 뭘 알아요? 직접 뛰지도 않으면서 연구한다고 하네요." 보통 세계 최고 수준의 성과는 스포츠 과학과 실험실 테스트가 주도한다고 생각하지만, 간단한 달리기 경주가 어떤 실험실 테스트보다도 신체의 특성을 더 잘 측정할 수 있다고 인정하는 과학자도 있다. 에티오피아의 달리기 선수에게 A에서 B까지의 간단한 경주보다 더 객관적인 테스트는 없다. 그리고 달리기를 배우는 가장 좋은 방법은 직접 달리는 것, 많이 달리는 것이다.

 에티오피아에서 지내며 나는 달리기를 즐기는 것과 탁월한 성취가 서로 배타적이지 않다는 걸 확신하게 됐다. 자기 몸, 다른 사람 그리고 환경과 조화를 이루며 직관을 따를 때, 우리는 처음에 달리기에 매료됐던 이유를 잃지 않고도 여전히 성과를 이룰 수 있다는 걸 깨닫게 됐다. 기술과 과학에 과도하게 의존한 나머지 영혼을 고갈시키는 훈련 방법론에 대한 대안이 존재한다는 것이다. 사실 이런 방법론이 전 세계의 스포츠 프로그램을 지배하고 있으며, 일반 대중에까지 퍼져 있다. 그러나 이 책을 계속 읽다 보면 스포츠 과학에 대한 건전한 의구심 그리고 경험을 통해 쌓은 전문성을 자랑스럽게 여기는 이들로부터 배울 수 있는 것이 무엇인지 알 수 있을 것이다. 에티오피아에서 시간을 보내며 나는, 스포츠 심리학에 대해 들어본 적도 없고 달리기의 비밀은 실험실에서 추출되기엔 너무 수수께끼 같고 신비로운 것이라고 믿는 이들로부터 스포츠 심리학에 대한 대안적 접근 방식을 발견하고 받아들이게 됐다.

 왜 에티오피아의 달리기 선수들은 새벽 3시에 일어나 언덕을 오르내리며 달리는 걸까? 하이에나를 찾아 나서는 게 어떻게 달리기 실력을 향상시키는 일이 되나? 독창적이고 때때로 '위험한' 달리기 방식을 취하는 것은 어떻게 달리기를 덜 지루하고 더 모험적인 경험으로 만들 수 있는가? 준비가 됐다면, 지금부터 함께 숲으로 들어가 보자.

2

마센코. 연주자가 됐을지도

2015년 9월 14일 새벽 2시. 에티오피아에 도착해 수하물 검색대에 서 있으려니, 하일레 게브르셀라시에가 등장한 광고가 하나도 아니고 두 개나 눈에 들어왔다. 에티오피아에서 가장 유명한 달리기 선수이며, 아마 에티오피아 밖에서 가장 유명한 에티오피아인일 것이다. 둘 다 윤활유 회사 광고였다. 하나는 프랑스의 종합 에너지 기업 '토탈Total', 다른 하나는 '조니 워커'. 각각 "당신의 차를 도로 위의 선수로 만들어라"와 "멈추지 말고 가라. 계속 걸어라"라는 슬로건이 쓰여 있었다. 장거리 달리기와 진보, 전진, '성장'에 대한 아이디어 사이의 연관성을 연구하기 위해 이곳에 온 만큼, 이 슬로건들이 그 나름대로 와닿는다. 공항 내 비자 발급 데스크의 직원은 반쯤 졸고 있었지만, 새로 배운 몇 마디 안 되는 암하라어로 내가 달리기 선수라고 말하자, 화들짝 놀라 깼다.

노트와 러닝화 여러 켤레가 어지럽게 뒤섞여 있는 가방을 챙긴 뒤, 친구인 베누아 고댕Benoit Gaudin 박사의 집으로 가는 방법이 담긴 스크린 숏을 열어봤다. 베누아는 아디스아바바 대학에서 일하는데, 몇 달 전 그가 주관한 '사회과학적 관점에서 들여다본 동아프리카의 달리기'라는 콘퍼런스에서 만났다. 친절하게도 내가 지낼 곳을 구하고 현장 연구에 적응할 때까지 처음 몇 주 동안은 자기 집에서 머무는 게 어떻겠느냐고 권했다. 지난 며칠은 아내 로즐린과 함께 짐을 싸고 에든버러의 집을 정리하느라 조금 정신이 없었다. 나와 마찬가지로 인류학자인 로즐린은 영국 남서부 서머싯에서 자폐 아동을 위한 말馬 매개 치료법을 연구하며 1년을 보낼 예정이었다. 따라서 우리 둘 다 실제로 들판에서 대부분의 현장 연구를 하게 될 터였다. 아무튼 그런 이유로 베누아의 이메일을 자세히 살필 시간이 없었는데, 밤이 되어 공항을 나와 택시를 찾으며 읽어보니 진작 더 꼼꼼히 확인했어야 한다는 후회가 밀려오기 시작했다. 이메일 내용은 다음과 같았다.

"택시 기사한테 독일 대사관으로 가달라고 한 다음, 도착하면 우회전해서 언덕을 올라와요. 그러다 아스팔트 도로가 끝나면, 이번에는 좌회전해서 돌길로 들어와요. 운전기사가 못 가겠다고 하더라도, 좀 더 가달라고 우기세요. 그다음 우회전하고, 좌회전, 다시 우회전한 뒤 노란 대문 앞에서 멈추시면 됩니다. 경비원이 대문을 열어줄 때까지는 차에서 내리지 마세요. 밤에는 이 근처에 하이에나가 돌아다녀서요."

시간이 늦어서인지 지나다니는 차가 거의 없었고, 내가 탄 택시는 밝은 색 골함석으로 지어진 상점과 가끔 눈에 띄는 네온 불빛이 켜진 술집을 빠르게 지나쳤다. 놀랍게도 두세 명씩 줄을 지어 달리는 선수들도 여러 그룹 지나쳤다. 그들은 헤드라이트 불빛에 잠시 나타났다가 환영처럼 사라졌고, 나는 왜 그들이 이 밤에 훈련을 하는 건지 궁금했다. 20분 정도 지나자 운전기사가 독일 대사관에 도착했다고 말했고, 나는 언덕을 가리켰다. 나는 적어도 좌회전과 우회전을 뜻하는 '와다 그라'와 '와다 켄'이라는 표현은 알고 있었고, 그가 더 자세한 설명을 요구하지 않기만을 바랐다. 운전기사는 돌길을 그리 좋아하지 않는 것 같았지만(나중에 알게 됐지만, 선수들도 마찬가지다) 다행히 언덕을 천천히 오르고 있었다. 나는 어둠 속을 내다보며 문들의 색깔을 살펴본다. 마침내 커다란 노란색 문 앞에 다다랐고, 나는 운전기사에게 멈춰달라고 말했다. 그가 경적을 누르자 밤의 정적 속에서 그 소리가 놀랄 만큼 크게 울렸다. 30초쯤 지나 손전등을 든 경비원이 나와 대문을 열었다. 경비원을 따라 내가 쓸 방으로 갔다. 마당에 딸린 작은 방으로, 예전에 다른 경비원이 지내던 곳이라고 한다. 경비원은 바득바득 쫓아오는 개를 막으며 나를 안내했다.

베누아는 테라스로 나와 나를 반긴 뒤 다시 잠을 자러 갔고, 나는 작은 방에서 침낭에 들어가 잠을 청했다. 벌써부터 고도의 영향이 느껴졌다. 몇 분마다 몸이 고도를 감지했고, 나는 그때마다 심호흡을 했다. 조각조각 얕은 잠을 잘 수밖에 없었다. 희박한 공기 그리고 밤에 몰래 도시에 들어오는 하이에나의 냄새를 맡은 동네 개들이 갑작스럽게 짖는 소리에 방해를 받았다. 방은 작은 창 하나뿐이라 완전히 캄캄했다. 나는 몇 번인가 잠에서 깨서는 내가 지금 어디에 있는 건지 다시 기억을 더듬었다.

인류학자가 된다는 건 다른 사람의 이야기를 잘 전하는 이야기꾼이 되기 위해 노력하는 것이다. 그러려면 그 이야기를 나누고 싶은 장소와 사람에 대한 장기적 헌신이 필요하다. 내 경우 이는 내가 이해하고자 하는 삶을 살고 있는 달리기 선수들과 가능한 한 가까이 지내며, 그들과 함께 달리고, 휴식을 취하고, 식사하며, 무엇보다도 훈련 중의 고통을 같이 겪는 것을 의미했다. 민족지학ethnography은 관련 자료를 수집하고 기록하는 인류학의 핵심 방법론이다. '사람들ethnos'과 '기록graphia'을 뜻하는 그리스어에서 유래한 용어로, '사람들을 기록하는 것'으로 풀이할 수 있다. 이를 실현하기 위해 인류학자들은 '참여 관찰participant observation'이라는 방법에 의존한다. (인류학자 제임스 클리퍼드James Clifford는 이를 '깊은 어울림deep hanging out'이라고 멋지게 불렀다.) 이는 본질적으로 사람들과 많은 시간을 함께 보내고, 그들을 관찰하며, 대화를 나누고, 신뢰를 쌓는 것에 기반한다.

시카고 빈민가에서 권투에 대해 수년간 글을 써온 프랑스의 사회학자 로익 바캉Loïc Wacquant은 스포츠 분야에서 이러한 종류의 연구를 잘 수행하기 위해서는 '참여 관찰'보다 '관찰적 참여observant participation' 관점에서 접근할 필요가 있다고 말했다. 다시 말해 링 안에서 배울 수 있는 게 링 밖에서 배울 수 있는 것보다 더 많다는 뜻이다. 하지만 실제로는 쉽지 않은 도전이 될 거라는 걸 알았다. 인류학자 마이클 잭슨Michael Jackson이 말했듯, 관찰과 참여를 동시에 한다는 건 강물에 들어가 있으면서 강둑에 서 있는 것처럼 바라봐야 하는 것으로, 내 경우엔 선수들과 함께 달리면서도 나는 훈련 버스에 앉아 있는 것처럼 그들을 바라봐야 한다는 의미였다. 나는 그 선수들만큼 빠르지도 않았다. 내 하프 마라톤 최고 기록은 66분으로, 함께 훈련할 그룹의 선수들은 그보다 4분에서 8분가량 더 빨랐다.

그런데 핀란드 북부 스콜트족의 사냥 관습을 연구한 영국의 인류학자 팀 잉골드Tim Ingold에게 관찰과 참여의 구분은 무의미한 것이었다. 그는 이렇게 썼다. "관찰한다는 것은 주변에서 일어나는 일을 지켜보는 것이며, 당연히 듣고 느끼는 것도 포함된다. 참여한다는 것은 내가 관심을 갖게 된 사람들과 함께 삶을 영위하며 활동의 흐름 안에서 그것을 지켜보고, 듣고, 느끼는 것이다." 에티오피아에 도착한 둘째 날 아침, 나는 함께 달릴 사람들을 찾고 싶었다. 가능한 한 빨리 '활동의 흐름'에 휩쓸리고 싶은 마음이었다.

언덕 위에 숲이 있다는 걸 대략 알고 있기에 나는 오전 6시에 집을 나와서 돌길을 천천히 걷기 시작했다. 다른 사람들은 모두 급히 반대 방향으로 가고 있었다. 교과서나 서류 가방을 손에 들고 언덕을 빠르게 내려간다. 위쪽을 향해 가는 몇 안 되는 사람들은 훨씬 느리게 움직이고 있었다. 대부분은 흰색 샴마를 입고 있어 교회로 가는 게 분명했지만, 나처럼 트레이닝복을 입은 사람도 있었다. 내가 맞는 방향으로 가고 있는 것 같았다.

교회에 가까워지면서 다양한 자세로 기도하고 있는 사람들을 지나쳤고, 몇몇은 그들에게 발이 걸려 넘어질 뻔했다. 에티오피아정교회 신자들은 식사 및 순수에 관한 여러 금기로 인해, 자신이 교회에 들어갈 수 있을 만큼 순수하다고 여기는 이가 많지 않다. 그래서 사람들은 교회 안뜰의 나무에 이마를 대거나 바깥을 둘러싼 울타리를 붙잡고 서 있는 것이었다. 교회로 가는 사람들과 마찬가지로 달리기를 하는 사람들도 도시의 번잡함을 피해 이곳으로 올라왔다. 나는 이 숲에서 촬영된 하일레 게브르셀라시에의 인터뷰 중 한 장면이 떠올랐다. 그는 기자에게 이렇게 말했다. "제가 여기서 하는 훈련은 물론 힘들어요. 하지만 저 아래의 사람들 일부가 겪는 고통에 비하면 아무것도 아닙니다." 나는 도시 생활의 고단함을 거부하고 산과 숲에서 또 다른 형태의 고된 삶을 살기로 선택한 사람들의 생활이 어떤 것인지 이해하고자 이곳에 왔다.

 돌길은 교회에서 끝나고, 거친 풀밭과 북쪽으로 수 킬로미터 뻗어 있는 유칼립투스 숲이 시작됐다. 가파른 언덕도 나무들 사이로 계속해서 이어졌다. 나는 잠시 숨을 고르고 나서 달리기 시작했다. 손목에 손가락을 대고 맥박을 재보니, 이곳까지 올라온 것만으로도 거의 1분당 100회에 가까워진 것 같았다. 나는 희미한 길을 따라 경사면을 똑바로 올라가기로 했다. 그런데 희박한 공기 때문에 금세 숨이 거칠고 불규칙해졌다. 나는 길 위에 멈춰 서는 대신 옆으로 방향을 틀어 계속해서 달려 나갔다. 1~2분 그렇게 달리자 올라올 때 봤던 선수들이 눈에 띄었다. 예닐곱 명 정도 되는 그룹을 일렬로 이끌고 있었다. 밝은 보라색 타이츠와 빨간 재킷을 입은 선두의 선수가 내 앞을 지나가면서 자기 뒤쪽을 가리켰다. "같이 뛰어요!"라고 영어로 외친다.

 함께 달릴 사람들을 찾기까지 시간이 좀 걸릴 거라고 생각했는데, 5분도 안 돼서 찾게 되다니, 놀랍고 기뻤다. 나는 얼른 그룹의 뒤쪽, 오래된 아디다스 트레이닝복을 입은 젊은 선수 뒤로 합류했다. 나는 풀이 엉킨 곳을 피하며 그의 발걸음에 맞춰 달렸다. 다행히도 이들은 그렇게 빨리 달리지 않았고, 나는 그룹의 리듬에 자연스럽게 녹아들어 달리기를 즐겼다. 우리는 경사의 측면을 따라 지그재그 식으로 길게 돌면서 천천히 위로 올라갔다. 이렇게 하면 가파른 경사를 피할 수 있으나, 대신 항상 몸이 비스듬히 기울어진 상태에서 달려야 한다. 하지만 그렇대도 언덕 정상을 향해 갈수록 경사 때문에 점점 힘들어졌고, 나는 앞에 있는 선수와 몇 미터씩 거리가 벌어지기 시작했다. 그 거리는 정상에 이를수록 점점 더 커졌다. 오늘은 이곳에서 처음 뛰는 것이니 무리하지 말고 내 페이스대로 가는 것이 좋겠다고 판단했다. 그래서 그룹이 지그재그로 방향을 바꿀 때 무리에서 떨어져 그대로 직진해 올랐다.

그런데 어느새 선수들의 줄이 내 옆으로 다가오더니, 누군가 내 손목을 잡아 다시 대열 맨 뒤로 이끌었다. "여기선 함께 달려요." 가까이에 있는 선수가 영어로 말했다. 나는 결국 순응하기로 하고 선두의 보라색 타이츠를 입은 피리 부는 사나이를 최선을 다해 쫓아갔다. 길을 달리다 큰 돌이나 튀어나온 나무뿌리를 지나칠 때면 맨 앞의 주자가 등 뒤로 손가락을 튕겨 신호를 보냈다. 그 신호가 뒤쪽으로 차례차례 전달돼 결국 내게까지 전해졌다. 이 일련의 손가락 튕기는 소리는 우리가 서로 주고받은 유일한 커뮤니케이션이었다, 반대 방향에서 오는 선수를 마주치기 전까지는. 그 선수는 유난히 구부정한 자세로 달리고 있었는데, 우리 그룹의 리더가 그에게 한마디 던졌다. 그러자 대열의 선수들이 일제히 웃음을 터뜨렸다. "뭐라고 한 거예요?" 내 앞의 선수에게 물어봤다(나중에 알게 된 그의 이름은 틸라훈 레가사였다). "'또 뭐 떨어뜨렸어?'라고 했어요." 틸라훈은 일부러 몸을 과장되게 앞으로 숙여 흉내를 내며 덧붙였다. "저 친구는 만날 저렇게 뛰거든요!"

이제 우리는 언덕 정상의 탁 트인 지대로 올라섰고, 밭을 가로지르며 듬성듬성 서 있는 유칼립투스나무 사이를 달렸다. 시야가 트이자 앞선 선수들의 보폭도 함께 넓어졌다. 나는 지그재그로 방향이 바뀔 때마다 점점 뒤처져서, 따라잡으려면 더 일찍 방향을 틀어야 했다. 오랜만에 다른 사람들과 함께 달리다 보니 나도 모르게 정말 즐거움을 느끼고 있었다. 내가 뒤처진 탓에 반대 방향으로 스치게 된 선수들은 그때마다 내게 "아이조!" 하고 격려의 말을 외쳤다. 이 말은 '힘내', '기운 내'와 같은 의미로, 단순히 응원이 아니라 따뜻한 위로의 뜻까지 담긴 말이다. 에티오피아에서 지내는 동안, 특히 다른 선수들과 보조를 맞추려 애쓸 때마다 가장 자주 듣게 될 말 중 하나였다.

속도가 전력 질주 수준까지 빨라지면서, 마치 군사 행렬처럼 일사불란했던 선수들의 대열에도 하나둘씩 틈이 생기기 시작했다. 그러다 갑작스레 달리기가 끝났다. 정확히 한 시간이 지나 있었다. 우리는 다시 대열을 가다듬고 천천히 조깅하며 언덕을 내려왔다. 그리고 교회쯤 다다라 그곳에서 원을 만들고 스트레칭을 시작했다. 틸라훈이 나에게 이것저것 질문을 던졌다. 어디에서 왔는지, 이곳에 온 이유는 무엇인지, 그리고 10킬로미터를 몇 분에 뛸 수 있는지. 그러다 이렇게 물었다. "근데 왜 혼자 달리려고 했어요?" 나는 지친 상태였고 그룹의 흐름을 방해하고 싶지 않았으며, 내 페이스대로 달리고 싶었다고 설명했다.

"혼자 뛰는 건 그냥 건강을 위한 거예요." 그가 단호히 말했다. "달라지고 싶으면 다른 사람들이랑 같이 달려야 해요. 자기 페이스가 아니라, 다른 사람들 속도에 맞춰야 해요." 앞으로 몇 달 동안 내게 뼈저리게 각인될 말이었다. 에티오피아에서는 혼자 달리는 것이 혼자 밥을 먹거나 심지어 혼자 앉아 있는 행동과 마찬가지로 매우 비사교적이며 때때로 수상쩍은 행동으로까지 여겨졌다. 그때 반바지와 티셔츠 차림에 러닝화를 신은, 덩치 큰 미국인 두 명이 언덕을 올라왔다. "여행객인 것 같네요." 틸라훈이 말했다. "저 사람들은 신선한 공기 마시면서 건강을 챙기기 위해 달리겠지만, 우리는 결과를 위해 달려요. 늘 어떻게 하면 더 좋은 기록을 낼 수 있을지 고민하죠." 이마를 짚으며 일부러 고뇌에 빠진 듯한 표정을 짓는다. "어떻게 해야 시간을 단축할 수 있지? 어떻게 하면 더 빨리 뛸 수 있을까? 그래서 가끔 쓰러질 때까지 달리기도 하고요." 틸라훈은 웃음을 터뜨렸다. "그냥 건강을 위해서 달리는 거면, 그런 고민은 할 필요도 없죠!"

느긋하게 언덕을 내려오는 길, 아직 오전 8시도 되지 않았지만 햇볕은 점점 뜨거워지고 있었다. 틸라훈이 내일은 어디에서 훈련할 거냐고 물었다. "내일도 여기로 올까 해요. 숲이 꽤 마음에 드네요." 내 대답에, 그가 살짝 찡그리며 고개를 젓는다. "다양한 장소에서 훈련하는 것도 중요해요. 환경 자체가 하나의 훈련 요소니까요." 그는 내일은 엔토토산에서 천천히 달리며 '특별한 공기'의 효과를 볼 거라고 했다. 성공적인 선수가 되려면 아디스 곳곳에서 훈련하면서 그 장소마다 다른 공기의 특성을 익히고, 여러 지면과 경사를 최대한 활용하는 게 중요하다고 덧붙였다.

"육상은 다른 사람들과 함께 훈련해야 하는 스포츠예요"라고 틸라훈은 거듭 강조했다. "그리고 환경을 적극 활용해야 해요. 오르막도 뛰고, 내리막도 뛰어야 하죠." 우리가 지나온 언덕을 가리키며 또다시 말했다. "여기 머물면서 저희랑 같이 훈련하고 아디스 여기저기를 경험하다 보면 결국 성공하실 수 있을 거예요." 우리는 며칠 후 다시 만나기로 하고 헤어졌다. 나에게 한 시간 달리기는 그저 한 시간 달리기일 뿐이었다. 어디에서 뛰는지는 별로 중요하지 않았고, 아직은 새벽 5시에 일어나 도시를 가로질러 훈련을 하러 가고 싶지도 않았다. 하지만 집으로 걸어가는 내내 틸라훈이 한 말이 머릿속을 맴돌았다. 환경과 조화를 이루며 다른 사람들과 함께하는 훈련 방식은 내가 에티오피아에서 지내는 동안 점점 더 큰 의미를 가지게 될 것 같았다.

첫 몇 주 동안은 매일 아침 6시에 숲으로 걸어 올라가 틸라훈이나 새로 알게 된 다른 선수들과 함께 달리며 하루를 시작하는 규칙적인 생활을 이어갔다. 처음에는 에티오피아의 시간 개념이 조금 헷갈렸다. 이곳에서는 오전 6시를 '12시'로, 오전 7시를 '1시'로 부르기 때문이다. 성서 시대에는 하루를 오전 6시부터 측정하는 것이 일반적이었고, 오늘날에도 대부분의 에티오피아 사람들이 이 방식을 쓴다. 적도 가까이에 있는 나라다 보니 해가 떠오르는 순간부터 시간을 재는 것이 오히려 자연스러웠을 것이다. 그리고 달리기 선수로서도 이 방식이 직관적으로 와닿았다. 햇빛을 받으며 달릴 수 있는 첫 순간을 기준으로 시간을 가늠하게 되기 때문이다. 에티오피아의 특별한 시간 개념은 이뿐만이 아니다. 에티오피아력에는 '파구메'라는 열세 번째 달이 있으며, 한 해는 1월이 아니라 9월에 시작됐다. 또 에티오피아 연도는 우리가 쓰는 그레고리력보다 7~8년가량 늦는데, 에티오피아정교회에서 예수의 탄생 연도를 다르게 계산하기 때문이다. 따라서 에티오피아에서 시간에 대한 독특한 감각을 가진 건 달리기 선수만이 아니었다.

훈련을 마치고 돌아오면, 남은 오전 시간은 주로 글을 쓰고 책을 읽으며 보냈다. 그동안 베누아의 고양이 클레오페가 내 무릎 위에서 조용히 낮잠을 잤다. 파리의 실내 생활을 하던 녀석이 이제는 지구에서 가장 다양한 새들이 날아다니는 나라에서 넓은 곳을 누비며 자유롭게 지낼 수 있게 됐으니, 그야말로 커다란 행운이었다. 나는 달리기와 글쓰기가 내게 꽤 잘 맞는 조합이라는 걸 점점 더 실감했다. 미국의 소설가 노먼 메일러Norman Mailer는 무하마드 알리와 함께 조깅을 해보고 나서, 달리기와 글쓰기는 서로 어울리지 않는다며 이렇게 되물었다. "번뜩이는 영감이 발

목으로 빠져나가는 걸 누가 원하겠나?" 하지만 달리기를 하고 나면 찾아오는 기분 좋은 피로감 덕에, 나는 오히려 잡다한 것에 신경 쓰지 않고 차분히 앉아 글쓰기에 더욱 몰입할 수 있었다. 오후가 되면 '택시'라고 불리는 12인승 토요타 미니버스를 두세 번 갈아타고 도시 반대편의 아랏킬로로 향했다. 미니버스에는 보통 스무 명 가까운 사람이 빽빽하게 들어차 있었다. 그렇게 이동한 끝에 카페에서 밈미 데미시를 만나 암하라어 수업을 받았다.

　이 수업은 점차 그 자체로 하나의 인내력 테스트가 됐다. 내게 밈미를 소개해준 건 에티오피아정교회를 연구하며 이곳에서 2년을 보낸, 나의 좋은 친구이자 인류학자인 디에고 말라라Diego Malara였다. 내가 수업 도중 잠깐 쉬어도 되느냐고 물으면, 밈미는 "디에고는 두 시간을 내리 공부하고, 담배 다섯 개비를 피운 다음, 두 시간을 더 했어요. 마이클도 더 노력해야 해요"라고 했다. 나는 서빙 직원이 에티오피아의 전통 주전자인 자베나를 들고 돌아다니면서 끊임없이 따라주는 커피를 마시며 세 시간 동안 온 힘을 다해 집중한 뒤, 다시 그 택시를 타고 베누아의 집으로 돌아왔다.

　암하라어는 소리가 아름다운 언어로, 서른세 개의 자음이 모음과 결합하면서 각각 일곱 가지 형태의 문자로 변형된다. 암하라어는 문법적으로도 복잡하며, 문장 구조상 개별 단어에 엄청나게 많은 의미가 담길 수 있었다. 접두사와 접미사 그리고 접요사(단어 중간에 삽입돼 의미를 더하는 요소)까지 더하면, 영어로는 여러 단어가 필요한 표현도 암하라어로는 단 하나의 단어로 압축됐다. 에티오피아에서 가장 흔히 쓰이는 인사는 '테나 이스틸린'으로, 직역하면 '하느님께서 나 대신 당신에게 건강을 주시기를May God give you health on my behalf'이라는 뜻이었다. '테나'는 건강health을 의미하니, '이스틸린'이라는 단어를 영어로 옮기려면 나머지 일곱 개의 단어가 필요했다. 나는 이 수업을 마칠 때쯤이면 종종 머리가 지끈거렸다.

베누아의 집으로 돌아올 때면, 그의 아내와 아이들이 영어를 쓸 기분이길 바랄 수밖에 없었다. 그렇지 않으면 나도, 이 가족도, 카페인에 전 내 서툰 프랑스어로 고생해야 할 테니까. 나는 점점 내 머리가 한 번에 한 가지 외국어밖에 감당하지 못한다는 사실을 깨닫고 있었다. 그래서인지 프랑스어를 할 때도 자꾸 암하라어 단어들이 새어 나왔다. 하지만 베누아는 프랑스어와 암하라어가 섞인 '프랑하라어' 대화도 꽤 즐기는 듯했다. 베누아와 나는 아디스 최고의 전망을 자랑하는 그의 테라스로 자리를 옮겨, 에티오피아 사람들이 '조르지스'라고 부르는 세인트 조지St. George○ 맥주를 마시며 달리기와 사회과학에 대해 한참 이야기를 나눴다.

에티오피아와 케냐의 달리기 선수들은 지나치게 낭만적으로 그려지곤 한다. 맨발로 걸어서 학교에 가는 고산 지대 아이들, '가난에서 벗어나기 위해 달리는 사람들' 같은 이미지가 대표적이다. 베누아는 에티오피아에서 가장 가난한 사람들이 달리기 선수가 되는 게 아니라는 사실을 분명히 하고 싶어 했다. "선수가 되려

○ 에티오피아정교회에서 가장 존경받는 성인. 초기 기독교 순교자로, 용을 처치하고 공주를 구한 이야기로 널리 알려져 있다.

면 가족의 지원이 어느 정도 필요해요. 훈련할 수 있는 시간과 에너지도 있어야 하고요."

　이 사실은 어느 날 틸라훈과 함께 숲에서 돌아오던 길에 다시금 와닿았다. 출근길인지 서류 가방을 들고 성큼성큼 걸어가던 한 풍채 좋은 남자가 우리 옆으로 오더니, 틸라훈에게 선수가 되려면 뭐가 필요한지 물었다. 내게도 반가운 질문이었다. 틸라훈은 손가락을 하나씩 접어가며 달리기에서 성공하는 데 필요한 요소들을 설명했다. 첫째, 시간이다. 훈련을 위한 시간도 중요하지만, 훈련과 훈련 사이의 휴식을 위한 시간도 반드시 확보돼야 한다. 둘째, 훈련을 꾸준히 이어가기 위해서는 충분한 양의 질 좋은 음식이 필요하다. 그리고 셋째는 러닝화나 러닝복 같은 각종 장비뿐 아니라 도시 이곳저곳의 적절한 훈련 장소로 이동하기 위한 교통비까지 포함해 좋은 훈련 환경에 접근할 수 있어야 한다는 것인데, 내가 아침 달리기를 시작한 첫날 틸라훈이 강조했던 부분이기도 했다. 하지만 당연히 이 비용을 감당하기 어려운 사람도 있을 수밖에 없다.

　동아프리카 선수들이 신발조차 없는 열악한 환경과 고난 '덕분에' 성공했다는 미디어의 묘사와 달리, 이러한 요건들로 인해 에티오피아에서 실제로 선수가 되는 데는 상당한 진입 장벽이 존재했다. 선수가 되기 위해 훈련한다는 건 교육, 취업 기회, 심지어 결혼까지 포기해야 하는 엄청난 투자와 희생을 의미했다. 나는 연구를 시작한 초기에는 이 점을 잘 이해하지 못했다. 나는 베누아에게 "틸라훈이 선수로 성공하지 못한다고 해서 인생이 끝나는 건 아니잖아요? 언제든 농장으로 돌아갈 수 있잖아요"라고 말했고, 베누아는 고개를 저었다. "아니죠, 스물다섯 살에 선수로 실패하면, 결혼도 쉽지 않을 거예요. 선수들은 자기 안에 특별한 뭔가가 있다고 믿어요. 그런데 그 믿음이 깨져버리면, 어떻겠어요?"

자기 안에 뭔가가 있고, 단지 그 숨겨진 가능성을 끌어내기만 하면 된다는 개념은 어렴풋이 알고 있었다. 암하라족에 대한 고전 연구서를 읽으며 접한 터였다. 에티오피아의 정상급 선수들은 주로 암하라나 오로미아 지역 출신이며, 북부의 티그라이 출신은 상대적으로 적었다. 훈련 그룹은 개인적 인맥을 바탕으로 형성되므로, 내가 속한 그룹은 거의 모두 암하라족이었다. 미국의 사회학자 도널드 러빈Donald Levine은《밀랍과 금Wax and Gold》에서 암하라족의 개념인 '이딜'에 관해 설명했는데, 이는 대략 '기회chance'로 번역된다. 암하라정교회 신자들은 자신의 이딜을 오직 하느님만이 아는 일종의 내적 존재 상태라고 믿는다. 즉 성실하고 올바르게 노력하면 신의 뜻에 따라 경이롭고 초월적인 성취를 이룰 수 있을지 모른다고 믿는다. 이는 에티오피아 선수들이 자신의 야망을 크게 내세우지 않는다는 의미이기도 했다. 속으로는 자신의 가능성을 꽤 높이 평가할지라도, 이를 겉으로 표현하는 건 하느님의 보상을 받는 데 요구되는 덕 있는 삶과 양립할 수 없는 것이기 때문이다. 해외 경험이 많은 유명 에티오피아 선수들조차 경기 후 인터뷰에서 '우승한 소감이 어떻습니까?'라는 질문을 받았을 때 말을 아끼곤 하는 모습 또한 이렇게 개인의 성취에 대한 자부심을 드러내고 싶지 않아 하는 이들의 태도와 관련 있었다.

　나는 에티오피아에 온 지 얼마 되지 않았을 때부터 남녀 선수 모두 처음에는 자신에 대해 이야기하는 걸 조심스러워하며, 여성 선수의 경우 특히 더 그렇다는 것을 알 수 있었다. 내가 여성 선수를 인터뷰하는 건 이곳의 통념상 부적절한 것으로 여겨졌고 나 역시 사람들을 불편하게 만들고 싶지 않았기 때문에, 내 연구와 이 책의 초점은 자연스레 남성 선수에게 맞춰지게 됐다. 러빈의 책 제목도 감정을 직접적으로 표현하는 것이 어렵다는 문제를 암시한다고 할 수 있다. '밀랍과 금'은 암하라족의 시 형식으로, 각 행이 두 가지 의미를 담고 있다. 하나는 표면적 의미로 '밀랍'이라고 불리는데, 금세공 과정에서 사용되는 틀에서 유래한 명칭이다. 다른 하나는 그 아래에 숨겨진 의미, 즉 '금'의 의미로, 신중하게 해석해야 알 수 있는 것이다. 에든버러에서 출발하기 전 이 내용을 읽으며, 인터뷰를 진행하고 이해하는 과정이 복잡할 수도 있겠다고 생각했던 기억이 났다. 선수들에게 직접적으로 그들의 포부에 대해 묻는 것도 쉽지 않을 것 같았다.

　이들에 대한 믿음, 즉 특정한 방식으로 행동하면 누구든 위대한 위치에 오를 수 있다는 믿음이 강하다는 건, 에티오피아에서는 선천적 운동 능력이나 유전적 재능을 크게 중요하게 여기지 않는다는 뜻도 된다. 틸라훈은 그저 자신의 기록을 조금 '손보기만' 하면 된다고 말했다. 그리고 스스로에게 확신을 주려는 듯 자신의 다리를 토닥이며, "저도 다른 선수들이랑 똑같이 두 다리를 가지고 있잖아요"라고 덧붙였다. 틸라훈이 내가 에티오피아에

1년 동안 머물며 제대로 훈련하면 2시간 8분대 기록을 달성할 수 있을 거라고 말했을 때, 나는 웃었지만 그는 진심인 듯했다.

사실 에티오피아에서 지내는 동안 누구도 '재능'이나 '타고난 능력'에 대해 이야기하는 걸 들은 적이 없다. 선수들은 훈련을 '레메메드'라고 했는데, 이는 본래 '적응' 혹은 무언가에 익숙해지는 것을 뜻하는 말이다. 선수들은 적응 과정을 잘 관리하는 사람이거나, 그렇지 못한 사람이거나 둘 중 하나였다. 우수한 선수는 대개 '고베즈'라고 불렸는데, 이는 영리함과 기민함이 결합된 개념으로 훈련을 효과적으로 계획하고 관리하는 능력을 의미했다. 메세렛 코치가 선수들에게 자주 하는 말도 '너는 변할 수 있어'였다. 여기에는 신체가 본질적으로 고정된 것이 아니라, 특정한 방식으로 훈련하면 얼마든지 변화할 수 있다는 확신이 깔려 있었다. 나는 이 적응 과정을 잘 관리하지 못한다는 지적을 자주 받았다. 낮에 글을 쓰고 인터뷰를 하러 돌아다니는 등 몸이 훈련량에 '적응'하도록 놔두지 않았기 때문이다. 이 사고방식에 따르면 '적응'하지 못하는 건 개인의 문제로 간주된다. 어떤 경우에는 충분한 '노력'을 기울이지 않은 결과로, 또 어떤 경우에는 도덕적 과오로 해석됐다. 나로선 내가 마라톤을 2시간 8분대에 뛸 수 없는 이유를 재능과 관련해 설명하는 게 자연스러웠으나(대다수의 스포츠 과학자도 마찬가지일 것이다), 에티오피아에서는 결코 이를 단순히 '타고난 재능'이 부족한 탓으로 돌리지 않았다.

틸라훈은 우연히 라디오로 2009년 베를린 세계 육상 선수권대회에서 케네니사 베켈레가 우승하는 순간을 듣고 달리기를 시작하게 됐다고 했다. "케네니사가 제 고향에서 멀지 않은 곳 출신이더라고요. 그래서 생각했죠. 저 사람이 할 수 있다면, 나도 할 수 있지 않을까?" 누군가는 학교에서 자신이 달리기를 잘한다는 사실을 알게 돼 달리기를 시작했고, 또 누군가는 라디오나 TV에서 큰 경기를 보고 나서 시작했다. 그리고 어떤 사람은 영화 〈포레스트 검프〉의 대사처럼 '그냥 달리고 싶어서' 달리기를 시작하기도 했다.

다음 날 오후, 나는 아디스에서 지내는 동안 함께 훈련하기로 한 달리기 선수 그룹의 현장 관리자 하일리에를 만나러 갔다. 이 그룹은 영국 에든버러에 본사를 둔 글로벌 육상 선수 매니지먼트 에이전시인 모요스포츠Moyo Sports 소속이었다. 모요스포츠의 대표이자 '선수 대리인'인 맬컴 앤더슨은 세계 곳곳에서 열리는 경기 일정에 맞춰 이동하지만, 아주 가끔 에든버러에 머물기도 했다. 맬컴을 만난 건 정말 행운이었다. 그는 케냐 고지대에서 체육과 영어를 가르친 경험을 바탕으로 육상계에 발을 들였고, 옥스퍼드 대학에서 아프리카학 석사 과정을 밟으며 케냐 육상의 역사를 주제로 논문을 썼다. 에티오피아에서 주로 '매니저'라고 부르는 선수 대리인의 역할은 선수들의 경기 일정을 계획하고, 해외 대회 출전 및 스폰서 계약 조건 협상을 돕는 것으로, 이 과정에서 선수들의 총수입 중 15퍼센트를 표준 수수료로 받았다.

숲에서 만난 많은 선수가 매니저와 함께 일하는 수준에 도달하는 걸 목표로 삼고 있었는데, 가끔 내가 매니저가 돼주지 않을까 생각하는 선수도 있었다. 일반적으로 '매니지먼트 시스템'이라고 불리는 이 체계는 안정적 재정을 바탕으로 활발하게 운영되는 에티오피아의 육상 클럽 구조 위에 자리하고 있었다. 많은 선수가 일정한 수입을 얻기 위해 클럽에 의지하지만, 더욱 수익성이 높은 해외 대회에 출전하기 위해서는 넓은 인맥을 갖춘 매니저의 네트워크에 기대야 했다. 맬컴은 이 그룹에 속한 약 30명의 선수가 훈련을 위해 주 3회 버스를 타고 이동하는 데 드는 비용 및 하일리에와 메세렛 코치의 급여를 책임졌다. 하일리에의 주요 업무는 선수들의 훈련에 참석하고 맬컴에게 피드백을 제공하며, 선수들이 비자 신청서를 제출할 수 있도록 돕는 것으로, 아무래도 비자 신청과 관련된 작업이 가장 까다로운 일인 듯했다.

하일리에와 나는 아디스 외곽인 코테베에 있는 히루트 카페에서 만났다. 아디스 도심에서 약 5킬로미터 떨어진 곳으로, 우리는 동쪽으로 나가는 주요 도로가 내려다보이는 1층 발코니에 앉았다. 좁디좁은 도로에 승용차와 커다란 빨간색, 노란색의 버스 그리고 트럭이 서로 조금이라도 더 빨리 가려다 뒤엉켜 있었다. 보행자는 아찔할 정도로 차도 가까이에 물건을 펼쳐놓은 행상인들을 피해 걸었다. 경적 소리가 들리고, 배기가스가 우리가 앉아 있는 곳까지 올라왔다. 그때 하일리에가 뒤쪽의 언덕을 가리키며 말했다. "저기가 선수촌이에요. 여기에 선수들이 얼마나 많이 있냐 하면, 수천 명은 될 거예요." 비교적 조용한 케냐의 이텐과는 분위기가 무척 다르다는 생각이 들었다. 이텐은 뛰어난 육상 선수를 배출해 유명해진 곳이었다. 코테베는 많은 사람이 동아프리카 달리기와 연관 짓는 시골의 '소박함'이라는 이미지와도 달랐다. 아래에서는 분주한 광경이 계속됐고, 우리는 여전히 에티오피아의 넓게 펼쳐진 수도 중심에 있었다.

사실 에티오피아 최고의 선수 대부분이 코테베에 살고 있지만, 하일리에는 이곳이 훈련하기에 이상적인 장소라고 생각하지 않았다. 그는 '훈련은 시골 지역이 더 낫다'고 말하면서, '물론 기회는 이곳에 더 많다'고 인정했다. 해외 경기에 나가고 싶다면 모요스포츠와 같은 그룹에서 훈련하는 게 필수적이며, 그 말은 아디스에 살아야 한다는 뜻이었다. 코테베는 예카 서브시티° 숲과 가까운 위치에 있다는 이점이 있지만, 그 숲은 경사가 심하고 고르지 않으며, 길에는 돌과 나무뿌리가 널려 있었다. 코테베에 사는 선수들은 결국, 일종의 타협 끝에 세계적 달리기 산업의 가장자리에 자리 잡게 된 것이다.

하일리에는 놀라운 인물이었다. 그는 야간 경비원으로 일하며 영어를 독학했다. 월급의 상당 부분을 수업료로 쓰고, 밤에는 거울을 보며 문장을 연습하면서 잠을 쫓았다. 아디스에서 100킬로미터 정도 떨어진 데브레비르한에서 대학을 다닌 뒤, 아디스아바바 대학에서 사회학과 사회인류학 학위를 취득했다. 하일리에

○ 서브시티(Sub-City)는 한국의 '구'와 유사한 행정구역 명칭으로, 아디스에는 열 개의 서브시티가 있다.

는 맬컴이 처음으로 에티오피아 선수와 회의하는 자리에서 통역을 맡았고, 그 회의를 계기로 육상에 대한 방대한 지식을 독학으로 쌓았다. 매니저와 선수 간의 계약은 국제 규제 기구가 정한 규칙에 따라 12개월로 제한된다. 그렇다 보니 이 세계는 매우 변덕스럽고 복잡한 이해관계로 가득 차 있다. 선수들은 매니저를 자주 교체했다. 하일리에가 자신의 일을 효과적으로 해내려면 소속 선수와 신뢰를 지속적으로 쌓고 유지하는 데 많은 노력을 기울여야 했다.

 이날 하일리에는 자신의 룸메이트 파실을 소개해줬다. 파실은 불과 1년 전 코테베에서 달리기를 시작한 선수였다. 모요스포츠 그룹에서 훈련하고 있지만, 아직 맬컴과 계약을 맺거나 해외로 나가기 위해 여권을 신청할 수준은 아니었다. 파실은 하루 열두 시간씩 돌을 나르며 일한 사람처럼 팔 근육에 굵은 혈관이 선명하게 드러나 있었다. 우리는 티베스 피르피르를 함께 먹으며 그가 어떻게 달리기를 시작하게 됐는지 들었다. 티베스 피르피르는 인제라('테프'라는 곡물의 가루를 발효시켜 구운 평평한 빵)를 매콤한 붉은 고기와 섞어 만든 요리로, 아주 맛있었다. 전통적으로 남은 인제라를 활용해 만드는 음식이다 보니, 하일리에는 이를 '농민 음식'이라고 불렀다. 나는 티베스 피르피르를 먹으면 내가 좋아하는 스페인 안달루시아 지방의 미가스(남은 빵과 초리소로 만든 요리)가 떠올랐다. 아마 들에서 오랜 시간을 일하던 사람들이 먹던 음식이 달리기 선수에게 잘 맞는 것일지도 모른다. 파실이 이야기하는 동안 우리는 티베스 피르피르를 한 움큼씩 떠먹었다.

"저는 열아홉 살 이전에는 달리기를 하지 않았어요. 제가 자란 곤다르 지역에서는 달리기가 돈을 벌 수 있는 방법이라는 걸 아무도 몰랐어요. 곤다르는 여기서 하루 종일 버스를 타고 가야 나와요. 아무튼 이곳으로 이사를 온 후에야 그걸 알게 됐죠. 아디스는 생활비가 많이 들잖아요. 이사 오기 전에 '거기 가면 빈털터리가 된다'는 말도 들었고, 실제로 이곳에 와서 정말 열심히 일해야 했어요. 낮에는 주로 공사장에서 일하고 밤에는 거리 순찰을 하며 경비를 섰죠. 그러다 한 현장에서 기초 파는 일을 하던 중에 하일리에를 만난 거예요. 하일리에랑 다른 사람들이 숲으로 가는 걸 보고 궁금해져서 뭘 하는 건지 물어봤어요. 그땐 다른 사람들을 따라잡기엔 이미 너무 늦었다 싶었어요. 그 후 하루 종일 밤낮으로 일하면서 1년을 보내고 나니, 생계를 꾸릴 다른 방법은 없을까 고민하게 됐죠. 그러다 곤다르에서 마센코 연주법을 배웠고, 거리에서 노래를 부르며 돈을 벌 수 있지 않을까 생각했죠."

하일리에의 설명에 따르면, 마센코는 현이 하나인 현악기로 즉흥적인 노래와 거친 농담이 특징적인, 에티오피아의 전통 가수가 주로 사용하는 악기였다. 나는 후에 벌꿀로 만든 에티오피아 전통 술 테지를 마시며 연주를 들어볼 기회가 있었다. 하일리에는 개인적으로 그 직업을 별로 추천하지 않았고, 파실에게 대신 달리기를 해보라고 권유했다고 한다. "어느 날 메르카토 시장에 갔죠." 파실이 계속해서 말했다. 메르카토 시장은 아프리카에서 가장 큰 야외 시장이다. "마센코를 사려고 간 거였어요. 그런데 시장 골목을 돌아다니다가 러닝화 파는 가게를 지나게 된 거예요.

한번 신어나 보자는 생각이 들었죠. 그래서 신고 뛰어봤는데, 얼마나 탄력이 좋은지 영원히 달릴 수 있을 것 같은 기분이 들더라고요. 그래서 가지고 있던 돈을 모두 털어서 러닝화를 사고, 택시비가 없어서 코테베까지 달려서 집에 왔어요."

하일리에는 마지막 부분을 통역해준 뒤, 영어로 덧붙였다. "이래서 제가 파실을 소개해드리고 싶었던 거예요. 조금 남다른 친구예요." 파실의 이야기는 이미 다음으로 넘어가고 있었다. "다음 날 새 신발을 신고 숲으로 올라가서, 거기서 본 첫 번째 선수 그룹을 그냥 따라갔어요." 내게도 낯설지 않은 이야기였다. "그 길로 쭉 앞에 있는 사람을 따라갔죠. 그 사람한테서 멀어지지 않으려고 무진장 집중하면서 달렸어요. 그러다 보니 어느새 고원에 가 있었어요, 주위에는 넓은 농지가 펼쳐져 있었고요. 그때 갑자기 제가 있는 곳이 어딘지 모르겠다는 걸 깨달았어요." 하일리에가 웃으며 말을 받았다. "파실은 그때 아디스 북쪽에 있는 술룰타 지역까지 달린 거예요. 굉장히 먼 거리예요. 아마 40킬로미터 왕복 훈련을 하는 중에 이미 20킬로미터 정도 달린 프로 선수 그룹에 합류했던 것 같아요."

"어쨌든, 그쯤 되니 지치더라고요." 파실은 담담하게 말을 이었다. "운 좋게도 지나가던 분이 농장으로 데려가 줘서 우유랑 꿀을 얻어먹을 수 있었어요." 파실은 웃으며 하일리에를 봤고, 하일리에는 작게 고개를 저었다. "돌아오는 버스비도 얻고요. 그다음 날에도 숲으로 가서 똑같이 반복했어요. 하지만 이번에는 어디로 가는 건지 주의해서 봤죠."

나는 파실에게 성장 배경이 어떤지, 그리고 그 배경이 선수로서 순조로운 출발을 하는 데 도움이 됐다고 생각하는지 물었다. "제 생각엔 사람이 시골에서 자라면 강해지는 것 같아요. 성공적인 선수 중에 도시에서 자란 사람은 못 봤어요." 파실이 말했다. "부모님이 두 분 모두 제가 네 살 때 돌아가셔서, 그때부터 저는 삼촌 댁에서 자랐어요. 사촌들은 학교에 가고 저는 소를 돌보며 시간을 보냈죠. 하루에 열여섯 시간은 밖에서 보냈던 것 같아요. 곤다르는 날씨가 추울 땐 정말 추워서 힘들었죠. 그러다 열여섯 살 때 집을 나와서 여러 가지 일을 했어요. 수단에서 소 떼를 시장에 팔러 가는 일도 했어요. 며칠씩 걸으면서 소를 도둑맞지 않게 지키는 일인데, 꽤 위험한 일이었어요." 파실은 소를 지키다 실패한 뒤 이틀 동안 나무에 묶여 있는 바람에 생긴 손목의 흉터를 보여줬다. 나는 그의 첫 번째 달리기 이야기가 가볍고 경쾌했던 건 이전의 경험과 비교해 정말로 그랬기 때문이라는 걸 깨달았다.

"아까 말씀드렸듯이 아디스에서 사는 데 드는 생활비를 감당하려고 밤낮으로 일하는 상황이었는데, 하일리에가 달리기를 시작하라고 권유해줘서 정말 고맙게 생각해요. 달리기는 힘들지만, 제가 전에 했던 일이랑 비교하면 쉬워요. 계속 예전처럼 일하면 몸도 망가지고 아무것도 바뀌지 않을 거예요. 하지만 달리기를 하면 삶을 바꿀 기회가 주어져요." 이 말은 이후 선수들에게 달리기를 하는 이유를 물을 때마다 계속해서 듣게 될 말이었다. '삶을 바꿀 기회.' 달리기 선수가 되기로 결심한다는 건 그것이 가능하도록 삶의 많은 부분을 재정렬해야 한다는 뜻이었다. 그래서 선수들은 도시에서 생계를 꾸리려는 다른 젊은이들과 자신들을 구별해 정의하곤 했다.

나는 이 점을 몇 주 뒤 어느 일요일, 확실히 실감할 수 있었다. 모요스포츠 그룹의 훈련 일정에도 익숙해진 참이었다. 일주일 중 팀 버스를 타고 특정 장소로 가서 힘든 훈련을 하는 날이 3일, 그 사이사이에 끼어 있는 '쉬운' 훈련을 하는 날이 3일이고, 일요일은 쉬는 날이었다. 파실과 나는 숲 근처에 사는 아베레의 초대로 그의 집을 방문했다. 아베레는 아보카도, 상추, 토마토, 고추에 소금과 식초를 뿌린 엄청난 양의 샐러드를 내와 우리를 대접했다. 아베레와 파실은 둘 다 에티오피아 북부 곤다르 인근 출신이었다. 아베레는 훈련을 시작할 당시 삼륜차 택시 바자즈를 몰고 있었다. 그는 돈이 너무 없어서 첫 번째 매니저가 모로코에서 열린 해외 대회를 주선했을 때 젤리 샌들을 신고 나갔다. 그럼에도 그는 하프 마라톤을 61분 만에 완주했다. 두 번째 대회는 프랑스에서 있었고, 그때는 아디다스 레이싱화를 가지고 있었지만 젤리 샌들이 더 익숙했기 때문에 젤리 샌들을 신고 뛰었다. 샌들을 신고 달린 하프 마라톤에 대한 공식 세계 기록이 있는지 모르겠지만, 만약 있다면 아베레가 기록한 시간보다 분명 몇 분은 더 늦을 것이다.

우리는 트로피들에 둘러싸인 작은 텔레비전으로 에티오피아 팝 뮤직비디오를 보며 한가로운 오후를 보냈다. 뮤직비디오는 모두 곤다르 지역에서 촬영한 것으로, 바람에 흔들리는 테프 밭에서 전통 정교회 복장을 한 농부들이 춤을 추는 장면과 도시의 젊은 남자들이 도로변에서 포즈를 취하는 장면이 번갈아 나왔다.

그렇게 몇 시간을 머문 뒤, 아베레가 배웅을 해준다기에 우리 셋은 도로 쪽까지 함께 걸었고, 축구를 하는 젊은이들 사이로 지나가게 됐다. 그런데 그중 한 명이 아베레에게 뭔가 말을 건넸고, 아베레가 화를 냈다. 우리 셋은 누가 봐도 달리기 선수처럼 입고 있었다. 모두 러닝화를 신은 데다 파실은 보라색 나이키 후드 상의를, 아베레는 그 전년도에 아디다스와 계약한 모든 선수에게 제공된 노란색 아디다스 트레이닝복을 입고 있었다. 우리는 순식간에 둘러싸였다. 아베레가 우리를 막아선 사람들을 밀어내며 지나치자, 이두근에 문신을 한 젊은 남자가 아베레에게 콘크리트 덩어리를 던졌다. 그 덩어리는 아베레의 머리를 몇 인치 남기고 빗나갔다. 나는 갑작스럽게 격화된 대치 상황에 어안이 벙벙했다. 여전히 가끔 야간 경비 일을 하던 파실이 상대방 한 명을 꽤 빠르게 제압했지만, 그쪽은 일곱 명이나 됐다. 때마침 나타난 샴마 입은 노인이 우리와 그 청년들 사이에 서서 상황을 진정시키지 않았더라면 어떻게 됐을지 알 수 없는 일이다.

"이미 희망을 잃은 사람들이에요." 그들이 사라진 후 파실이 말했다. "왜 싸우게 된 거예요?" 우리 둘이 숲을 가로질러 돌아오는 길이었다. "그 사람들은 아무런 삶의 계획이 없어요. 우리를 해쳐서 감옥에 가려고 한 거죠. 감옥에 가면 정부가 먹을 걸 주고 잠자리를 해결해주니까. 그들은 목표도 없고 희망도 없어요. 하지만 아베레는 목표가 있는 사람이에요. 아베레가 달려서 돈을 벌고 그 돈으로 호텔을 지으면, 많은 사람이 혜택을 보게 될 거예요."

파실은 달리기를 그 젊은이들의 삶과 대조되는 대안적인 삶의 방식으로 설명했다. "달리기 선수는 열심히 일하는 사람이란 거죠?" 내가 물었다. "선수들은 좋은 사람이에요. 성실하고 나라를 생각해요. 하지만 그들은? 싸우는 것 말고는 아무것도 안 해요."

아디스에서는 이런 젊은 남성 무리를 어디서나 볼 수 있었다. 내가 지내는 베누아의 집 근처 교차로에도 늘 대여섯 명이 있었다. 이들 무리 전체는 대략 스무 명가량 되는 듯했다. 그들은 시간대에 따라 다른 장소로 옮겨 다녔고, 그늘을 따라 움직였다. 카트°를 씹고 담배를 피우며, 가끔 공을 차거나 팔굽혀펴기를 했다. 그들 모두 어느 정도 교육을 받은 사람들이었지만, 여러 번 내게 '일이 없다'고 말했다. 그러나 하일리에는 그렇게 생각하지 않았다. "일이 없긴 왜 없어요." 파실과 내가 집에 돌아오자, 하일리에가 말했다. "하지만 그 사람들은 파실이 하는 일 같은 건 자기들 수준에 안 맞는다고 생각하는 거예요." 하일리에는 거리를 어슬렁거리며 시간을 때우는 이런 식의 나태함을 도덕적으로 강하게 비난했다. 몇 번이나 내게 에티오피아 정부가 이런 사람들을 '모아다가' 강제로 '돌 깨는 일'이라도 시켜야 한다고 말했다.

달리기 선수로 성공하려면 인내와 만족 지연delayed gratification을 중심으로 한 전혀 다른 생활 방식을 받아들여야 했다. 이는 흔히 그들이 선택할 수 있는 다른 형태의 일, 즉 '굴벳 세라'와 비교됐는데, 직역하면 '힘쓰는 일'이라는 뜻이다. 파실의 말대로, 에

○   향정신성 식물로 에티오피아에서 기호식품으로 소비된다.

티오피아에서 이런 종류의 일은 몸을 혹사하기만 하고 삶에 아무런 변화를 주지 못했다. 하루 먹고살기 위해 열두 시간을 일해야 하며 '일하고, 먹고, 일하고, 먹는' 끝없는 굴레에 갇히게 된다. 한편 달리기를 선택한 사람은 지루할 수도 있는 생활 방식을 받아들여야 하며, 사회생활의 많은 부분을 포기해야 했다. 그러나 그 대가로, 언젠가 인생을 바꿀 만큼 큰돈을 벌 기회를 가질 수 있었다. 그리고 이는 많은 이들에게 희망을 갖고 삶을 마주할 단초로 작용했다. 예를 들어 우리 그룹의 아세파는 대회에 출전하기 전부터 이미 상금의 사용 계획을 세워뒀다. 여자 친구와 결혼할 자금으로 3000달러, 아셀라 근처의 땅을 사는 데 7000달러를 쓰기로 정해놓은 것이다. 그는 자신의 성공을 상당히 구체적으로 그리고 있었다.

나는 내가 에티오피아에서 달리기를 시작한 방식이 파실이나 수많은 다른 선수들과 다르지 않다는 걸 깨달았다. 숲으로 가서 다른 선수들의 '발을 쫓아' 달린 것. 나는 앞으로 몇 주 동안 최대한 파실을 비롯한 여러 모요스포츠 선수들과 달려보기로 결심했다. 그러나 동시에, 그간의 내 달리기 경험이 이들의 경험과 더 없이 다르다는 사실도 명백히 와닿았다. 에티오피아에 머무는 동안 달리기에 대한 나의 개인적 관점에서 비롯되는 편견을 경계해야 한다는 뜻이었다. 에티오피아 달리기 연구는 여행과 달리기라는 나의 두 주요 관심사를 하나로 엮어줬다. 그 덕분에 4년에 걸친 연구 기간 동안 많은 시간을 독서와 글쓰기에 쏟고, 에티오피아에 머물며 여행과 달리기를 경험할 수 있었다. 여행과 달리기는 본질적으로 둘 다 '어디론가 떠나고 싶은 충동'에서 비롯되는 것 같다. 달리기도 집을 떠나 새로운 곳으로 향하는 여행과 다르지 않다.

하지만 15년 동안 영국에서 인내심을 갖고 나를 지도해준 맥스 콜비 코치가 끊임없이 강조했듯, 이 두 가지는 서로 충돌할 수밖에 없다. 특히 달리기 실력을 최대한으로 끌어올리는 것이 목표라면 더욱 그랬다. 나는 영국의 주니어 5000미터 부문에서 전국 7위까지 올랐고, 2006년 잉글랜드 동부 베드퍼드에서 열린 영국 선수권대회에서는 여덟 바퀴를 남긴 시점까지 최하위였음에도 최종 6위를 기록했다. 내가 달리기에 이렇게 깊이 빠지게 된 건 우연히도 같은 동네에 맥스 콜비와 줄리 콜비 코치 부부가 살고 있었기 때문이다. 맥스는 1980년대 후반에 마라톤을 2시간 14분대로 뛰었는데, 당시 이 기록은 잉글랜드의 '게이츠헤드 해리어스 클럽' 도로 릴레이 우승 팀에서 열두 번째, 즉 마지막 주자에 포함될 수 있는 수준이었다. 한편 줄리는 2시간 35분대 마라톤 선수였으며, 한때 런던 마라톤에서 7위를 기록한 적이 있었다. 방대한 달리기 관련 서적을 소장하고 있던 두 사람은 내게도 읽어보라고 권했고, 맥스는 브렌던 포스터, 찰리 스페딩과 함께 잉글랜드 북동부 더럼에서 훈련한 이야기를 들려줬다. 브렌던과 찰리는 둘 다 더럼 출신의 전직 장거리 육상 선수이자 올림픽 메달리스트였다. 나는 에티오피아고원의 달리기 문화 연구에 관심을 갖기 훨씬 전에도 잉글랜드 북동부의 달리기 문화에 매료돼 있었다.

나는 열여덟 살 때 5000미터를 15분 2초에 뛰었고, 그날의 경기는 당시 내가 가지고 있던 잠재력을 어느 정도 보여줬던 것 같다. 그러나 나는 경기장을 빠져나오자마자 곧바로 기차에 올라 유럽 일주를 떠났고, 그렇게 내 잠재력을 스스로 저버렸다. 그 이듬해에는 가끔 달렸지만, 이후 3년간은 거의 아무런 훈련도 하지 않았다. 그 기간은 공부와 술로 보냈고, 여름마다 인도, 남아메리카, 중국으로 여행도 떠났다.

 몇 번 다시 달리기를 시작하려 했으나, 허리 부상 문제로 결국 포기하곤 했다. 하지만 그렇게 오래 달리기를 안 해도 크게 아쉽지는 않았다. 그러다가 전혀 예상치 못한 상황에서 다시 달리기를 시작하게 됐다. 프랑스 문학과 영문학 학위 과정을 밟고 있던 나는 2010년 말, 유럽 교환 학생 제도인 에라스무스 프로그램의 일환으로 소르본 대학에서 공부하기 위해 프랑스 파리로 이사했다. 늘 그렇듯 학기가 시작되기 약 사흘 전에 파리에 도착했는데, 머물 곳도 없고 파리의 복잡한 임대 절차에 대해서도 전혀 몰랐다. 알고 보니 이전 거주지 기록, 신원 보증서 등 여러 서류가 있어야 했다. 나는 에든버러에서 함께 온 친구 마크와 한 호스텔에서 만나, 까다로운 절차 없이 바로 들어갈 수 있는 숙소를 인터넷으로 검색했다. 그리고 우리가 찾아낸 곳은 딱 그런 곳이었다.

 우리는 온라인 무료 광고 사이트인 크레이그리스트Craigslist에 올라온 한 광고를 보고, 특별한 이유가 있었다기보다는 단순한 호기심에서 연락을 취했다. 그 광고에 따르면 파리 남부 몽파르나스 근처에 위치한 테리토리Territory라는 곳에서 현금 결제가 가능한 저렴한 숙소를 제공했다. 우리가 취합할 수 있었던 정보는 《뉴욕타임스》의 〈지하로부터의 단상Notes from the Underground〉이라는 연재 기사 중 한 꼭지뿐이었다. 이 기사에서 기자는 테리토리가 '유스호스텔, 아트 스튜디오, 꿈의 공간, 빈민가' 등으로 불려왔다고 썼다. 거기에 첫인상은 꼭 '화재 위험 지역, 연쇄 살인범의 은신처 그리고 윌리 웡카의 초콜릿 공장' 같다는 내용이 이어졌다. 당시 테리토리는 러시아 출신 예술가 세르히오 오스트로베르히가 운영하고 있었는데, 나와 마크처럼 저렴한 숙소를 찾는 사람에게 인기가 많아 하루 최대 150통까지 이메일이 들어온다고 했다. "제가 정하는 게 아니에요." 복잡하게 얽힌 방 중의 한 곳, 반쯤 내려앉은 소파에 앉은 세르히오가 우리에게 말했다. "선택은 테리토리가 합니다." 그가 《뉴욕타임스》 기자에게 했던 말과 토씨 하나 다르지 않았다. 하지만 호기심과 절박함이 묘하게 섞인 가운데, 우리는 그가 내주는 방을 그대로 받아들이고 말았다. 천장은 기울어진 MDF 합판이고, 창문 대신 벽엔 덕트 테이프로 붙인 녹색 비닐막이 자리하고 있었는데도.

세입자 중에는 세르히오의 조수로 일하는 사람들도 있었다. 물감을 섞는 일은 물론, 때로는 세르히오가 작업을 계속할 수 있도록 말 그대로 그를 그의 최신 작품에 사슬로 묶는 일까지 했다. 나머지는 대부분 학생과 작가였는데, 음악원에서 훈련 중인 무용수와 신체극을 배우는 중인 배우도 있었다. 파리에 혹독한 겨울이 찾아오면서 열다섯 명이 단 하나뿐인 야외 샤워실을 함께 써야 한다는 현실이 점점 피부로 와닿았다. 그러나 강한 공동체 의식이 그런 불편함을 잊게 했고, 우리는 끊임없이 늘어나는 규칙에도 아랑곳하지 않고 모두 그곳에 머물렀다. 엄밀히 따져 세르히오는 정식으로 세입자를 둘 수 있는 입장이 아니었기 때문에, 우리는 외부인에게 예술가 행세를 하기 위해 건물에 들어가거나 나올 때마다 A3 크기의 포트폴리오를 들고 다녀야 했다. 같은 이유로 우리에게는 열쇠도 주어지지 않았고, 들어가려면 수풀 속에 숨겨둔 무전기로 안에 있는 사람에게 연락해 문을 열어달라고 해야 했다. 부엌에 오래된 흑백 TV가 있었고, 이 TV가 보안 카메라와 연결돼 있어 사람들이 출입자를 확인할 수 있었다. 그야말로 보헤미안의 꿈과 《1984》가 뒤엉킨 공간이었다.

루이스라는 영국인 친구가 새로 이사 온 지 얼마 되지 않은 어느 날 밤, 우리는 어쩌다 보니 달리기에 대한 이야기를 나누게 됐다. 루이스는 학창 시절 자신이 꽤 괜찮은 달리기 선수였으며, 영국 학교 크로스컨트리 대회에서 '90번대' 순위에 든 적도 있다고 했다. 루이스는 일종의 현대판 그랜드 투어로 프랑스어를 배우기 위해 파리에 왔다고 했다. 그의 표현을 빌리자면, '한번 최대한 허세를 부려보려고' 온 것이었다. 이제 거의 달리기는 하지 않는 것 같았다. 그런데 이야기를 더 나눠보니, 우리는 놀랍게도 같은 대회에 출전한 적이 있었다. 2005년 런던 북동쪽의 작은 도시 노리치에서 열렸던 고등부 크로스컨트리 대회에서 나란히 달렸고, 각각 92위와 99위로 결승선을 통과했으며, 우리 둘의 기록 차이는 단 4초였다. 우리는 의기투합해 가볍게 달려보기로 했다. 하지만 막상 하려니 생각보다 더 번거로운 일이었다.

우리는 세탁실에서 첫 달리기를 시작하기로 했다. 그곳에

옷과 포트폴리오를 놔둔 뒤, 세탁기가 다 돌아가기 전에 에펠탑까지 갔다가 돌아온다는 계획이었다. 현실은 생각처럼 낭만적이지 않았다. 수많은 도로를 건너고, 관광객 사이를 피하며 달려야 했다. 결국 우리는 도심을 벗어나 페리페리크라고 불리는 파리의 외곽순환도로를 가로지르는 한적한 자전거도로를 찾았다. 주 1회 달리던 것이 점점 늘어나 주 2회가 됐고, 어느 순간 허리가 더 이상 아프지 않다는 걸 알게 됐다. 그리고 3년 만에 처음으로, 정말 간절히 달리고 싶어졌다. 나는 세르히오가 알아채지 못하게 하려고 애썼다. 건물 근처 울타리 틈에 포트폴리오를 숨겨두고, '예술가처럼 보일 것'이라는 규칙을 지키기 위해 긴 바지를 입고 달렸다. 곧 이런 식으로 다니는 게 성가셔졌고, 어느 날 나는 결국 반바지를 입고 달리러 나갔다. 그런데 돌아와 인터폰을 눌렀더니, 응답한 사람이 하필 세르히오였다. 인터폰 너머로 그의 맹맹한 목소리가 잡음과 함께 흘러나왔다.

"못 들어오옵니다." 세르히오가 말했다.

"저 여기 살잖아요." 내가 항의했다.

"뛰면 안 돼요. 예술가가 뛴다는 건 말이 안 돼요."

"저는 뛰는 예술간데요?" 나는 어이없어하며 대답했다.

"마크에게 바지 가져다주라고 할게요." 세르히오는 그렇게 말하곤 인터폰을 끊었다.

처음에는 이 건물의 규칙이 그저 별난 불편함 정도로만 느껴졌고, 나중에 집으로 돌아가면 웃으며 이야기할 수 있는 재미있는 경험이 될 거라고 생각했다. 그런데 이제, 훈련을 하기에 가장 어울리지 않는 이 환경에서 오히려 다시 제대로 훈련을 시작하고 싶어졌다. 나는 아주 이른 새벽에 자전거도로를 따라 달리기 시작했고, 파리 외곽의 한 육상 클럽에 가입했다. 그곳에는 실력 있는 모로코와 알제리계 이민 2세가 많았다. 나는 주니어 선수 시절 경쟁 속에서 달리며 느꼈던 질서감을 되찾았고, 매일 단순한 일을 잘 해내는 데서 오는 기쁨을 다시 발견했다. 에든버러로 돌아온 뒤, 나는 육상 클럽인 '코스토핀 AC'에 가입하고, 예전 실력을 되찾기 위해 훈련을 시작했다.

그러나 내가 달리기를 왜 이토록 좋아하게 됐는지 딱 부러지게 설명하기란 아직도 쉽지 않다. 일본의 소설가 무라카미 하루키가 자신의 달리기와 글쓰기에 관한 에세이 제목《달리기를 말할 때 내가 하고 싶은 이야기What I Talk About When I Talk About Running》를, 미국 소설가 레이먼드 카버Raymond Carver의《사랑을 말할 때 우리가 이야기하는 것What We Talk About When We Talk About Love》에서 따온 데는 그만한 이유가 있는 듯하다. 사랑처럼, 달리기에도 글로 완벽히 포착할 수 없는 뭔가가 있다. 오랫동안 달려온 사람들조차 왜 달리느냐는 질문을 받으면 마치 경험한 사람만이 이해할 수 있다는 듯 어깨를 으쓱할 뿐이다. 굳이 이유를 말하자면, 요즘 서구에서 왜 이렇게 많은 사람이 철인 3종 경기와 울트라 마라톤°에 도전하는지를 설명하는 이유도 될 것 같은데, 결국 편안함에 대한 저항 때문이 아닐까 싶다.《모비 딕Moby

○ 풀코스 42.195킬로미터인 정규 마라톤 거리 이상을 달리는 모든 장거리 경주.

Dick》을 쓴 허먼 멜빌Herman Melville은 이렇게 말했다. "자신이 아주 편안한 상태라고, 오랫동안 그래왔다고 자만하는 사람은, 이미 편안함과 멀어진 사람이다." 또 달리기는 영국 작가 로저 디킨Roger Deakin이 자신의 책에서, 강이나 바다에서 하는 수영에 대해 묘사한 것과 비슷한 매력을 지녔다. 즉 달리기는 우리가 '오래된 야성의 감각을 되찾고', 익숙한 길을 벗어나 '세상의 정형화된 틀로부터 자유로워질 수 있게' 해준다.

그로부터 5년 뒤 에티오피아에 도착했을 때 나는 기량을 꽤 회복한 상태였다. 10마일(약 16킬로미터)을 50분 내로 달릴 수 있었고, 스코틀랜드 선수로서 로드 마라톤과 크로스컨트리 대회에도 출전했다. 에티오피아에서 15개월 동안 훈련하면 내 달리기 실력이 어떻게 변할지 궁금했지만, 극적인 향상을 기대하진 않았다. 나는 우선 연구자이자 작가로서 그곳에 가는 것이었고, 그다음으로 러너였다. 따라서 내 경험은 달리는 주된 동기가 '더 나은 삶을 위한 변화'인 다른 선수들과 확연히 다를 수밖에 없었다. 에티오피아의 달리기를 효과적으로 배우려면 지난 15년간 쌓아온 고정관념을 버리고, 직접 뛰어보며 '앞사람 발을 따라가면서' 익혀야 했다.

에티오피아의 정상급 선수들은 모두 농사일로 단련된 배경을 갖고 있다는 파실의 주장에 흥미를 느낀 나는, 에티오피아에서 지낸 지 몇 달쯤 됐을 때 오로모족°이 많이 사는 지역의 작

○ 에티오피아의 최대 민족.

은 마을 베코지를 찾아가 보기로 했다. 인구 불과 1만 7000여 명의 작은 마을에서 어떻게 아프리카 여성 최초의 올림픽 금메달리스트(데라르투 툴루)와 올림픽 여자 마라톤 우승(파투마 로바), 여자 5000미터 세계 기록 경신(티루네시 디바바)과 남자 5000미터 및 10000미터 세계 기록 경신(케네니사 베켈레)이 모두 나올 수 있었을까?

3

앞사람 발을

따라 뛴다

버스 앞 유리창에 축구 클럽 스티커가 겹겹이 붙어 있었다. 운전기사가 여러 차례 바뀌었거나, 아니면 한 사람이 유난히 변덕스러웠다는 의미일 것이다. 적어도 지금 이 버스는 맨체스터 유나이티드와 성모마리아를 똑같이 지지하는 듯했다. 운전기사의 눈높이에 각각을 상징하는 스티커가 두 장씩 붙어 있었다. 나와 함께 훈련하는 선수들과 같은 또래에 체격도 비슷해 보이는 젊은이들이 분주히 버스 주변을 돌아다녔다. 창문을 통해 필사적으로 비스킷을 팔거나, 승객을 특정 버스로 안내한 대가로 운전기사에게 1비르의 수수료를 받으려고 했다. 사람들을 버스로 끌어들이려고 거칠고 강압적으로 굴기도 했다. 그렇게 해서 나는 이 낡아빠진 버스를 타고 베코지로 향하게 됐다. 비교적 신형의 안전한 버스를 타라는 조언을 기억하고 있었지만, 운전기사는 내가 내릴 틈을 조금도 주지 않았다. 승객 확보 경쟁이 치열하게 벌어지고 있었다.

우리는 승객, 닭, 시멘트 포대, 집에서 만든 맥주 통 따위로 버스가 다 찰 때까지 1시간 15분을 기다렸다. 선수들에게는 참을성의 중요성이 끊임없이 강조되는데, 이때의 기다림으로 나는 참을성을 단련할 기회를 원 없이 얻을 수 있었다. 마침내 버스가 아디스 외곽의 칼리티 버스 정류장을 출발했다. 그런데 처음에는 예상과 달리 천천히 '내리막길'을 따라 움직였다. 고도가 낮아지면서 기온이 점차 상승했다. 이 또한 인내심을 키울 기회였다. 많은 에티오피아인은 기온과 관계없이 흐르는 공기는 질병의 원인이 된다고 믿는다. 기온이 32도까지 올라가도 아무도 창문을 열 생각을 하지 않았다. 내부 공기는 나무 태운 냄새, 땀 냄새, 닭장 냄새, 수제 증류주 냄새가 뒤섞여 숨이 막힐 지경이었다. 하지만 결핵이 만연한 이 나라에서, 내 암하라어 실력은 이 건강 신념의 모순을 지적하기에 한참 모자랐다. 나는 땀을 뻘뻘 흘리며 버티는 수밖에 없었다. 몇 시간 뒤 마침내 버스는 해발 3000미터에 자리한 베코지를 향해 오르기 시작했고, 그 순간이 그렇게 반가울 수 없었다.

 본격적으로 오로미아 지역의 농지로 들어서자, 암하라어 표지판이 점차 사라지고 그 대신 아판 오로모어로 된 표지판이 등장했다. 아판 오로모어는 오로모족의 언어로, 에티오피아에서 암하라어 다음으로 많이 쓰인다. 로마자로 표기되지만 고유한 철자법을 따르며, 특히 모음이 풍부하게 쓰이는 특징이 있었다. '호텔 마이 패밀리Hotel My Family'는 '호텔라 마이 파미일레Hoteelaa Maay Faamiilee'가 되고, 푹신한 의자 그림이 그려진 간판에는 '퍼니처furniture' 대신 '파르니이체르farniicher'라고 쓰여 있다. '노블

앤드 트러스트워디 하우스 PLC'라는 건물도 지나쳤지만, 페인트로 덧칠한 창문 때문에 이름과 달리 고귀해 보이지도, 신뢰가 느껴지지도 않았다. 교통량이 줄자, 이제 버스 운전기사는 도로 위의 소와 양을 조심해야 했다. 그뿐만 아니라 운전이 난폭한 것 같으면 언제든 버스에 돌을 던지곤 하는 양치기 소년들도 경계해야 했다. 농지는 생동감 넘치는 초록빛이었고, 중간 중간에 흙벽에 초가지붕을 얹은 전통 가옥 투쿨이 흩어져 있었다. 저 위로는 독수리가 하늘을 가로지르고, 창밖으로는 영롱한 푸른빛 새가 스치듯 날아다녔다. 버스는 전통 음악이 울려 퍼지는 가운데 점점 더 많은 승객으로 붐볐다. 사람들은 서로의 무릎 위에 걸터앉거나 통로에 쭈그려 앉아 마을의 소문을 주고받으며 수다를 떨었다.

4시간 후 마침내 버스에서 내려, 드디어 처음으로 '특별한' 베코지의 공기를 맛볼 수 있었다. 엷은 공기가 목 깊숙이 스미는 듯했고, 머리가 약간 띵했다. 나는 와비 호텔에 도착해 체크인을 하며, 이곳에 달리기를 하러 왔다고 말했다. '전진'이라는 뜻의 이름을 가진 루테가 내 체크인을 도와줬는데, 그의 누나가 두바이 마라톤에서 우승한 상금으로 지은 호텔이라고 알려줬다. 그리고 그의 형도 달리기 선수인데, 4년 전 영국에서 열린 대회에 출전한 후 돌아오지 않았다고 했다. 지금은 어느 도시에 살고 있는지도 모른다고 했다. "그럼 루테 씨도 달리기를 하나요?" 내가 묻자, 그는 약간 갸웃하며 나를 바라봤다. "당연하죠." 어리석은 질문이었다. 나는 혹시 아침에 달리기를 할 계획이 있는지 물었다. "네. 아침 6시에 출발해요." 그는 답했다. 이곳에 온 지 고작 5분 만에 훈련 일정이 잡혔다. 이렇게 간단할 줄은 몰랐다.

 이튿날 아침 5시 55분, 누군가 내 방문을 두드렸다. 언제나 그렇듯, 이곳 사람들은 달리기만큼은 시간이 철저했다. 프런트 직원인 루테의 친구 알레무가 정문에서 우리를 기다리고 있었다. 그는 아디스의 '오로미아 폴리스 클럽'(경찰 실업 팀) 소속으로, 휴가차 이곳에 머무는 중이었다. 도로를 따라 걸으며 나는 그에게 최근의 반정부 시위에 대해 물었다. 오로모족 청년들의 시위는 2015년 에티오피아 정부가 아디스의 도시 확장을 위해 오로미아 농지를 수도로 강제 편입하겠다는 정책을 발표하면서 촉발된 것이었다. 하지만 이들의 분노에는 보다 근본적인 원인이 있었다. 2016년 리우데자네이루 올림픽 마라톤에서 2위를 차지한 페이사 릴레사는 결승선을 통과하며 시위대가 저항의 의미로 사용하는 제스처인 머리 위에서 손목을 교차하는 자세를 취했다. 경기 후 인터뷰에서 한 영국 기자가 자신의 머리 위로 '엠M' 자 모양을 만들며 말했다. "저희는 이걸 모봇Mobot°이라고 합니다. 당신의 제스처는 뭐라고 하나요?" 이에 페이사는 "이 동작은 '우리 민족을 그만 죽여라'라는 뜻입니다"라고 답했다. 이 시위는 정부의 민간인 살해, 무차별적 체포, 야당 세력의 정치적 소외를 규탄하는

○ 영국의 장거리 육상 선수 모 파라가 경기 후 자주 하는 세리머니 동작.

것이기도 했다.

알레무는 "나는 시위대 편이에요."라고 말했다. 페이사 릴레사는 영웅이었다. 그는 에티오피아 정부가 시위대를 상대로 일방적으로 과도한 폭력을 행사하고 있음을 알리기 위해 머리 위에서 팔을 교차하며 평화적 저항의 몸짓을 보였다. "하지만 당신은 경찰 소속이잖아요." 내가 되물었다. 선수들에게 급여를 지급하며 훈련과 대회 출전을 지원하는 다른 러닝 클럽들과 마찬가지로, 알레무의 소속 팀도 정부 지원을 받고 있었다. 그의 고용주가 바로 사람들에게 총을 쏘고 있는 이들이었다. 알레무는 불쾌한 기색을 감추지 못했다. "저는 러너예요." 알레무는 폭력 사태가 '정말 심각해질' 경우에만 동원될 것이라며, 시위대의 대의에 공감하고 있었다. 베코지는 오로미아 농업 지역의 중심부로, 에티오피아의 주요 곡창 지대다. 이곳은 면적과 인구 모두 에티오피아에서 최대 규모지만, 주민들은 정치적으로 배제되고 있다고 느꼈다. 정부가 몰수한 농지 위에 세워진 외국계 공장들은 이러한 배제의 상징으로 간주됐고, 최근 몇 주 사이 공격을 받아 불길에 휩싸였다. 또 오로미아 일부 지역에서는 티그라이주州로 가야 할 식량 공급을 차단하기 시작했다. 에티오피아의 정치인 상당수가 티그라이 출신이었다. 정치적 긴장이 계속되고 있었지만, 아침 6시의 베코지는 마치 아무 일도 없는 듯 고요했다.

우리는 바자즈를 잡아타고 도로로 이동했고, 유난히 신경이 곤두서 보이는 말이 끄는 마차를 피해 지나갔다. 이윽고 숲 가장자리에 도착했다. 그런데 우리가 요금을 내려고 하자 운전기사가 손사래를 쳤다. 푸른 들판이 끝없이 펼쳐져 있었다. 우리는 나무 사이로 난 널찍한 길을 따라 달리기 시작했다. 나무뿌리를 가볍게 뛰어넘고, 때때로 방향을 바꿔 달리기도 했다. 알레무가 신중히 발을 내디디며 앞장섰다. 그는 발밑에 돌멩이나 나뭇가지가 나타날 때마다 어김없이 손가락을 튕겨 우리에게 주의를 줬다. 고도가 바뀌면서 가벼운 두통이 생기고, 다리가 금세 묵직해졌다.

 몇 마일 달린 후 우리는 서서히 속도를 높여 보다 축축하고 부드러운 풀밭으로 들어섰다. 이 풀밭은 군데군데 풀 무더기가 솟아 있어, 알레무는 한층 조심스럽게 발을 내디뎠다. 이후에는 대체로 가파른 경사면을 달렸다. 그 탓에 엉덩이와 정강이 바깥쪽 근육이 어떻게 움직이는지 평소보다 뚜렷하게 느껴졌다. 경사면이 너무 가팔라지자 알레무는 크로스컨트리 스키 선수가 급회전할 때처럼 날렵하고 리드미컬한 짧은 스텝을 연달아 밟으며 더 위쪽으로 올라갔다. 높은 고도 때문에 점점 더 달리기가 버거워졌다. 알레무는 우리가 해발 3500미터 지점에 있다고 했고, 나는 더 이상 짜낼 힘도 없었다. 훈련이 끝난 뒤 묻자, 알레무는 내가 아디스에서 이제 막 온 데다 오늘이 '가벼운' 훈련일이기 때문에 그렇게 뛰었다고 했다. 에티오피아에서 '가벼운' 훈련은 보통 속도는 느리지만 거리만큼은 길었다. 아침 훈련이 1시간 10분 이내에 끝나는 경우는 거의 없다. 알레무는 손가락으로 앞을 가리키며 과장된 몸짓을 하더니, 오늘은 천천히 돌아 달렸지만 내일은 곧장 직선 코스로 갈 거라고 했다.

 우리는 조심스럽게 가파른 경사를 내려왔고, 출발했던 마른 숲으로 돌아왔다. 유칼립투스나무가 약 1미터 간격으로 고르게 서 있는 곳이었다. 여기서부터 알레무는 속도를 높이기 시작했다. 처음에는 1킬로미터에 4분이 조금 안 되는 속도로 달리다가, 이내 3분에 가까운 속도로 나무 사이를 가로질렀다. 그러다 갑자기 축구 선수가 골 세리머니를 하듯 두 팔을 벌려 방향을 바꾸겠다는 신호를 보내더니, 다시 속도를 높였다. 그는 나무뿌리 사이를 빠르고 능숙하게 누비며 달렸다. 나는 이 고도에서 그렇게 빠르게 달릴 수 없어, 알레무가 방향을 틀 때마다 그보다 몇 그루 앞에서 미리 돌아 나왔다. 이를 알아챈 알레무가 미간을 찌푸리며 손짓으로 나를 부르더니, 손가락을 튕기고 자기 발뒤꿈치를 가리키며 바짝 따라붙으라고 했다.

마침내 빠른 달리기가 끝났고, 우리는 도로 가장자리를 따라 몇 분간 조깅을 했다. 이후 속도를 올렸다가 늦추기를 반복하며 마을로 향했다. 내가 지나가자 아이들뿐 아니라 어른들까지도 입을 벌리고 나를 바라봤고, "야, 스포르테나 파렌지", 즉 "우와, 운동하는 외국인이야!"라는 말이 들려왔다. 드디어 우리는 달리기를 마치고 스트레칭을 시작했다. 스트레칭도 알레무가 주도했는데, 그중에는 한쪽 다리로 서서 반대쪽 다리를 바닥에 닿지 않게 하며 여러 동작을 수행하는 것도 포함돼 있었다. 스트레칭이라기보다 균형감각을 기르는 데 더 중점을 둔 운동이었다. 이곳처럼 지형이 고르지 않은 곳에서는 균형감각이 필수적이었다. 선수들이 보폭을 흐트러뜨리지 않고 매끄럽게 코너를 도는 모습만 봐도 균형감각이 얼마나 중요한지 알 수 있다. 그들은 무게중심을 낮춘 채 나무 기둥을 감싸 돌며 부드럽게 방향을 바꿨다.

케네니사 베켈레가 세계 크로스컨트리 선수권대회에서 달리는 영상을 보면, 이 기술이 얼마나 대단한지 실감할 수 있다. 그는 이 대회에서 '10회 연속' 우승을 거뒀으며,○ 경기 후반부에는 마치 물리 법칙을 거스르듯 더욱 속도를 끌어올리며 코너를 통과하는 놀라운 모습을 보여줬다. 전성기 시절의 케네니사는 역사상 그 누구보다도 가장 무적에 가까운 장거리 선수였다. 그의 5000미터(12분 37초)와 10000미터(26분 17초) 세계 기록은 앞으로도 깨지기 어려울 것 같았다.● 2008년 에든버러에서 열린 대회에서 그가 달리는 모습을 본 기억이 있다. 경기 시작 6분 만에 신발이 벗겨졌지만, 그는 차분하게 멈춰 서서 신발을 다시 신었고, 3분 만에 선두 그룹을 따라잡았다. 케네니사는 마치 다른 시공간에서 달리는 것처럼 보였다. 스트레칭을 마친 뒤 알레무가 통나무 더미를 가리키며 말했다. "과학적으로 보면 앉아서 10분 정도 쉬는 게 좋대요." 실제로 과학적 근거가 얼마나 있는 말인지는 몰라도, 앉아서 쉬라니 대환영이었다. 이곳에서는 훈련을 조급하게 하는 건 용납되지 않았다. 언제나 인내심을 가지고 차근차근 수행해야 했다.

우리는 여유롭게 숙소로 돌아와 식당에 앉았다. 그런데 내

○ 이후 연속되지 않은 우승 기록이 한 차례 더 있다.
● 2020년 이후에는 우간다 선수 조슈아 체프테게이가 두 부문 세계 기록을 가지고 있다.

신발은 흠뻑 젖고 진흙투성이인 반면, 알레무의 신발은 마치 러 닝머신에서만 뛴 사람의 신발처럼 말끔했다. 그의 발을 따라 똑 같이 뛰었는데도 어쩐 일인지 알레무는 젖은 땅을 모조리 피해 갔고, 나는 그대로 밟고 지나온 듯했다. 깔끔한 흰 셔츠와 단정한 바지를 입은 웨이터가 천천히 다가왔다. 그런데 문득 그의 발을 내려다보니, 러닝화를 신고 있었다. "얼마나 뛰셨어요?" 그가 물었다. "한 시간 정도요." 내가 답하자, 그는 흥미를 잃은 듯 고개를 돌리며 말했다. "티니시, 그러니까, 너무 짧네요." 내가 커피를 한 잔 부탁했지만, 그는 빈속에 커피를 마시는 건 좋지 않다며 가져 다주지 않았다. 이곳 사람들은 언제나 자신이 가장 잘 안다고 생각하는 것 같았다. 재킷 지퍼를 올리라고 하거나, 먹어도 되는 것과 안 되는 것까지 일일이 알려준다. 그래도 적어도 달리기에 관한 한, 그들의 전문성을 존중하고 기꺼이 따를 수밖에 없었다.

다음 날 아침, 알레무와 루테는 전날보다 더 일찍 내 방 앞에 나타났다. 나는 높아진 고도 탓에 잠을 설쳤고, 몸도 어렴풋이 뭔가 달라졌음을 감지하고 있었다. 두 사람은 바로 문을 두드리지는 않았지만, 루테의 휴대전화에서 종교음악이 요란하게 흘러나오고 있었다. 나는 '다른 사람들까지 깨울 것 같아요'라고 말하려다, 곧 여기가 에티오피아라는 것을 떠올렸다. 여기서 오전 6시는 사실상 한낮이나 다름없었다. 우리는 호텔에서 나와 길을 따라 걸었다. 차가운 아침 공기에 입김이 하얗게 피어올랐다.

왜 그런지는 몰라도 루테와 알레무는 오늘 유난히 기운이 넘쳤고, 알레무의 경찰다운 빠른 걸음걸이는 따라잡기 벅찰 정도였다. 우리는 도로 가장자리의 진흙으로 된 경사면을 달리다, 깊이 팬 바퀴 자국이 이어지는 비포장길로 접어들었다. 돌과 웅덩이를 요리조리 피해 가며 말 수레가 지나간 흔적을 따라 달렸다. 어제 두 사람이 '달리기 좋은 들판'이라고 했을 때, 나는 평탄하고 마른 땅을 기대했다. 그러나 눈앞에 펼쳐진 것은 긴 풀로 무성하게 뒤덮인 선명한 초록빛 들판이었다. 게다가 오늘도 '가볍게' 달릴 거라고 했다. 따오기들이 풀밭을 거닐며 먹이를 찾다, 우리가 너무 가까이 다가가면 잠시 멈춰 우리를 힐끗 쳐다봤다. 우리는 가파르고 축축한 들판을 지그재그로 가로질렀다. 이슬을 잔뜩 머금은 풀이 발에 달라붙었다. "가벼운 건… 아닌 것… 같은데…" 나는 숨을 몰아쉬며 간신히 말을 뱉었다. 마치 거대한 스펀지 위를 달리는 것 같았다. 발을 내디딜 때마다 온몸의 에너지가 땅속으로 빨려 들어가는 느낌이었다. 이따금 멍하니 서 있는 소 떼를 만나면, 알레무는 마치 홀쭉한 새처럼 두 팔을 휘저으며 소들을 흩뜨렸고, 루테와 나는 소들이 비켜나려 몸을 돌릴 때마다 뿔을 피해 재빨리 움직였다. 목동들은 힘겹게 달리는 '파렌지'를 입을 떡 벌리고 바라볼 뿐이었다.

에티오피아에서 날씨가 '무겁다'는 말은 숨 쉬기조차 힘든 공기와 발밑에서 에너지를 빼앗아가는 땅을 의미했다. 그리고 오늘따라 내 몸이 그 무게에 짓눌리는 것 같았다. 공기는 희박하기보다 오히려 무겁게 가라앉은 느낌이었고, 아무리 깊이 들이마시려 해도 폐 속까지 들어오지 않는 듯했다. 이 정도 고도에서는 숨이 차서 헐떡이게 될 줄 알았는데, 실제로는 숨이 그만큼 차기도 전에 내 뇌가 먼저 제동을 거는 듯했다. 마치 이 높이에서 무리하게 달리는 건 위험하다고 판단하고, 1킬로미터에 5분 이상의 속도로는 달릴 수 없게 만드는 것 같았다.

나는 다시 한 번 알레무를 보며 부러움을 느꼈다. 알레무는 마치 춤을 추듯 가볍게 땅 위를 달리고 있었다. 문제는, 발을 정확하게 내딛지 못하면 그로 인한 어려움이 눈덩이처럼 불어난다는 점이었다. 웅덩이에 빠져 신발이 흠뻑 젖으면 발에 실리는 무게가 두 배로 늘어난다. 그렇게 되면 피로가 빨리 쌓여 또 다른 실수를 할 가능성이 커진다. 결국 내 발은 물기를 잔뜩 머금어 무거워졌고, 나는 굳이 마른 땅을 찾아 밟으려 애쓰지도 않게 됐다. 반면 알레무의 신발은 여전히 러닝머신 위를 달린 듯 깨끗했다.

우리는 마침내 비포장 흙길 농로로 들어섰고, 거기에서 마지막 10분을 달렸다. 나는 알레무에게 왜 처음부터 여기에서 뛰지 않았느냐고 슬쩍 물었다. 그러다 문득, 전문가의 말을 듣는 게 맞는다는 생각이 들었다. 게다가 케네니사 베켈레도 바로 이 질척한 땅에서 기량을 갈고닦아 전설적인 장거리 선수로 거듭나지 않았던가. 처음으로 해발이 낮은 곳에서 훈련하며 무거운 신발 대신 스파이크슈즈를 신고 단단한 땅을 달렸을 때, 마치 하늘로 솟구칠 것 같은 기분이었을 것이다.

우리는 알레무가 '센타예후의 숲'이라고 부르는 곳으로 향했다. 그리고 어느새 형형색색의 트레이닝복을 입은 수백 명의 선수들 사이에서 달리게 됐다. 센타예후 에셰투 코치는 내가 베코지에 오게 된 결정적 이유였다. 센타예후는 베코지에서 500킬로미터 넘게 떨어진 성곽 도시 하라르에서 자랐다. 베코지와는 문화적으로도 상당한 차이가 있는 곳이었다. 그는 젊은 시절 축구 선수로 활동하다가 초등학교 교사로 베코지에 부임했다. 그러던 중 몇몇 학생이 달리기에 남다른 소질을 보인다는 걸 알게 됐다. 그의 지도법은 자연스럽게 발전했고, 그는 매일 선수들을 훈련하기 시작했다. 그의 첫 제자인 데라르투 툴루는 1992년 바르셀로나 올림픽 10000미터에서 우승하며 아프리카 여성 최초로 올림픽 금메달을 목에 걸었다. 이후 데라르투는 에티오피아 육상연맹 회장이 됐다. 그 첫 성공 이후 센타예후 코치는 5000미터와 10000미터 세계 기록을 세운 케네니사 베켈레를 발굴했으며, '앳된 얼굴의 종결자Baby-faced Destroyer'라는 별명으로 불린 티루네시 디바바도 길러냈다. 티루네시는 세계 타이틀을 여덟 차례나 차지했다. 케네니사와 티루네시는 국제무대에 데뷔한 지 20년이 지난 지금도 여전히 현역 선수로 활동하고 있다. 케네니사는 2019년 베를린 마라톤에서 2:01:41를 기록하면서 단 2초 차이로 아쉽게 세계 기록 경신을 하지 못했다.

만약 코치의 실력을 평가하는 기준이 그가 육성한 선수들이 획득한 세계 타이틀 개수라면, 센타예후와 견줄 수 있는 인물은 단 한 명뿐이었다. 바로 케냐 이텐의 세인트패트릭 고등학교에서 선수들을 지도하고 있는 콜름 오코넬이다. 두 지도자 모두 작은 마을에서 열렬한 지지를 받으며, 사실상 혼자 힘으로 장거리 육상 문화를 개척했다. 센타예후의 선수들은 길게 줄을 서서 한 치의 오차도 없이 똑같이 움직이며 훈련하고 있었다. 알레무에 따르면 지금은 '휴식기'로, 즉 시즌이 끝난 뒤 잠시 쉬어가는 시기였다. 하지만 그럼에도 많은 선수가 여전히 훈련에 나왔다. 그중 다섯 명이 우리와 함께 달리기로 했다. 우리는 나무 사이를 가로지르며 연이어 코너를 돌았다. 평소처럼 속도가 점차 빨라졌고, 나는 따라가기가 버거워졌다.

 1시간 7분이 지나자 알레무가 갑자기 멈춰 섰다. "1시간 10분 뛰기로 한 거 아니었어요?" 내가 놀라서 물었다. 아디스의 선수들은 계획한 훈련 시간을 엄격하게 지키는 편이었다. 알레무는 시계를 확인하고 고개를 끄덕이더니, 자기 발뒤꿈치를 가리키며 '내 뒤를 따라오라'는 익숙한 신호를 주고는 다시 속도를 내며 달리기 시작했다. 그는 마치 '3분 더 뛰고 싶다고? 그렇다면 각오는 돼 있겠지'라고 온몸으로 말하는 듯했다. 그러면서 속도를 올려 진흙으로 지은 집들이 모여 있는 곳을 한 바퀴 돌며 아이들과 당나귀들을 재빠르게 피해 나갔다. 흘깃 시계를 봤더니 1킬로미터에 3분 10초라는 엄청난 페이스였다. 괜히 입을 열었다 싶었다. 마지막 몇백 미터 동안 나는 알레무를 놓치지 않으려 안간힘을 쓰며 '그의 발을 따라갔다'. 몇 미터라도 간격이 벌어지면 알레무는 득달같이 알아채고는 나를 돌아보며 미간을 찌푸렸다. 그리고 손가락을 튕겨 자기 발뒤꿈치를 가리켰다. 유난히 길었던 3분이 지나고, 우리는 마침내 멈춰 섰다. 나는 완전히 녹초가 돼 근처 바위에 털썩 주저앉았다.

센타예후의 선수들이 호기심 어린 눈으로 나를 살폈다. 내가 앉자 작은 스트레칭 그룹을 이끌고 있던 한 선수가 고개를 저으며 일어나라고 손짓했다. "앉아 있으면 안 좋아요. 스트레칭을 해야죠." 물론 그의 말이 맞았다. 이곳 선수들은 훈련을 '제대로' 하는 문제에 성가실 정도로 고집스러웠고, 거의 도덕적 신념처럼 그 원칙을 흔들림 없이 고수했다. 결국 나도 스트레칭을 시작했다. 각 동작을 10초간 유지하고 나면, 그가 짝 하고 손뼉을 쳐서 다음 동작으로 넘어가라는 신호를 줬다. 스트레칭 세션은 일종의 리듬을 가진 의식처럼 진행됐다. 그가 손뼉을 치자 선수들은 수백 번 반복했을 익숙한 순서대로 자연스럽게 다음 동작으로 넘어갔다. 나는 그의 움직임을 필사적으로 따라 했지만, 매번 한 박자씩 뒤처졌다.

오후에 알레무가 다시 찾아와 함께 센타예후 코치를 만나러 갔다. 가는 길에 알레무는 자신의 달리기 경력에 대해 조금 더 들려줬다. 그는 베코지에서 50킬로미터 떨어진 마을에서 태어나 2009년 훈련을 위해 이곳으로 이주했다. 알레무는 라디오에서 케네니사의 올림픽 10000미터 우승 소식을 접한 뒤, 베코지가 달리기에 좋은 곳이라는 이야기를 듣고 '망설임 없이' 이곳으로 왔다고 했다. 베코지 출신 선수들의 성공 요인이 무엇이라고 생각하는지 묻자, 그는 식단을 꼽았다. 알레무는 '여기 사람들은 보리와 꿀을 먹고, 우유를 마신다'고 말했다. 그리고 케네니사가 학교 코앞에 살았다는 점을 들며, '학교까지 멀리 뛰어가야 하는 환경이 자연스럽게 달리기 실력을 길러준다'는 통설에 의문을 제기했다. 하지만 대부분이 어릴 때부터 농사일을 하기 때문에 '달리기를 시작하기도 전에 이미 몸이 단련돼 있다'고도 했다.

우리는 숲 언저리에 있는 센타예후 코치의 집 앞에서 그를 만났다. 케네니사 베켈레와 티루네시 디바바가 짓는 데 도움을 준 집이라고 했다. 그런데 코치는 우리를 집 안으로 초대하는 대신, "오늘은 다른 집을 보여드리고 싶네요"라며 웃었다. 그는 아래로 펼쳐진 숲을 가리켰다. 50대인 그는 체격이 다부져 보였으며, 소매가 초록색인 노란색 국가대표 팀 재킷을 걸치고 색이 바랜 빨간 아디다스 모자를 쓰고 있었다. 우리와 가볍게 산책을 나서는데도 그의 목에는 호루라기가 걸려 있어, 마치 언제든 훈련을 지도할 일이 생길 경우를 대비하는 듯 보였다. 그는 두 손을 등 뒤로 깍지 낀 채 깊은 생각에 잠긴 것 같은 걸음걸이로 천천히 걷기 시작했다. "모 파라와 같은 나라 출신이라지요?" 그가 물었다. "네, 맞습니다." 내가 대답했다. "모 파라는 상대하기 쉽지 않죠." 알레무가 끼어들자, 코치가 고개를 끄덕였다. "모 파라는 체계적으로 뛰는 선수예요." 경기 후반 선두로 치고 나간 뒤 인코스를 철저히 사수하는 모 파라의 트레이드마크 전술을 가리키는 것이었다. "우리 선수들은 오직 체력과 힘만으로 달리고 있어요." 그는 케네니사와 하일레 게브르셀라시에가 최고의 기량을 발휘하던 시절에는, 에티오피아 선수들이 팀워크를 발휘하며 경기를 운영했다고 말했다. "한동안은 누구나 앞서 나갈 수 있는 접전이 펼쳐지지만, 어느 순간 초록빛 물결이 선두를 뒤덮었어요. 그러면 아무도 추월할 수 없었죠." 그는 미소 지으며 말했다. 그 시절 에티오피아 팀은 경기에 앞서 가장 강한 선수를 정하고, 나머지 두 선수는 그를 보조하는 방식으로 뛰었다. 그러나 이제는 개인주의가 자리 잡은 시대라고 그는 말했다. 더 이상 누구도 팀으로 뛰려 하지 않았다.

"코치님이 지도하시는 선수들은 어떤가요?" 내가 물었다.

"저는 선수들이 서로를 읽는 능력을 키울 수 있도록 지도해요. 함께 훈련하면서 상대의 페이스, 강점, 약점을 익히도록 하는 거죠. 그렇게 몇 년이 지나면, 여기 있는 모든 선수의 보폭까지 알게 돼요."

"결국 중요한 건 팀워크라는 말씀이신가요?"

"맞아요. 저는 사실 재능이라는 걸 크게 안 믿어요. 에티오피아는 뛰어난 선수를 찾는 게 문제가 아니라, 이 선수들을 한 팀으로 만드는 게 문제예요."

센타예후 코치는 국제 대회를 앞두고 국가대표 선수들이 최소 4개월은 함께 생활하며 훈련해야 '결속력'을 다질 수 있다고 했다. 그가 숲을 가리켰다. 길게 이어지는 경사면을 따라 나무가 듬성듬성 서 있고, 그 끝에는 훌쩍 뛰어넘을 수 있을 것 같은 강이 있었다. 강 건너편은 군데군데 나무 그루터기가 있는 넓은 풀밭이었다. "여기서 훈련하는 선수들은 이 지형을 손바닥 보듯 훤히 꿰뚫고 있어서, 일렬로 뛰면서도 앞선 선수가 언제 방향을 틀지 정확히 알아요. 흐름이 끊기는 법이 없죠." 나는 에티오피아에 와서 무리 지어 훈련할 때 종종 이런 느낌이 들었다. 이날 아침 훈련을 마칠 무렵에도 그랬다. 나는 물고기 떼 속에서 혼자 엇박자를 내는 물고기, 아니면 케일리°에서 혼자 엉거주춤하고 있는 외지인 같았다. "뒤처지는 데 익숙해지면 안 돼요." 그가 말했다. "왜냐하면 뒤처지는 것도 결국 훈련의 일부처럼 몸이 적응해버리거든요. '앞사람 발을 따라 뛰는 법'을 익혀야 돼요. 훈련할 때 2미터씩 떨어져 뛰다 보면 경기에서도 그대로 하게 될 텐데, 그러면 안 되죠."

　에티오피아 선수들은 리듬감과 타이밍을 익히는 데 많은 시간을 할애했다. 매일 아침 끝없이 반복되는 훈련을 경험하며 이를 몸소 느낄 수 있었다. 눈을 감으면 발이 땅을 단단히 딛는 소리, 가볍게 스치는 소리, 다시 발이 땅을 내딛는 소리가 들린다. 온박과 엇박이 섞인 리듬 속에서, 그들의 발소리는 마치 한 사람의 움직임처럼 느껴진다. 눈을 뜨면 일렬로 늘어선 선수 열두 명이 완벽한 타이밍으로 같은 동작을 하고 있다. '발을 따라 뛴다는 것'은 단순히 속도를 맞추는 게 아니라, 말 그대로 앞사람의 보폭을 그대로 따라 하는 것이었다. 그가 오른발을 내디디면 나도 오른발을 내디디고, 왼발을 내디딜 땐 나도 왼발을 내디디며, 그의 리듬에 내 움직임을 완벽하게 맞추는 것이었다. 나는 10년 넘게 달

○　스코틀랜드와 아일랜드 지역의 전통 춤과 음악이 포함된 사교 행사.

리기를 했기 때문에 성큼성큼 내딛는 고유한 스타일이 몸에 배어 있었다. 키는 183센티미터, 영국, 스코틀랜드, 프랑스의 러닝 클럽 어디에서도 다른 사람과 발을 맞춰 달리는 법은 배운 적이 없고, 그런 개념 자체를 들어본 적도 없었다. 몸에 밴 보폭을 버리는 건 거의 불가능했고, 그래서 사람들이 나에게 '발을 따라 뛰라'고 하면 걸음이 스타카토로 끊기고 덜컥거리며 나아가는 것 같은 기분이 들었다. 하지만 에티오피아 선수들이 훈련하는 모습을 보면 마치 한 몸처럼 서로 호흡이 완벽했다. 함께 수없이 많은 훈련을 거듭한 결과, 똑같이 효율적이고 절제된 보폭으로 달리고 있었다.

    나는 센타예후 코치에게 선수들이 보통 일주일 동안 어떤 훈련을 하는지 물었다. 우선 30~40분 동안 서서히 몸을 푸는 워밍업이 필수라고 했다. 월요일에는 긴 언덕 코스를 달린다. 코치는 숲의 가장 낮은 지점에서부터 시작해 처음에는 가파르게 오르다 숲의 경계를 따라 완만하게 이어지는 코스를 손짓으로 가리켰다. 그의 설명을 듣고 보니, 땅 위에 고스란히 새겨진 수천 명의 선수들이 밟고 지나간 흔적이 눈에 들어왔다. 언덕의 길이는 정확히 400미터라고 했다. 아디스에서 선수들이 말하던 티루네시 디바바의 긴 언덕 훈련이 바로 여기에서 비롯된 것이었겠구나 싶었다. 센타예후 코치는 젊은 선수들에게는 40분간 쉬지 않고 달리는 것이 가장 적절한 훈련 방식이라고 했다. "그래서 40분 동안 언덕을 오르내리고 나면 달리기를 멈춰요." 그가 말했다. 그런 다음 최소 20분 동안 스트레칭을 하는데, 이유는 '스트레칭 없이는 어떤 변화도 기대할 수 없기 때문'이라고 했다.

화요일은 파틀렉fartlek 훈련이었다. 내가 가장 좋아하는, 그리고 유일하게 아는 스웨덴어다. '파틀렉'은 '속도 놀이'라는 뜻으로, 빠른 달리기와 느린 달리기를 자유롭게 섞어 하는 훈련 방식이다. 에티오피아에서는 1960년대에 아베베 비킬라의 스웨덴인 코치 온니 니스카넨이 전하며 보편화됐다. 센타예후 코치에 따르면 이 훈련은 '속도가 빠른 구간이 많은' 훈련이었다. 이 훈련을 할 때도 긴 워밍업 후 선수들은 40분 동안 달렸다. 그는 긴 언덕 훈련과 파틀렉 훈련 모두 강도의 차이만 있을 뿐 휴식 없이 진행된다고 다시 강조했다. '열심히만 하면 40분이면 충분하다'며 그는 눈을 반짝였다. 수요일에는 아스팔트에서 달리기 시작했다고 했다. "중국 사람들이 아셀라에서 시작되는 도로를 만들어줘서 최근에 가능해졌죠." 지금도 이 훈련은 2주에 한 번만 한다고 했다. "돌 위에서 달리는 거나 마찬가지니까요." 이 훈련도 40분이었는데, 보통 한 번에 높은 강도로 달린다고 했다. 그는 오토바이를 타고 선수들을 따라가며, 도로 옆의 킬로미터 이정표를 기준으로 진행 상황을 살핀다. "저는 이정표 옆에서 기다리다가 '늦잖아! 더 빨리 달려!' 하고 소리치죠." 코치가 장난스럽게 말했다. 최근에 일어난 또 다른 혁신이었다. 도로와 오토바이 모두 1년 전에야 도입됐기 때문이다.

목요일에는 다시 부드러운 땅에서 훈련했다. 너른 벌판에서 평소처럼 40분을 연속으로 달린다. "대각선 달리기도 하고, 트랙도 돌고, 파틀렉도 하고, 이날은 선수들이 흥미를 잃지 않도록 하는 데 중점을 두고 훈련하죠." 금요일에는 '오르내리긴 하지만 언덕은 없는' 쉬운 코스를 1시간 20분에 걸쳐 오랫동안 달린다고 했다. 아리송한 말이었다. 그는 이 훈련을 선수들이 다른 선수들을 리드하고, 적절한 경로를 선택하는 역할을 맡을 수 있는지 확인하는 기회로 활용한다고 덧붙였다.

리드하는 법을 배우는 건 에너지에 대해 선수들이 갖고 있는 공통된 신념 때문에 중요했다. '다른 선수의 발을 따라 달린다는 것'은 그 사람의 리듬에 맞춰 뛰면서 그 사람의 에너지를 자신의 에너지로 활용하는 일이다. 따라서 아디스의 선수들은 종종 선두를 맡거나 페이스메이커 역할을 하는 걸 두고 '동료의 부담을 대신 짊어지는 것'이라고 표현했다. 선수들은 서로 에너지를 나누며 함께 발전하는 법을 배워야 했다. 이러한 팀워크의 가치를 잘 드러내는 암하라어 속담이 있었다. '여러 가닥의 실이 모이면 사자도 묶을 수 있다.' 훈련은 개인적으로 진행되는 적자생존식 경쟁이 아니라 함께 노력하는 과정이었다. 센타예후 코치가 에티오피아 선수들의 최근 성적에 실망하는 이유다. 에티오피아의 강한 팀워크를 보여주던 '초록빛 물결'이 근래의 주요 대회에서는 번번이 실현되지 못하고 있었다. 그는 선수들이 아디스에 가면 경기 출전 기회를 두고 치열한 경쟁을 벌여야 하며, 거액의 상금이 개인주의를 부추기기 때문이라고 지적했다. 코치는 웃으며 말했다. "팀워크만 다시 살아나면, 모 파라나 케냐 선수들과 겨루는 건 문제도 안 될 거예요."

센타예후 코치가 지도하는 선수들은 대부분 15세 미만으로, 이제 막 육상 선수로서의 여정을 시작한 단계였다. 실력에 진전이 있으면 정부가 운영하는 훈련 센터나 아디스의 클럽으로 옮겨가게 되는데, 알레무 역시 그런 과정을 거쳤다. 선수들이 어리기 때문에 베코지에서는 일주일에 다섯 번만 훈련이 이루어졌다. 토요일에는 원하면 각자 가볍게 워밍업을 하거나 몇 가지 기본 훈련을 할 수 있지만, 일요일에는 반드시 완전한 휴식을 취해야 했다. 코치는 '그래도 완전히 긴장을 놓아서는 안 된다'고 말을 이었다. "항상 다음 주에 어떻게 더 발전할 수 있을까를 고민해야 하죠." 이것은 센타예후 코치의 지도 철학에서 중요한 부분이었다. 그는 선수들을 그룹으로 훈련하지만, 피드백은 개별적으로 제공했다. 그에 따르면, 훈련을 서둘러 끝내고 형식적인 평가만 하는 것이 코치가 저지를 수 있는 최악의 실수였다. "저는 훈련이 끝나면 선수들과 20분 정도 함께 시간을 보내요. 달리기는 사회적인 활동이니까요. 그 후 선수들이 개별적으로 저에게 와서 묻죠. '오늘 제가 실수한 건 뭔가요? 어떻게 하면 개선할 수 있을까요?' 저는 매 훈련 후 선수들에게 스스로 고민해볼 거리를 주려고 노력해요." 이곳에서 달리기 선수로 성장한다는 것은 곧 강한 정신력과 회복력을 기르는 과정이었다. 그리고 무엇보다도 다시 한 번 강조하지만, 인내심을 키우는 일이었다. 일주일에 다섯 번보다 더 훈련하며 빠르게 실력을 향상시키고 싶어 하는 선수도 있을 수 있다. 하지만 센타예후 코치는 점진적이고 균형 잡힌 접근 방식을 우선시했다.

나는 케네니사 선수의 특별한 점이 무엇이었는지 물었다. 그러자 그는 손에 든 신문을 돌돌 말아 망원경처럼 눈앞에 가져다 대고 나를 바라보며, 마치 앞날을 전망하는 듯한 케네니사의 모습을 흉내 냈다. "케네니사는 집중력이 대단한 선수였어요. 자신이 원하는 걸 정확히 알고 있었죠. 열세 살 때 저에게 세계 챔피언이자 올림픽 챔피언이 될 거라고 말했어요." 케네니사는 가난한 가정에서 자랐다. 작은 농지에서 나는 얼마 안 되는 수입과, 말총 채찍을 만들어 팔아 얻는 것이 전부였다. 나는 열세 살의 케네니사가 말총을 감으며 육상 세계에서 정상에 오르기 위한 자신의 길을 그려보는 모습을 상상해봤다. "그리고 케네니사에게는 초록빛 물결이 있었죠." 이 말을 듣자, 그의 동료 선수인 실레시 시히네가 케네니사가 여러 세계 대회에서 우승하는 데 큰 역할을 했고, 수차례 준우승을 기록하며 '미스터 실버'라는 별명을 얻은 사실이 떠올랐다.

알레무의 동료들은 자신들도 더 좋은 신발과 '시설'만 있으면 케네니사처럼 될 수 있을 거라고 말했다. 외부의 관심이 커지면서 이 마을에는 중고 러닝화 기부가 급증했고, 이는 자연스럽게 '올바른 장비를 갖추는 것이 중요하다'는 인식으로 이어졌다. 센타예후 코치는 이를 선수들의 핑계일 뿐이라고 여겼다. 케네니사는 첫 훈련 캠프에 가기 전까지 신발 한 켤레 없었지만, 이것이 그의 성공을 막지는 못했기 때문이다. 그럼에도 베코지는 여전히 다른 지역보다 순수하고 자연스러운 육상 환경으로 비춰지곤 한다. 매일 아침 센타예후 코치와 함께 훈련하는 어린 선수들은 오로지 달리기를 향한 열정으로 모여드는 듯하며, 그들 대부분이 에티오피아를 대표하는 선수가 되고 싶다는 꿈을 품고 있었다.

또 다른 케네니사가 나올 가능성이 있을지 묻자, 센타예후 코치는 씁쓸한 미소를 지었다. "케네니사는 정말 특별했어요." 그가 또다시 말했다. 지금까지 케네니사만큼 강한 의지를 가진 선수를 본 적이 없고, 앞으로도 마찬가지일 것 같다고 했다. 그는 또 선수들의 동기 변화에 대해서도 우려했다. "만약 케네니사가 지금 훈련을 시작했다면, 아마 그만큼 성공하지 못했을지도 몰라요." 케네니사가 처음 육상을 시작했을 때 그의 세계는 오직 달리기뿐이었다. 달리기로 돈을 벌 수 있다는 것도 희미하게만 알고 있었고, 오늘날 선수들의 집중력을 흐트러뜨리고 있는 TV, 휴대전화, 스마트 워치, 고가의 러닝화 같은 '기술'도 전혀 없었다. "하지만 어쩌면 또 다른 고지대에서 육상 선수들이 새롭게 등장할 수도 있지 않을까 싶어요. 육상에 대한 인식이 아직 낮은 곳에서요." 다소 의아한 결론처럼 느껴지지만, 한편으로는 일리가 있었다. 에티오피아는 열악한 시설과 공식적인 코칭스태프의 부재 속에서도 큰 성공을 거둬왔다. 베코지만 해도, 한 비범한 코치의 헌신 아래 육상이 자연스럽게 발전한 곳이었다. 새로운 챔피언을 찾는 것보다 센타예후와 같은 코치를 찾는 것이 훨씬 더 어려운 일일지도 몰랐다. 떠나기 전, 센타예후 코치는 내 팔을 잡고 마지막 조언을 건넸다. "그리고 한 가지 더." 그가 말했다. "<u>술은 무조건 금지예요. 연애도 필요 없어요! 절대 안 돼요! 이 두 가지는 반드시 책에 적고, 밑줄까지 쳐주세요.</u>" '약속 지켰습니다, 코치님.'

4

소굿

소파

많은 선수들은 아디스에서의 훈련 이점이 훈련 내용보다 훈련 장소에 있다고 생각했다. 내가 알게 된 선수들도 언제나 훈련 장소의 장단점을 신중히 비교했다. 엔토토산의 '무거운' 공기와 센다파의 넓은 초원(거기에서는 자연스럽게 기록이 늘어났다), 그리고 엔토토산의 서늘한 숲과 그보다 약 800미터 낮은 아디스 남쪽 지역 아카키의 더위도 비교 대상이었다. 선수들은 이 같은 환경 요인을 고려해 자신의 '컨디션'을 극대화할 수 있는 최적의 훈련 장소를 찾아다녔다.

이들은 각 훈련 장소의 장점을 몇 시간이고 이야기할 수 있었고, 선수들은 다음 날 특정 장소에서 바로 훈련을 시작할 수 있도록 그 근처에 사는 친구 집에서 자는 경우도 많았다. 어느 토요일 아침, 기지개를 켜며 나가니 마당의 수도에서 테클레마리암이 기운차게 세수를 하고 있었다. 그는 우리 숙소에서 15킬로미터 떨어진 아디스 외곽 도시 레게타포에 살고 있었다. "여긴 웬일이에요?" 새벽 5시 45분, 나는 반쯤 감긴 눈으로 물었다. 들어보니 하일리에와 언덕 반복 훈련을 할 계획이라, 어젯밤 미리 와 하일리에의 침대에서 함께 잔 모양이었다. "오늘 그 언덕에 가려고 일부러 온 거예요. 티루네시의 언덕이요." 테클레마리암은 짐짓 경건한 표정으로 티루네시 디바바가 예전에 훈련했던 곳이라며 설명을 이어갔다.

어떤 장소는 그곳에서 훈련하는 이들 혹은 과거에 훈련했던 이들 덕분에 특별한 의미를 가지고 있었다. 예컨대 엔토토산은 하일레 게브르셀라시에가 매일 아침 5시 30분에 달린 곳으로 유명했다. 또 어떤 장소는 공기의 특성 때문에 중요한 훈련지로 인식됐다. 예카 서브시티 숲속의 일부 구역은 '보스턴'이라는 별칭으로 불렸는데, 이곳이 숲의 다른 구역보다 더 춥게 느껴지는 데다 보스턴 마라톤을 준비하는 선수들이 자주 훈련하는 곳이었기 때문이다. 보스턴 마라톤은 추운 날씨로 유명하다. '컨디션 condition'이라는 영어 단어는 우리의 신체적·정신적 준비 상태뿐 아니라 특정 장소의 '공기 상태air condition'를 나타내는 데도 쓰이는데, 이는 사람들이 이 두 개념을 서로 밀접하게 연결 짓고 있음을 보여준다.

'컨디션, 어디에서 찾아야 하지Where is condition?'라는 선수들의 말은 신체적 컨디션이 본질적으로 불안정하고 변덕스럽기 때문에 나오는 말이기도 하지만, 나아가 그들이 원하는 몸 상태를 만들어줄 최적의 '환경 조합'을 찾는 질문이기도 했다. 훈련 후 버스 안에서 코치와 선수들이 나누는 대화는 주로 그 시기에 가장 효과적인 주간 훈련 장소와 지면의 조합을 찾는 데 집중돼 있었다. 대회 일정이 없을 때는 주 3회가량 '고지대'나 '추운 지역'에서 훈련을 하기도 했다. 센다파, 엔토토산, 술룰타 같은 곳이었는데, 비시즌에는 대회를 대비하기 위한 스피드 훈련이 상대적으로 덜 중요하기 때문이었다. 이런 주간은 정말이지 고됐다. 어떤 때는 세 번 연속 해발 2700미터 이상의 고지대에서 훈련하기도 했다.

대개는 다양한 지형을 섞어가며 훈련했다. 월요일에는 고지대에서 훈련하고, 수요일에는 낮은 고도(또는 '더운 지역')에서 '스피드' 훈련에 집중했다. 그리고 금요일에는 해발 2200미터의 세베타와 해발 2600미터 이상인 센다파를 번갈아가며 훈련했다. 훈련 장소 못지않게 지면 유형도 중요한 고려 대상이었다. 아스팔트나 거친 길 같은 '단단한 지면'과 풀밭이나 숲길 같은 '부드러운 지면'을 적절히 조합하는 것이 관건이었다. 그래야 대회에서 다리가 충격에 견딜 수 있도록 단련하면서도, 지나치게 딱딱한 노면에서만 달려 에너지를 소진하지 않을 수 있기 때문이다. 한번은 훈련 세션 구성을 논의하고 있는데, 부상에서 회복 중이던 선수가 손을 들더니, 덥기로 유명한 아카키에서 그 주에 두 번 훈련해보자고 제안했다. 하일리에가 크게 웃더니 나를 보며 말했다. "저 친구는 그냥 살 빼려고 아카키에 가자고 하는 거예요. 그게 아니고서야 아카키에서 일주일에 두 번 훈련할 사람은 없어요." 효율적인 훈련 장소를 선택하는 것이 체중 감량을 할 때도 핵심 전략임이 드러났다.

우리 선수단은 서른 명 정도였는데, 대부분 코테베에 거주했지만 코테베와 센다파를 잇는 도로를 따라 살고 있는 사람도 몇 명 있었고, 심지어 도시 반대편에 사는 사람도 있었다. 이들을 매일 아침 훈련 장소로 모으는 일은 결코 쉬운 일이 아니었다. 하일리에는 그룹 버스 앞좌석에서 이 모든 과정을 지휘했다. 우리가 매주 세 번 아침에 대절해서 타는 버스는 현지에서 '킷킷'이라고 불리는 차였다. 일본제 이스즈 트럭 섀시에 폐유 드럼통을 일부 재활용해 자체 제작한 차체를 얹은 이 버스는 공학 기술의 기막힌 성취이자 허술함의 극치였다. 게다가 적어도 내가 겪은 바로는 이 버스는 무적이었다. 아무리 험하고 가파른 길에서도 우리를 놓치지 않고 따라왔다.

　버스를 모는 비르하누는 머리숱이 적고 덩치가 좋은 사람이었다. 그런데 놀랍게도 쉰 살이 넘은 나이에도 물병을 가득 안고 버스에서 튀어나와 시속 20킬로미터의 속도로 선수들에게 물을 날랐다. 비르하누는 영어를 꽤 유창하게 구사했고, 사회학적 주제로 끝없이 이야기를 늘어놓았다. ("영국에서는 저렇게 안 하죠? … 이게 바로 암하라식 쟁기질이랍니다.") 또 훈련 중에 본 선수들의 모습에 대해서도 나중에 빠짐없이 논평했다. 버스 차장 타데세의 주요 업무는 5킬로미터마다 선수들에게 물병을 전달하고, 훈련을 마치고 시내로 돌아가는 길에 일반인이 무단으로 버스에 타는 걸 막는 일이었다. 몇 달쯤 지나자 그는 나에게 자기도 1년 정도 달리기를 했다고 털어놨다. 돈이 떨어져 비르하누 밑에서 일하게 되면서 그만둔 듯했다. "게다가 10킬로미터를 30분 5초에 뛰는 게 고작이었어요." 아마도 이 순간, 나는 이 버스에 탄 선수들과 나 사이의 실력 차가 얼마나 큰지 통렬히 깨달았던 것 같다. 버스

차장조차 나보다 2초 더 빠른 10킬로미터 기록을 갖고 있었으며, 그것도 해발 2400미터의 고지대에서 세운 기록이었다. 그런데도 그는 그 정도 기록으로는 달리기를 진지하게 계속할 필요가 없다고 판단했다.

에티오피아에 온 지도 몇 달이 지났지만, 내 달리기는 여전히 모요스포츠 그룹 선수들에게 관심의 대상이었다. 훈련 때 들고 다니는 가방(더러운 러닝화와 트레이닝복을 따로 담을 수 있어 정말 유용하다) 덕분에 선수들은 내가 영국 대표로 뛴 적이 있다는 사실을 알고 있었다. 에티오피아 국가대표가 되는 것이 얼마나 어려운지 잘 아는 이들은, 훈련 때마다 내가 자신들보다 한참 뒤처지는 모습에 고개를 갸웃거렸다. 내가 박사 논문 연구를 위해 에티오피아에 왔다는 건 선수들에게 충분히 설명했다. 하지만 그것으로는 달리기로 돈을 벌 요량도 아니면서 왜 매일 새벽 5시에 일어나 두 시간씩 달리는 고생을 자처하는지 납득이 가지 않는 듯했다. 선수들은 나에게 영국의 취업 시장 상황과 일자리에 대해 꼬치꼬치 캐물었다. 내 경우 마음만 먹으면 은행에 취직할 수 있을 거라고 답하자, 이 친구들의 표정은 한층 더 복잡해졌다. 그러자 내가 대체 무슨 생각으로 여기까지 와 있는 건지 한순간 나까지 혼란스러워졌다. 가족과 떨어져서 죽어라 뛰고, 끝나면 혼자 틀어박혀 글만 쓰고 있다니.

꾸준히 얼굴을 비치니 어느 정도 인정을 받을 순 있었지만, 나는 여전히 그들에게 이상한 사람이었다. 그러다 아내인 로즐린이 에티오피아로 찾아오면서 분위기가 달라졌다. 우리는 함께 시간을 보내며 비쇼프투와 하라르를 여행했다(하라르에서는 야생 하이에나에게 직접 먹이를 주는 경험도 했다). 덕분에 선수들은 내가 단순히 그들 주변을 맴돌며 이상한 질문만 던지는 사람이 아니라는 걸 알게 됐다. 로즐린과 나는 엔토토산도 함께 달렸고, 달리기에 나처럼 깊이 빠져 있지 않은 인류학자인 로즐린의 시각을 접할 수 있었던 것도 무척 반가웠다. 그로부터 몇 주 더 시간이 흐르고 나서는 선수들도 내가 뭘 궁금해할지 슬슬 눈치채기 시작했고, 가끔 그들이 서로 주고받는 질문이 사실은 내 호기심을 채워주기 위한 것임을 느낄 수 있었다. 예를 들어 아베레가 대회 상금을 받은 지 몇 주 뒤 파실이 그에게 슬쩍 물었다. "아베레, 상금 받고 나서 생활수준이나 사람들과의 관계에 어떤 변화 같은 게 있었어요?" 그 말에 하일리에가 웃음을 터뜨렸다. "파실이 인터뷰어가 다 됐네요!"

이 무렵 나는 새벽 기상과 긴 버스 이동에도 그럭저럭 익숙해졌다. 그중에서도 가장 좋아하는 여정은 '코로콘치'로 가는 길이었다. 암하라어인 이 단어는 보통 '거친 길rough road'로 번역되며, 잔돌과 진흙이 뒤섞인 고르지 않은 길을 뜻했다. 코로콘치라는 말은 그 자체로 멋진 의성어처럼 느껴졌다. 적어도 내 귀에는 러너의 신발이 자갈길을 딛고 다시 떨어질 때 나는 소리와 거의 똑같이 들렸다. 에티오피아에서 내가 가장 좋아하는 달리기 코스는 선수들이 이예수스('예수'를 의미하는 암하라어)라고 부르는 길이었다. 몇 주 적응만 되면, 나아가 전 세계에서도 제일 마음에 드는 코스가 될 것 같았다. 코테베에서 차로 40분쯤 달리면 이예수스 길이 시작됐다. 거기서부터는 아스팔트를 벗어나 울퉁불퉁한 비포장길을 덜컹거리며 나아갔다. 초입에 있는 이예수스 교회의 이름을 딴 이 길은 차 두 대가 간신히 지나갈 만큼 좁고 기복이 심한 비포장도로였다. 그래도 다행히 두 대가 마주칠 일은 거의 없었다. 이 길은 구불구불 농지를 가로지르며 50킬로미터 넘게 이어져 비쇼프투까지 닿았다. 길 양옆으로는 평야가 지평선까지 펼쳐져 있고, 몇 킬로미터마다 작은 시골 마을이 나타났다. 비쇼프투까지 아스팔트 도로가 놓이면서 이 길을 달리는 차량은 거의 사라졌다. 아주 가끔 지나가는 시외버스는 1마일 밖에서도 요란하게 들리는 경적 소리를 멈추지 않고 울려대며 다가왔다. 그 외에 이 길을 오가는 건 각종 매니지먼트 그룹과 육상 클럽의 버스뿐이었다.

　더 자주 눈에 띄는 건 작은 마차였다. 마차를 끄는 말은 오로모족 전통 양식에 따라 색색의 술과 털 방울로 공들여 장식돼 있었다. 또 전통 의복인 샴마를 걸친 남자들이 홀로 또는 무리를 지어 말을 타고 지나가기도 했다. 나는 그룹에서 뒤처질 때도 종종 동행이 있었다. 어느 순간 말을 탄 남자가 다가와 "셀람 나우?"○ 하고 짧은 인사를 건네고는 몇 킬로미터 동안 묵묵히 내 곁을 지켜주곤 했다. 반대로, 아이들 몇 명이 내 옆에 바짝 붙어 함께 뛸 때도 있었다. 이 아이들은 믿기 힘들 정도로 오랫동안 내

○　'안녕하세요?'란 뜻의 일상적 인사말. '셀람(selam)'은 '평화, 안녕'에 해당하는 단어로, 상황에 따라 '별일 없죠?' 같은 의미로 쓰이기도 한다.

속도를 따라오며, "차이나!"라고 외쳐댔다. 처음에는 이런 반응이 의아했다. 그런데 하일리에가 말하길, 이 아이들이 본 외국인이라곤 송신탑이나 도로 공사 현장에서 일하는 중국인 노동자뿐이라고 했다.

  길 양옆의 밀과 테프가 자라는 들판은 초록빛과 노란빛으로 끝없이 일렁였다. 아스팔트 도로와 마찬가지로 여기에도 1킬로미터마다 흰색 이정표가 세워져 있었다. 메세렛 코치는 몇몇 선수가 차고 있는 가민 스마트 워치보다 이 이정표를 더 신뢰했다. "정확히 1킬로미터 간격은 아니더라도, 이 이정표들은 매번 같은 자리에 있잖아요." 그가 말했다. "그렇기 때문에 이걸 기준으로 우리 기록을 비교할 수 있다는 거예요." 코로콘치는 에티오피아 선수들이 훈련을 하며 거치는 네 가지 핵심 지면 중 하나였다. 훈련은 보통 숲길과 트랙에서 시작해 코로콘치를 거쳐, 훈련량과 강도에 '적응'이 되면 마침내 아스팔트로 이어졌다. 코로콘치는 숲길이나 도로 위에서 달릴 때와는 또 다른 종류의 힘을 필요로 했다.

  어느 날 아침, 이예수스로 가는 버스 안에서 하일리에가 말했다. "이 길은 진짜로 에너지를 빼앗아가요." 그는 이렇게 단언했다. "한 발 한 발 내디딜 때마다 길이 뒤로 끌어당기니까 더 힘이 들어요." 우리 얘기를 듣던 메세렛도 한마디 거들었다. "햄스트링을 잡아끌면서 묘한 통증을 일으킨다고 해야 하나." 이전에 나도 그 느낌을 확실히 느낀 적이 있었다. 코로콘치에서 강도 높은 달리기를 하고 난 다음 날이면 오랜만에 눈밭을 달린 뒤와 비슷한 느낌이 들었다. "아스팔트랑은 전혀 다르죠." 하일리에가 말했다. "코로콘치는 힘이 많이 들어요. 그래서 파실이 코로콘치에서 그렇게 잘 뛰는 거예요." 코르마(황소)라는 별명답게 파실은 다른 선수들보다 압도적으로 근육질이었다. 선수들은 우리 두 다리를 합쳐도 파실의 한쪽 다리만큼도 안 될 거라며 농담을 하곤 했다. "파실은 코로콘치를 그냥 씹어 삼켜요." 하일리에가 웃으며 말했다. 나는 파실이 이 험한 코스에선 선수들과 어깨를 나란히 하면서도 도로에만 가면 몇 분 차이로 뒤처진다는 게 의아했다. 그리고 오늘은 비교적 일정한 페이스로 달리기로 돼 있는 날이니, 나도 한동안이나마 이들과 함께 뛸 수 있을지 궁금했다.

메세렛 코치는 35킬로미터를 킬로미터당 평균 3분 48초의 페이스로 뛰되, 처음에는 천천히 시작해 점차 속도를 올리라고 했다. 나는 내가 이 고도에서 이런 언덕길을 그 속도로 달리는 게 결코 쉽지 않으리라는 걸 잘 알았다. 하지만 우리 그룹이 보통 킬로미터당 4분 15초 정도로 출발해 마지막에 3분 15초까지 속도를 끌어올린다는 걸 알기에, 나도 제법 오래 이들과 함께 달릴 수 있지 않을까 싶었다. 이예수스 길은 기본적으로 2킬로미터에서 4킬로미터가량 이어지는 긴 오르막과, 힘겹게 오른 고도에서 허망할 정도로 단숨에 내려와 버리게 되는 긴 내리막이 번갈아 나오는 길이었다. 이 트레일은 탁 트인 농지를 가로지르기 때문에 멀리서부터 다가오는 언덕들이 시야에 훤히 들어왔다. 길은 언덕 비탈을 따라 구불구불 굽이지며 이어졌다.

예상대로 우리는 차분하게 출발했다. 첫 1킬로미터는 4분

30초 언저리, 간신히 그보다 빠른 정도로 달렸다. 코로콘치 위에서는 한 걸음 한 걸음 발이 땅에 닿는 느낌에 신경이 곤두섰다. 다른 선수들과 보조를 맞춰 달리는 건 여전히 쉽지 않았다. 특히 성큼성큼 넓게 내딛는 내 보폭은 체닷 같은 친구의 짧고 빠르게 끊어지는 스타카토 리듬과는 전혀 달랐다. 에티오피아 달리기에서 '러너가 가장 먼저 배우는 것'이 다른 사람들과 보폭을 맞춰 함께 달리는 법이라면, 내가 10년이 넘는 세월에 걸쳐 내 몸에 밴 보폭을 고치는 데 시간이 걸리는 것도 당연한 일이었다. 내가 박자를 놓치면 '코로콘치, 코로콘치, 코로콘치' 하고 울리던 우리의 발소리, 신경의학자 올리버 색스Oliver Sacks가 '운동적 선율kinetic melody'이라고 불렀을 법한 그 리듬이 깨져버린다. 그래서 나는 파실의 발을 바짝 따라가며 어떻게든 박자를 맞추려 애썼다.

그룹 분위기가 평소보다 더 활기찬 데다 초반이다 보니 선수들이 달리며 수다를 떨었다. "마이클도 선두에서 한번 달려봐야죠." 체닷이 웃으며 그룹 앞쪽을 가리켰다. 숲길에서와 달리 이곳에서는 두 줄로 나란히 뛰고 있었다. 이런 기회가 흔치는 않으니, 이참에 몇 킬로미터가량 선두에서 달려보기로 했다. 그렇게 나는 메쿠안트 아예뉴 옆에서 뛰게 됐는데, 그해(2016) 베이징 마라톤에서 우승을 차지하게 될 선수였다. 그는 이 속도에서도 코로만 호흡하며 편안하게 달리고 있었다. 그는 두 손을 앞으로 살짝 내밀고 뛰었는데, 마치 만화 캐릭터가 살금살금 방에 들어가는 듯한 모습이었다. 발소리가 거의 들리지 않을 정도로 가볍게 땅을 디뎌 발걸음을 맞추기가 더욱 어려웠다. 나는 그와 나란히 달리는 김에 서툰 암하라어로 몇 가지 질문을 던졌다.

메쿠안트는 에티오피아 북부 곤다르 근처의 작은 마을에서 자랐는데, 그곳에서 어떤 선수가 훈련하는 모습을 본 걸 계기로 달리기를 시작했다고 했다. 이후 지역 대회에서 4위를 했고, 그 덕분에 더 먼 곳에서 열리는 대회에 참가할 기회를 얻었다. 그때가 생애 처음으로 집에서 몇 킬로미터 이상 떨어진 곳을 가게 된 것이었고, 그 낯선 경험이 너무나도 신나서 그는 더욱 달리기에 빠져들었다. 당시에 그는 달리기로 돈을 벌 수 있다는 사실조차 몰랐다. 선수에게 가장 중요한 자질이 뭐냐고 묻자, 메쿠안트는 '존중'과 '인내'라고 망설임 없이 답했다. 해외 대회에 출전할 수 있을 만큼 성장하기까지는 수년에 걸친 훈련이 필요했다(이후 그는 열다섯 번의 마라톤을 완주했다). 그 무렵 그는 이미 달리기 없이는 살 수 없는 사람이 돼 있었다. "이제 달리지 않으면 밥도 제대로 못 먹어요." 그가 말했다. "제 몸이 달리기를 원해요."

메쿠안트는 독일 하노버 마라톤에서 2위를 차지하는 등 이미 몇 차례 국제 대회에서 인상적인 성적을 거둔 선수였다. 하지만 그가 가장 자랑스러워하는 건 정작 많은 사람이 들어본 적조차 없는 대회에서 우승한 일이었다. 메쿠안트는 현지에서는 그냥 '뱅크'로 통하는 에티오피아 상업은행 실업 팀 소속이었는데, 그해 초 이 팀을 대표해 에티오피아 남부의 하와사 마라톤에서 우승했다. 이 대회에서 받은 상금은 해외 대회 상금과 비교하면 정말 보잘것없었다. 그러나 그가 이 대회 우승으로 얻은 자신감은 여느 대회에서보다도 컸다. "이런 대회에서는 젊은 선수들이 무리하게 속도를 내다가 10킬로미터도 못 가 탈락하는 경우가 많아요. 그렇다 보니 초반부터 페이스가 굉장하게 형성돼요. 게다가 이 대회는 고지대에서 열리고, 덥기까지 해요. 그리고 상위권 선수만 해도 150명쯤 참가하니까, 해외 대회보다 경쟁이 훨씬 치열하죠." 메쿠안트는 다음 해외 대회에서 다시 한 번 자신의 실력을 증명할 기회를 기다리고 있었다.

발이 미끄러질 수 있는 자갈길에서는 최대한 발 앞꿈치로 균형을 잡으며 달려야 추진력을 유지할 수 있다. 그래서 나는 달리는 자세에 더욱 신경을 쏟았다. 메쿠안트처럼 가볍게 달리며 지면에 불필요한 충격을 주지 않으려 했다. 얼마 후 나는 다시 그룹 뒤쪽으로 이동했다. 괜히 외국인인 나 때문에 페이스를 조절하게 만들고 싶지 않았다. 3~4킬로미터가량 달리자 우리는 이미 메세렛 코치가 정한 1킬로미터당 3분 48초 페이스에 도달해 있었다. 그런데도 내 몸 상태는 상당히 괜찮았다. 새벽빛은 아직 어스름했지만 서서히 서늘한 공기가 걷히고 있었다. 유럽에서는 좀처럼 보기 힘든 솔개가 이곳에서는 비둘기만큼 흔하게 우리 머리 위를 날아다녔다. 물통을 가득 진 당나귀 무리가 나타나고, 선수들은 당나귀 주인과 가벼운 농담을 주고받으며 능숙하게 길을 비켜 갔다.

버스는 늘 그렇듯 5킬로미터 간격으로 앞서가서 우리를 기다렸다. 도로 위 열 번째 흰색 이정표에 도착하자 메세렛이 버스에서 뛰어내려 내 옆에서 나란히 달리며 물병을 건넸다. 그사이 타데세와 비르하누는 다른 선수들을 쫓아갔다. 그는 내가 아직도 그룹과 함께 달리고 있는 걸 보고 놀라 외쳤다. "고베즈! 대단해요, 마이클! 오늘은 끝까지 같이 달리겠는데요!" 그러나 버스가 주차된 곳부터는 힘을 쭉쭉 앗아가는 구불구불한 경사를 해발 2800미터까지 올라가야 하는 3킬로미터 길이의 긴 언덕이었다.

언덕을 오르기 시작했지만 선수들은 속도를 조금도 늦추지 않았다. 이 훈련을 무사히 마치려면 내 페이스를 잘 조절해야 했다. 우리는 한 방향으로 20킬로미터를 달린 뒤, 15킬로미터를 되돌아가야 했다. 메세렛은 돌아오는 길 대부분이 오르막이 되도록 코스를 짜뒀다. 나는 오늘 꼭 35킬로미터를 완주하고 싶었다. 그래서 비르하누에게 내가 버스에 올라타고 싶은 유혹을 느끼지 않도록 25킬로미터나 30킬로미터 지점에서 기다리지 말라고 미리 말해뒀다. 하지만 나는 이 전략이 되레 독이 될 수도 있다는 것을 알고 있었다. 길 한가운데에서 오도 가도 못하게 되거나, 비르하누가 버스를 돌려 날 수습하러 와야 하는 굴욕적인 상황만은 피하고 싶었다.

나는 그룹을 보내고, 내가 오래 버틸 수 있는 1킬로미터당 4분 페이스로 달리기 시작했다. 이 속도는 딱 떨어지는 숫자라는 점에서도 마음에 들지만, 이상하게도 이런 종류의 훈련을 할 때면 내 다리가 저절로 찾아가는 기본 페이스이기도 했다. 이 페이스를 유지할 수만 있다면, 35킬로미터를 2시간 20분대에 주파할 수 있다. 지금 상황에서는 꽤 괜찮은 기록일 터였다. 하지만 그러려면 무리해서 속도를 내고 싶은 유혹을 이겨내야 한다. 이렇게 멋진 경관 속에 있으면 자꾸만 더 빨리 뛰고 싶은 데다, 다른 그룹 선수들이 쏜살같이 스쳐 지나갈 때마다 마치 내가 가만히 서 있는 것처럼 느껴지니, 더욱 쉽지 않았다.

내 리듬을 찾고 몇 분쯤 지났을까, 다른 팀 버스가 지나가는 바람에 나는 한순간 먼지 구름에 휩싸이고 말았다. 이제 나는 이런 순간이 오면 보통 곧이어 러너로서 겸손을 배우게 되리라는 걸 알게 됐다. 아니나 다를까, '코로콘치, 코로콘치, 코로콘치' 하는 스물다섯 명의 발소리가 들려오더니, 이탈리아 출신의 육상 코치 잔니 데마돈나가 이끄는 그룹이 나를 지나갔다. 정확히 말하자면 좌우에서 나를 에워싸듯 지나갔기 때문에 잠시나마 내가 그 그룹의 일부가 된 것 같은 느낌이 들었다. 코테베의 히루트 카페에 자주 들르면서 친해진 구예 아돌라가 베를린 마라톤 데뷔를 준비하며 첫 40킬로미터 훈련을 하고 있었다. "셀람 나우, 구예?" 나는 그가 지나갈 때 간신히 인사를 건넸다. "좋아요, 지금까진 So good so far." 그가 얼떨결에 영어로 답했다. 그 순간, 살짝 빗나간 이 말이 이날의 내 달리기 여정을 완벽하게 설명해주는 것 같았다.○

1분 정도는 말 그대로 그들이 일으키는 먼지를 들이마실 수밖에 없었다. 코로콘치 훈련을 마치고 돌아오면 가장 먼저 하는 일이 바로 이를 닦는 거였다. 마른 흙먼지가 튀어 치아까지 황갈색으로 뒤덮었기 때문이다. 나는 다시 내 리듬을 찾아 달리기 시

○ '소 파 소 굿(so far so good)'이라는 관용구의 어순이 뒤집혀 형식상 어색한 표현이다.

작했고, 겉보기엔 그렇지 않을지라도 나는 잘 달리고 있다고 스스로를 다독였다. 이제 조금씩 따뜻해지기 시작했다. 들판을 덮고 있던 안개가 걷혔다. 한동안 내게 들리는 유일한 소리는 내가 땅을 박차는 소리뿐이었다. 그러다 눈에 들어온 농부에게 손을 흔들며 인사했다. 그는 선인장으로 된 농장 울타리를 손보고 있었는데, 내가 너무 명랑하게 굴었는지 당황한 듯했지만 곧 손을 흔들며 화답해줬다.

1킬로미터 정도 더 달리고 나니, 이번에는 버스 소리도 안 났는데 다른 발소리가 들려오기 시작했다. 처음에는 내 발소리가 울리는 건가 싶었지만, 어느새 누군가 내 옆에 나타났다. "굿 모닝!" 새로운 동행이었다. "굿 모닝!" 내가 답하며, "셀람 나우?" 하고 물었다. 정말로 즐거워 보이는 사람이었다. 얼굴에는 미소가 가득했고, 오래된 아디다스 레이싱화를 신고 있었다. "그럼요." 그가 대답했다.

"그쪽은 괜찮으세요?"

"그런 것 같아요." 내 대답에, 그가 내 어깨를 가볍게 두드려 준다.

"지금부터 같이 달려요. 왜 혼자 달리고 있었어요?"

"바 케렐 페이스 마헤드 알레빅(느린 페이스로 달려야 해서요)."

"잘 됐네요!" 그가 웃으며 말했다. "저는 두 달 정도 훈련을 쉬다 나온 거거든요."

"전혀 그렇게 안 보이는데요." 그는 숨도 거의 크게 쉬지 않고 있었다.

"진짜예요. 하지만 제가 좀 특이한 사람이긴 해요." 그는 웃으며 덧붙였다. "원하는 페이스를 말씀만 하세요, 제가 다 맞춰드릴게요."

그는 그게 자기 특기라고 했고, 들어보니 상당한 경험도 갖고 있었다. 그는 2007년과 2008년 베를린 마라톤에서 하일레 게브르셀라시에가 마라톤 세계 신기록을 세울 때 페이스메이커 역할을 한 선수였다. "그때 꽤 돈을 많이 받았죠." 그러면서 그는 오늘은 특별히 나에게 무료로 페이스메이커가 돼주겠다고 농담을 던졌다.

"그래서, 어떤 페이스로 달리실 건가요?" 그가 물었다.

"1킬로미터에 4분이요."

"딱 좋네요. 괜찮은 속도예요, 중요한 건 계속해서…." 그가 두 손으로 땅을 살짝살짝 딛는 듯한 제스처를 했다. 일정한 속도로 가볍게 달리라는 뜻인 것 같았다.

우리는 잠시 동안 말없이 달렸고, 나는 그가 이끄는 대로 따라 달렸다. 그러다 문득 그의 손목을 봤더니, 시계가 없었다. "GPS는 안 쓰세요?"

"여기 있어요." 그가 자신의 관자놀이를 두드리며 말했다. "전 서른여섯 살이에요. 19년을 달리다 보니 이제 속도는 자연히 알 수 있어요."

몇 분 뒤 내 시계가 '삑' 하고 울리더니, 화면에 '4:00'이 표시됐다. "뭐래요?" 그가 물었다. "정확히 4분이요."

"그럴 거예요." 그가 말했다. "하일레가 항상 했던 말이 있어요. '1초면 100만 달러를 벌 수도, 잃을 수도 있는 시간이다.'"

메세렛 코치에게서도 여러 번 들은 적 있는 이야기였다. 그는 선수들에게 '1초의 가치를 알아야 한다'고 힘주어 말했다. 하일레 게브르셀라시에는 두바이 마라톤에서 10킬로미터 세계 신기록을 1초 차이로 놓쳐 100만 달러 보너스를 받지 못한 적이 있는데, 그 후 완벽한 속도 조절의 중요성에 대해 자주 언급했다. 메세렛은 훈련 중 자신이 정한 페이스대로만 달리라고 반복해서 말했고, 지나치게 '감정적으로' 달리는 건 그룹 분위기에도, 훈련 수준을 유지하는 데도 방해가 된다고 경고했다. "트랙에서 제가 66초라고 했는데 65초에 돌아오면 그건 옐로카드예요. 64초에 돌아오면 레드카드고요. 그 선수는 다시는 선두로 안 세워요." 이 조절과 인내 훈련에도 예외가 있긴 했다. 바로 수요일에 하는 '스피드' 훈련이었는데, 메세렛은 다른 날에 꾸준히 조절 훈련을 하기 때문에 수요일에는 빠르게 달릴 수 있게 해주는 것이라고 강조하곤 했다.

반환점에 가까워지자, 나의 새로운 훈련 파트너가 웃으며 말했다. "돌아가는 길은 같이 고생하겠네요." 나는 컨디션도 그만하면 괜찮고 이 선수와 함께 달리게 돼 꽤 즐거운 상태였는데, 이 말에 돌아가는 길 대부분이 오르막이라는 잊고 있던 사실이 떠올랐다. 하프 마라톤을 61분에 뛸 수 있고 하일레의 페이스메이커가 될 정도로 뛰어난 사람일지라도, 두 달 동안 훈련을 쉬고 나면 35킬로미터를 달리는 게 마냥 쉽진 않을 터였다. 20킬로미터 지점에 다다르자, 메세렛이 타데세와 함께 물병 더미 옆에 서 있었다. "세상에, 유명 페이스메이커를 대동하고 오셨네요!" 그가 웃으며 말했다. "이 기회를 최대한 활용하세요!" 메세렛은 100미터 정도 우리와 함께 달리며 언덕에서 페이스를 유지할 수 있도록 힘을 내라고 조언했다. 바로 그게 오늘의 도전 과제였다. 우리는 아무리 가파른 오르막이 나와도 킬로미터마다 가능한 한 균등한 페이스를 유지해야 했다.

메세렛이 강조하는 통제된 달리기 방식, 즉 조금 벅차지만 감당할 수 있으며 정신을 온전히 집중해야 하는 페이스로 달리는 건 헝가리 출신의 심리학자 미하이 칙센트미하이Mihaly Csikszentmihalyi가 말한 '몰입flow' 상태에 들어가는 방법이라고 할 수 있었다. 그는 이렇게 말했다. "가장 충만한 순간은 보통 어려운 일이나 가치 있는 일을 이루기 위해 자발적으로 자신의 몸과 마음을 한계까지 밀어붙일 때 찾아온다." 이러한 경험은 그 순간에는 그다지 즐겁지 않을 수 있다. 센다파 일부 구간을 떠올려보면 확실히 그랬다. 그러나 칙센트미하이에 따르면 그러한 경험이야말로 인생에서 가장 값진 순간이 될 수 있는 것이었다.

자신의 저서 《몰입: 미치도록 행복한 나를 만난다Flow: The Psychology of Optimal Experience》에서 그는 이를 통제의 측면에서 설명했다. "삶을 통제하는 것은 결코 쉬운 일이 아니며, 때로는 분명한 고통을 수반한다." 그런데 그다음에 나오는 그의 표현이 이 경우에 더할 나위 없이 맞아떨어졌다. "시간이 흐르면 결국 이렇게 쌓인 최적의 경험들을 통해 삶을 주도하고 있다는 감각을 얻게 될 것이다. 다시 말해, 삶의 본질을 실현하는 데 직접 참여하고 있다는 감각을 얻게 된다. 이는 우리가 상상할 수 있는 그 어떤 것보다도 행복에 가까운 경험이라고 할 수 있을지 모른다." 달리기를 하면서 모든 것이 완벽하게 맞아떨어지는 듯한 이런 순간이 오면, 내 몸이 지닌 잠재력이 완전히 발휘되고 있다는 느낌이 들면서 말로 표현할 수 없는 감동이 밀려온다.

태양빛이 구름을 뚫고 비치기 시작했고, 기온이 점차 올랐다. 나는 머리에 물을 조금 뿌려 얼굴에 붙은 소금을 씻어냈다. 이곳 선수들은 이를 '네크 랩', 즉 '하얀 땀'이라고 불렀다. 코로콘치 표면은 훈련 초반 내 컨디션이 좋았을 때는 나를 부드럽게 밀어주는 듯한 느낌마저 줬지만, 이제는 한 걸음 한 걸음 내디딜 때마다 나를 뒤로 끌어당기는 것 같았다. 내가 힘들어하는 걸 알아챈 나의 새 친구는 마치 보이지 않는 실로 나를 언덕 위로 끌어올리기라도 할 것처럼 최대한 자기 뒤로 바짝 붙어 달리라고 손짓했다. 그리고 조금이라도 간격이 벌어지면 그걸 알아차리는 듯, 손가락을 튕기며 자신의 발뒤꿈치를 가리켰다.

나는 영국의 내 코치가 이런 상황에 대해 늘 했던 조언을 떠올리며 그걸 따르려고 했다. '그저 앞사람의 등을 보고, 그 사람을 따라가는 것 외에는 아무것도 신경 쓰지 말 것.' 오늘 전체 코스 중 가장 크고 가파른 구간인 이 언덕의 정상까지만 이렇게 버틸 수 있다면, 아마 끝까지 해낼 수 있을 것 같았다. 남은 훈련이 고통스러울 거라는 건 진작 받아들였지만, 내 파트너가 '같이 고생하겠다'고 한 만큼 끝까지 함께해줄 것 같았다.

우리는 끝내 5킬로미터 길이의 언덕 정상에 도달했고, 그는 앞으로 몇 킬로미터에 걸친 내리막 구간을 달리며 몸을 추스른 뒤 조금만 힘껏 뛰고 나면 끝이라고 했다. "그리고 저기 좀 보세요. 한번 추격해보자고요." 나는 그의 트레이닝복 상의에 땀 얼룩이 번지는 모습을 한참 쳐다보고 있다가, 그 말을 듣고야 고개를 들어 주변을 살폈다. 저 멀리 버스 한 대와 그 뒤를 따르는 선수들이 보이고, 뒤처진 사람도 몇 명 눈에 띄었다. 우리가 반환점을 돌기 직전에 방향을 튼 그룹인 것 같았다. 나는 지금까지 이 길에서 한 번도 누군가를 추월해본 적이 없다는 사실이 떠올랐고, 갑자기 온몸에 아드레날린이 솟구치는 기분이 들었다. 우리는 일정한 속도로 언덕을 내려갔고, 나는 마지막 언덕에서 전력을 다해 달리기로 결심했다. 유명 페이스메이커와 함께 달리기 시작한 이후 나는 킬로미터마다 거의 정확히 4분의 페이스를 유지해왔고, 그동안의 철저한 조절이 이제 보상받을 수 있기를 바랐다.

그는 앞선 그룹을 따라잡을 수 있다는 생각에 명백히 즐거워 보였다. 계속 나를 돌아보고 웃으며 '자, 가봅시다'라고 말하듯 팔을 크게 흔들었다. 2007년 베를린 마라톤에서 하일레가 세계 기록을 깰 거라고 직감했을 때와 비슷한 수준으로 흥분한 게 아닐까 하는 생각마저 들었다. 드디어 앞 그룹의 처져 있는 맨 뒤 선수를 따라잡았을 때 그 선수는 확연히 불쾌한 표정을 지었다. "아이, 루차." 내 훈련 파트너는 그의 얼굴에 떠오른 고통을 보더니 고개를 저으며 힘들어 보인다고 말했다. "아휴, 달리기란." 얼마나 잔인한 스포츠인가, 하고 그는 생각하고 있는 것 같았다. 그는 그 선수를 그냥 지나치는 대신 몸을 돌려 "가바!" 하고 외치며,

우리 페이스에 '들어와' 함께 달리자고 부탁하듯 말했다. 그는 결국 자존심과 결단력의 조화로 어찌어찌 내 발걸음에 맞춰 뛰기 시작했다.

이 과정은 우리가 일곱 명의 그룹이 될 때까지 언덕을 오르는 내내 계속됐다. 나의 새 친구는 이 선수들을 기묘한 격려와 모욕을 섞어가며 대했다. "도대체 뭐 하자는 거야? 이 파렌지가 너희보다 빠르잖아!"라고 하는가 하면, "이제 몇 킬로미터 안 남았어. 누구나 힘든 날이 있지"라고도 했다. 에티오피아에 와서 30킬로미터 이상 달린 적이 없던 나는 이 시점에 완전히 지쳐 있었다. 하지만 주저앉을 수 없었다. 게다가 우리는 다섯 명이나 더 불어나 있었다. 나의 새로운 훈련 파트너는 마지막 3킬로미터를 달리는 내내 만면에 미소가 떠나질 않았다. 페이스메이커로서의 뛰어난 역량을 유감없이 발휘한 결과, 그를 따르는 이들은 이제 어엿한 하나의 훈련 그룹이나 다름없었다. 그를 제외한 우리는 순전히 자존심 때문에 팀 버스들이 주차된 도로변까지 이를 악물고 달렸다.

하일리에는 내가 끝까지 완주한 걸 보더니 무척이나 안도했고, 우리는 하이파이브를 했다. "맬컴한테 당장 연락해야겠어요. 35킬로미터 완주라니!" 우리 그룹의 보조 에이전트인 하일리에는 어느 선수가 지금 몸 상태가 좋고 출전할 준비가 돼 있는지 맬컴에게 알리는 역할도 하고 있었다. 강도 높은 35킬로미터 훈련이 끝나고 나면 맬컴에게 전화를 걸어 '밖에서' 마라톤을 할 수 있게 해달라고 부탁하는 선수들이 많다고 했다. 그 말에 내가 "저는 두바이 아니면 안 돼요. 2시간 3분 안에 완주하고 싶네요" 하고 농담을 던지는 사이, 나의 유명인 페이스메이커는 손을 흔들며 도로를 따라 계속 달려갔다. 그가 멀어지는 모습을 보며, 나는 뇌에 충분한 산소 공급이 안 돼서 그랬는지 그의 이름을 묻는 걸 완전히 잊었다는 사실을 깨달았다. 나는 35킬로미터를 2시간 20분으로 완주했고, 그보다 더 빨리 달릴 순 없었을 것 같았다. 한편 체닷과 비르하누 아디시에(버스 기사인 비르하누와는 다른 인물이다)는 2시간 5분 안에 완주하는 데 성공했고, 파실은 그보다 약 1분 정도 늦게 도착한 듯했다. 이 지형에서 그만큼 달리는 건 정말 대단한 일이었기 때문에 다들 흥분과 기쁜 마음을 감추지 못하고 있었다.

다리의 먼지를 털고 얼굴에 엉겨 붙은 소금기를 씻어낼 수 있도록 타데세가 버스에서 커다란 플라스틱 물통을 꺼내다 줬다. 선수들 몇 명은 다른 트레이닝복으로 갈아입고 러닝화도 새로 꺼내 신었다. 선수로서의 이미지를 의식하는 듯했다. 나는 솔직히 내가 35킬로미터를 완주할 수 있으리란 자신이 없었기 때문에 돌아오는 내내 기분이 들떴다. 버스 안도 아침에 이 버스를 같이 타고 온 사람들이 맞나 싶을 정도로 분위기가 달라져 있었다. 새벽이라 졸고 있는 선수들을 감싸며 흐르던 느릿한 정교회 성가는 이제 그야말로 승리감과 환희로 벅차오르게 만드는, 에티오피아 최고의 인기 가수 테디 아프로의 새 앨범 《에티오피아》의 수록곡들로 바뀌어 있었다.

오늘날 세상은 우리를 뒤처졌다 하지만

내일을 이끌 선두 주자, 이 나라가 아닌가
자꾸만 부르고 또 부르고 싶은 그 이름
에티오피아, 곧 내 이름 아니던가

코테베로 돌아오는 버스 안은 수백 킬로미터를 달리며 차오른 엔도르핀으로 활기가 넘쳤다. 오른편 좌석에서는 아무리 많아야 열여섯 살 정도로 보이는 틸라훈과 셀라미훈이 적어도 마흔은 돼 보이는 안두알렘과 함께 맨체스터 유나이티드 경기의 하이라이트를 보고 있었다. 안두알렘이 빈정거리자, 사람들 사이에서 "시마골라이!" 즉 '어르신!' 하는 소리가 터져 나왔다. 버스 맨 앞쪽에서는 하일리에가 30킬로미터 지점에서 버스에 태우지 않은 일을 두고 여전히 삐쳐 있는 젤레케에게 이제 그만 웃어넘기면 안 되겠느냐고 애원하고 있었다. 또 한쪽에서는 후네그나우가 몇 년 전 세계선수권대회 선발전을 겸하는 에티오피아의 크로스컨트리 대회인 잔메다 국제 크로스컨트리 대회에서 우승했던 일화를 들려주고 있었다.

"제가 워낙 미친 듯이 달리니까, 관중 사이에 있던 케네니사가 '저 친구, 다들 어디 한번 죽어보라고 저러는 건가?'라고 말했다더라고요!" (케네니사가 그런 말을 했다고?) "그 말을 듣고 케냐 선수들까지 겁을 먹었다니까요!" (그 얘기가 그렇게까지 퍼질 수 있었다고?) "잔메다 남자 경기는 12킬로미터 코스로 진행되는데 보통 32분대가 아니라 35분대에 완주해요. 그리고 저는 내내 선두로 달렸죠!" (여섯 바퀴 전부?!) 몇 주 뒤면 잔메다 국제 크로스컨트리 대회가 열리는데, 내가 출전할 수 있을지 여부는 여전히 협의 중이었다. 그리고 워낙 권위 있는 대회다 보니, 나 역시 아직 출전할지 말지 고민 중이었다. 잔메다는 케냐 크로스컨트리 선수권대회와 함께 세계에서 가장 힘든 크로스컨트리 대회로 꼽혔다. "세계 크로스컨트리 선수권대회는 어차피 규정상 에티오피아인도 여섯 명밖에 못 나오니까 차라리 쉽죠." 후네그나우가 웃으며 말했다. 물론 내가 그 대회에서 다른 선수들과 겨룰 수 있다는 걸 증명할 필요는 없었다. 단지 내가 한 바퀴 차이로 따라잡히지 않고 대회를 완주할 수 있다는 것만 입증하면 됐다. 그건 전례도 없고 규정에도 어긋나는 일이었기 때문이다. 센다파에서 35킬로미터를 완주한 건 하일리에가 볼 때 나에게 잔메다 크로스컨트리 출전 자격이 있다는 걸 알려주는 지구력 테스트였다. 그의 판단이 옳았는지 아닌지는 시간이 알려줄 터였다.

5

꿈의 들판에서

나와 함께 훈련하는 선수들은 모두 '달리기가 일인가?'라는 질문에 그렇다고 답했고, 실제로도 '세라', 즉 '일'이 훈련을 가리키는 가장 보편적인 단어였다. 그들도 달리기의 많은 부분을 즐긴다는 데 동의하긴 하지만, 대회와 돈이라는 서로 뗄 수 없는 이 두 주요 동기가 사라지면 달리기를 그만둘 거라는 것도 명백했다. 매일 훈련에 나가면서도 정작 대회 준비는 하지 않는 나의 존재가 선수들에게 혼란을 준다는 게 분명했으므로, 조만간 지역 대회에라도 출전해야 할 것 같았다. 선수들의 태도는 저명 저널리스트 윌리엄 피네건William Finnegan이 서핑 회고록《바바리안 데이스 Barbarian Days》에서 이야기한 미국 소설가 노먼 메일러의 태도와 비슷했다. "흥분이나 경쟁, 위험, 목적 없이 하는 운동은 육체를 강화하지 않고 단순히 지치게 할 뿐이다." 다가오는 대회는 선수에게 활력을 불어넣고, 모든 훈련 시간에 목적을 부여했다. 또한 전쟁에 나가는 것과 마찬가지로, 대회에 나가는 것은 자신의 '이 딜'을 드러낼 수 있는 좋은 방법이기도 했다.

그리하여 나는 하일리에와 함께 아디스의 구르드숄라 지역에 있는 에티오피아 육상연맹 사무실에서 줄을 서게 됐다. 손에는 스코틀랜드 육상연맹으로부터 받은 지지 서한을 들고 있었지만, 내심 내가 제33회 잔메다 크로스컨트리 대회에 참가할 수 없는 어떤 행정적 이유가 있기를 바라고 있었다. 들어가는 길에 막 국가대표 팀 유니폼을 받은 주니어 선수들을 지나쳤다. 선수들은 에티오피아 국기의 노란색, 초록색, 빨간색이 새겨진 커다란 검정 아디다스 가방을 열어 선명한 빨간색 운동복 바지를 펼쳐보고 노란 운동복 상의는 입어보기도 했다.

우리가 서자, 등록 대기 줄은 더 오합지졸 같은 모양새가 됐다. 대부분의 선수는 클럽을 통해 대회 등록을 했기 때문에 개인으로 등록하려는 사람은 달리기의 변방에 있는 이들이라고 할 수 있었다. 내 앞에 있는 청년은 열여덟 살이 채 되지 않은 것 같았고, 신발은 색색의 실이 교차돼 있는 걸 보니 수선을 거듭한 듯했다. 그에게 이번 대회가 어떨 것 같으냐고 묻자, 영어로 대답이 돌아왔다. "다들 굉장히 빠를 것 같아요. 다른 대회들보다 특히 더 빠를 거예요. 이 대회는 강한 사람들만 참가할 수 있는 대회니까요." 그러더니 내 눈에서 걱정을 읽었는지, 내 어깨에 손을 올리며 이렇게 말했다. "괜찮아요. 무엇보다도 중요한 건 자신감이에요, 알겠죠?"

인터넷을 통해 지난 몇 년간의 결과를 검색해보니, 우승자 명단에는 에티오피아 최고의 선수들이 대거 포함돼 있었다. 그런데 흥미로운 점은 세계 크로스컨트리 타이틀을 무려 열한 번이나 획득한 '케네니사 베켈레'의 이름이 이 명단에는 없다는 것이었다. 잔메다는 세계선수권대회의 선발전을 겸하기도 했지만, 개인 우승을 차지한 수많은 선수가 있음에도 오직 한 명, 게브레그지 아베르 게브레마리암만이 이 대회에서 우승한 후 세계 크로스컨트리 선수권대회에서도 우승을 했다. "잔메다에서 우승하려면 에너지 소모가 엄청나니까요." 하일리에가 말했다. "그렇다 보니 세계 크로스컨트리에서도 우승을 이어가는 건 쉽지가 않죠."

이 명단에서 단연 내 눈에 띄는 이름은 우리 그룹의 후네그나우 메스핀이었다. 대부분의 우승 기록이 12킬로미터를 34분에서 35분 사이에 주파한 것인 와중에, 귀가 닳도록 들은 그의 32분대 우승 기록이 위키피디아에 정확히 나와 있었다. '32분 20초.' 대회가 열리는 장소의 해발 2500미터 고도와 지형 특성상 코스 거리는 다소 부정확하게 측량됐을 수 있지만, 그렇더라도 후네그나우의 2011년 기록은 특별했던 게 분명했고, 현재 그가 부상 후의 컨디션 때문에 느끼는 좌절감은 더욱 뼈저릴 수밖에 없었다.

드디어 대기 줄 맨 앞에 이르자, 등록 담당자가 나를 위아래로 훑었다. 그리고 스코틀랜드 육상연맹에서 받은 내 서한을 보더니 인상을 찌푸리며 하일리에에게 "두베 씨한테 바로 데려가는 게 좋겠어요"라고 말했다. 두베 질로는 오랫동안 에티오피아 육상연맹 회장을 지내고 있는 인물이었다. 우리는 유리벽으로 된 두베의 작은 사무실을 제외하면 전체가 개방형인 넓은 공간에 놓인 플라스틱 의자로 안내됐다. 국가대표 팀 선발에서부터 선수들의 해외 대회 출전 허가 그리고 에티오피아 크로스컨트리 대회에게스트로 참가하고 싶다는 나의 요청에 이르기까지, 이곳에서 많은 사람이 온갖 일을 처리하고 있었지만 모두 두베의 승인을 얻어야 했다.

하일리에는 1997년 로마 마라톤 우승 경험이 있는 두베가 연맹을 이끄는 덕분에 선수들이 해외에서 달릴 기회가 많아진 것이라고 했다. 기다리는 동안 그는, 두베 이전에는 국가대표로 선발된 소수의 선수가 올림픽이나 세계선수권대회 이후 몇 차례 해외 대회에 나가는 게 전부였다고 말한다. 하일리에는 이에 대해 '두베 자신이 선수 출신이기 때문에 선수가 겪는 기복, 어려움, 고생을 잘 알고, 선수가 마땅히 받아야 할 보상도 알고 있기 때문'이라고 했다. "일이 생각처럼 안 풀리면 그 선수는 어디로 가겠어요? 결국 농부로 돌아갈 수밖에 없어요! 쉽사리 받아들이기 어려운 일이잖아요. 그래서 두베는 선수들이 해외로 나갈 수 있는 길을 열어준 거예요."

이윽고 우리는 두베의 사무실로 들어갔다. 두베는 선수 시절보다 체격이 꽤 커진 것 같았고, 정장과 넥타이를 갖춘 모습이 상당히 위엄 있었다. 하일리에가 상황을 설명했다. "당연히 나갈 수 있어요." 판결이 내려졌다. "하지만 10킬로미터를 30분 안에 주파할 수 없으면 주니어 경기에 나가야 해요." 나는 스물여덟 살이면서 20세 이하 부문에서 뛰는 건 좀 사기꾼 같은 기분이 든다고 말했고, 우리는 타협점을 찾았다. 일반 부문에 출전하는 대신, 결승선 전에 기권하기로 한 것이다. 나는 다시 대기 줄로 돌아가 암하라어가 적힌 첫 참가 번호를 받았다. 그리고 어째서인지 두베에게 가져가 서명을 받아야 했다.

하일리에가 '주니어'와 '일반' 부문 출전자를 나누는 기준을 알려줬다. 특히 농촌 지역 클럽의 경우 출생증명서가 없는 이들도 있기 때문에 스무 번째 생일까지 얼마가 남았느냐보다 선수들의 능력과 경험이 우선시된다는 얘기였다. 그리고 능력 면에서 보면 나는 스물여덟 살이지만 여전히 주니어였다. '일반 경기에서 완주할 수도 있겠지만, 만약 한 바퀴 이상 따라잡히면 기권해야 한다'고 하일리에가 말했다. "그래야 선두 주자들에게 방해가 안 되니까요." 작년에 스코틀랜드 전국 크로스컨트리 대회에서 뛰었던 일이 떠올랐다. 당시 나는 7위로 결승선을 통과했고, 한 바퀴 이상 뒤처진 선수들을 어떻게 피하며 나아가는지가 선두 주자들이 마지막 한 바퀴를 달리는 데 가장 중요한 요소였다. 잔메다에서는 상황이 뒤바뀌어 이제 내가 뒤처질 선수였고, 이는 모든 것이 상대적이라는 진리를 보여주는 더없이 좋은 예시였다.

'잔메다'라는 이름은 '잔호이 메다'의 축약형으로, '장엄한 들판' 또는 '황제의 들판'이라는 뜻이다. 에티오피아 제국의 마지막 황제 하일레 셀라시에의 즉위식을 기념해 대규모 군사 퍼레이드와 불꽃놀이가 열린 뒤 붙여진 이름이었다. 메넬리크 2세가 1896년 아드와 전투°에서 이탈리아군으로부터 빼앗은 대포들을 전시한 장소이기도 했다. 또 거의 한 세기 후인 1990년대 초에는

○ 에티오피아군이 북부 티그라이의 아드와 지역에서 이탈리아군을 격퇴함으로써 에티오피아의 독립을 지켜낸 결정적 전투.

내전으로 발생한 수천 명의 국내 실향민이 모인 곳이었으며, 이후 종교 축제, 즉위식, 군 행사, 각종 캠페인 개막식 개최지로 기능하며 현대 에티오피아 역사에서 중추적 역할을 해왔다. 잔메다는 길이 약 2.5킬로미터, 폭 약 500미터로 사방으로 경계가 지어져 있지만, 들판 자체는 넓고 탁 트인 곳이었다. 우기에는 풀이 무성하게 우거지지만, 나머지 시기에는 짧고 누렇게 마른 풀밭이 펼쳐졌다. 사실 이곳에서는 육상 경기보다 경마가 더 자주 열리며, 하키와 유사한 형태의 에티오피아 전통 스포츠인 '게나'와 말을 타고 하는 격렬한 잡기 놀이인 '구그스'가 열릴 때도 있었다. 그래서 들판 한구석에 커다란 마구간이 있지만, 말이 대개 자유롭게 돌아다닐 수 있어서 예기치 않게 전속력으로 달려드는 바람에 선수들이 당황하는 경우도 있었다.

하지만 오늘은 모든 말이 안전하게 마구간에 있었고, 중대한 대회인 만큼 준비가 철저해 보였다. 나는 파실과 함께 도착했는데, 파실은 이번에 출전하지 않는데도 긴장한 듯한 모습이었다. 파실은 아직 준비가 되지 않았다며, 내년 대회를 위해 '잘 준비할 것'이라고 했다. 잔메다 외곽의 도로에는 대형 펩시 광고 현수막들이 세워져 있었다. 거대한 페트병 그림 아래에는 '지금을 살아라 Live For Now'라는 문구가 적혀 있었는데, 주변 선수들 대부분의 라이프스타일을 떠올려보면 꽤나 맞지 않는 슬로건 같았다. 그 선수들에게 어울리는 슬로건은 오히려 '내년을 위해 살자'였다. 들판으로 들어서는 길에 보니, 담에 사람 발 크기만 한 글씨로 다소 수수께끼 같은 문구가 쓰여 있었다. '근육은 뇌의 노예다. 근육은 스스로 판단하지 않는다.' 오늘은 내가 더 빠르다고 생각하는 게 좋을 것 같았다.

우리가 아는 선수들을 찾으려 돌아다니는 사이, 들판 한구석은 팀 버스들로 줄줄이 채워지고 있었다. 메브랏 하일(에티오피아의 전력공사) 클럽이나 에티오피아 상업은행(뱅크) 클럽 같은 1부 리그 클럽들의 대형 버스도 있고, 지방 대회에서 선발된 선수들이 타고 온 소규모 클럽들의 미니버스도 있었다. 그러다 하일리에를 찾았는데, 인연이 있는 여러 클럽 사람들과 인사를 나누느라 정신없이 바빠 보였다. 모요스포츠 보조 에이전트로서 하일리에는 아직 매니지먼트 계약을 맺지 않은 상위권 선수들과 이야기를 나눠보고 싶어 했다. 하지만 다른 보조 에이전트들도 많아서 최고의 선수를 확보하기 위한 경쟁이 만만치 않은 것 같았다. 하일리에는 내가 왔다는 걸 진행 요원들에게 알리고, 시키는 대로 하라고 당부했다.

알아보니 나는 두 군데에 들러 내 배번호판에 서명을 받아야 했고, 그러려면 햇볕 아래에 20분은 족히 줄을 서 있어야 했다. 평소에는 거의 모든 훈련이 오전 8시 이전에 끝났기 때문에 25도의 날씨 속에서 직사광선 아래를 달리려니 낯설게 느껴졌다. 관련 절차를 처리하고 난 뒤 파실과 하일리에를 다시 만나 함께 조깅을 했다. "메세렛 코치는 지금 메브랏 하일 클럽 사람들이랑 있어요." 하일리에가 말했다. "마이클한테 굉장히 빠를 거라고 한 번 더 일러두래요. 정말, 얼마나 빠른지 깜짝 놀랄 거라고요. 다들 빠를 거라고 마음 단단히 먹고 있어도, 막상 시작되면 진짜 놀랄 거예요." 하일리에와 함께 본 10000미터 경기가 떠올랐다. 그 경기는 완주한 선수보다 중도 탈락자가 더 많았다. "저 출발선에 설 선수들 중 자기한테 우승 가능성이 없다고 생각하는 선수는 마이클뿐일 거예요. 다들 전력으로 뛸 거고, 중도 탈락도 많을 거예요. 그러니 따라 달리려고 하지 말고, 그냥 먼저 가게 두세요."

벌써 많은 사람이 스파이크슈즈를 신고 있었고, 워밍업을 마무리하는 중이었다. 보폭으로 보나 속도로 보나 이 선수들이 먼저 가게 두는 건 어렵고 말고 할 것도 없을 것 같았다. 스파이크슈즈로 갈아 신고 나니, 생각보다 빨리 모이라는 안내가 내려왔다. 모든 선수의 번호를 최종 확인한다고 했다. 순위 욕심 없이 참가한 대회였음에도 나는 극도로 긴장했다. 출발선에 선 다른 선수들의 폭발 직전의 에너지가 나에게도 전해졌다. 들판은 길고 완만한 경사를 이루고 있었다. 우리는 들판 아래쪽에 마련된 150미터 너비의 출발선에서 출발해 약 1킬로미터 길이의 오르막을 직선으로 오르게 돼 있었다. 땅은 바위처럼 단단하고, 곳곳에 마른 풀 뭉치가 튀어나와 있었으며, 뜨거운 태양이 머리 위로 내리쬤다. 1년 전 스코틀랜드의 폴커크에서 열렸던 크로스컨트리 대회가 온통 진흙과 진눈깨비로 뒤덮여 있었던 것과 비교하면 정반대였다.

총성이 울렸다. 메세렛의 말은 하나도 틀리지 않았다. 앞의 선수들이 해안으로 순식간에 밀려와 부서지는 파도처럼 출발했다. 나는 더없이 훌륭하게 그 선수들이 먼저 가도록 내버려두는 데 성공했다. 처음 10미터 구간부터 간격은 벌어졌고, 들판 정상에 다다랐을 때 나는 최소 50미터가량 뒤처져 있었다. 워치를 확인하니, 내 페이스는 1킬로미터에 3분을 조금 넘기고 있었다. 앞선 선수들은 날듯이 빠르게 오르막을 오르고 있을 것 같았다. 나는 침착하려 애쓰며 내 리듬을 계속 유지했고, 들판 정상에 이른 뒤 출발점으로 돌아가는 완만한 내리막길을 달리기 시작하자 마음이 조금 놓였다. 관중을 지나칠 때 간간이 '아이조, 파렌지!' 즉 '힘내라, 외국인!'이라는 소리가 들렸다. 동정 어린 말투였지만, 약간은 깔보는 듯하기도 했다. 다른 경기에서와 마찬가지로, 나는 내가 노력할 수 있는 범위를 가늠해봤다. 그 범위를 넘으면 곤란해진다는 걸 알기에, 선 안쪽에 머물기 위해서였다. 고지대에서는 훨씬 더 어려운 일이었다. 고지대에서는 약간이라도 문제가 생기면 금세 큰 문제로 발전하고, 다시 선 안쪽으로 되돌아오기는 더더욱 힘들다.

메세렛 코치가 내 옆을 달리며 외쳤다. "마이클! 집중!" 더 빨리 달리라는 건지, 아니면 더 천천히 달리라는 건지, 혹은 그저 집중하라는 건지 알 수 없었다. 행여나 이 고도에서 달리는 게 기대만큼 힘들지 않을까 봐 코스 곳곳에 가로놓아둔 통나무 두어 개를 피하며 달리다 보니, 어느새 한 바퀴를 다 돌고 다시 힘겨운 오르막 구간의 시작점에 도달해 있었다. 고개를 들어 경사면을 바라보니, 끝에서 두 번째 선수와의 거리가 언덕 정상에서보다 가까워진 것 같았다. 산소 부족이나 어떤 착시 현상 때문일 거라고 생각하면서, 나는 무리하지 않으며 언덕을 올랐다. 나는 고개를 숙이고 메세렛이 말한 대로 '집중'했다. 그리고 고개를 다시 들었을 때는, 그랬다, 그 선수는 나와 더 가까워져 있었다.

아드레날린이 잠깐 솟구쳤지만, 즉시 스스로에게 진정하라고 말했다. 내 목표는 노력을 고르게 분배해 선두 그룹이 여섯 바퀴를 뛰는 동안 다섯 바퀴를 완주하는 것이었다. 하지만 언덕 정상에서 나는 그를 거의 따라잡았다. 그가 몸을 돌려 나를 흘끗 보더니 몸을 낮춰 왼쪽의 테이프 아래로 빠져나갔다. 그러곤 고개를 숙인 채 출발선 쪽으로 터덜터덜 걷기 시작했다. 하일리에가 이런 일이 생길 수도 있다고 미리 언질을 줬던 게 떠올랐다. 자신이 마지막이라고 생각하며 달리다 파렌지에게 추월당하게 되면 그보다 더 모욕적일 수 없을 것이다. 하일리에는 에티오피아 국내 대회에서 중도 탈락자가 많은 이유가 있다고 했다. "상금을 받을 순위에 들지 못할 것 같으면 경기를 중단하기도 하거든요. 다른 날을 위해 체력을 아껴두는 거예요."

슬쩍 왼편의 들판 중앙을 보니, 한 바퀴 만에 이미 꽤 많은 선수가 출발선으로 돌아가는 중이거나 바닥에 엎드려 있었다. 하일리에의 말처럼 이들에게는 중도 포기에 대한 부끄러움이 없었다. 그들은 자신이 아직 이 수준에서 경쟁할 준비가 돼 있지 않다는 사실을 받아들이고, 결단을 내리는 것이다. 그냥 계속 달리는 건 큰 의미가 없다는 것이었다. 그 후 몇 바퀴 도는 동안 나는 일정한 페이스를 유지하며 끝에서 두 번째 선수를 몇 명 더 따라잡았는데, 모두 내가 처음 따라잡았던 선수와 똑같이 반응했기 때문에 나는 계속해서 마지막 주자였다. 첫 번째 바퀴에서는 페이스 조절에 상당히 신경 써야 했지만, 시간이 지나면서 점점 더 의식적으로 노력할 필요가 없어졌다. 오히려 일정한 보폭에서 벗어나는 게 불가능하게 느껴졌다. 내 몸이 일종의 자기 보존적 자동 조종 모드에 돌입하기라도 한 것 같았다.

그래도 가끔씩 다른 선수를 따라잡으면 기분이 좋았다. 절반 정도 달린 시점에서 선두 그룹과 얼마나 멀리 떨어져 있는지 계산해보려고 했다. 내가 출발선이자 결승선에 해당하는 지점으로 돌아왔을 때 선두 그룹은 언덕 정상에 가까워져 있었고, 여전히 1킬로미터 이내로 앞서 있다는 걸 알 수 있었다. 계속 이렇게 달릴 수만 있다면 결승선까지 완주해도 될 것 같았다. 내 임무는 크로스컨트리 경주자가 아니라 제한 시간을 넘기지 않기 위해 싸우는 울트라 마라톤 선수의 임무에 더 가까웠다. 입이 바짝바짝 마르고 땀에 젖은 어깨의 피부가 타들어가는 것 같았다. 스파이크슈즈를 신고 단단한 땅을 달리다 보니 발바닥이 점차 아파왔다. 그런 건 내게 익숙한 크로스컨트리 달리기의 감각이 아니었다.

언덕 정상에 다다를 즈음, 힘겹게 싸우고 있는 또 한 명의 뒤처진 선수가 가까워졌다. "아이조, 파렌지!" 경주로 옆에 서 있는 사람들이 마치 후렴구처럼 계속 외쳤다. 그런데 이제는 그 말에 조금 더 힘이 실려 있는 듯했다. '가라, 파렌지!' 여전히 일말의 동정이 섞여 있었지만, 포기하지 않고 달리는 나를 향한 존중의 뜻도 어느 정도 담겨 있는 것 같았다. 또 한 번 통나무를 넘어야 할 때마다 내가 얼마나 지친 상태인지 실감할 수 있었다. 통나무에 발끝이 걸려 거의 넘어질 뻔하기도 했다. 다시 출발선/결승선

구역으로 돌아왔을 때는 이미 기진맥진한 데다 더 이상 동기 부여가 될 만한 선수도 찾을 수 없었다. 남아 있는 선수들은 힘차게 달리고 있거나 멈춰 있거나 둘 중 하나였다. 마지막 두 바퀴는 외로운 시간이 될 것 같았다.

다섯 번째로 언덕을 오를 때 멈추고 싶은 마음이 강하게 들었다. 그럴 만한 이유도 충분했다. 오늘 경기가 잘 풀리지 않은 선수들은 이미 모두 포기했고, 나는 그저 내가 해야 한다고 들은 대로 움직이고 있을 뿐이었다. 사실, 이쯤에서 멈추는 게 가장 합리적인 선택일 터였다. 하지만 나는 그러지 않았다. 높은 고도와 부족한 산소 탓에 판단력이 흐려진 것 같기도 했다. 그 와중에 애초에 왜 이 경기에 출전하기로 했을까 자책하고 있었다. 영국의 교수이자 시인, 달리기 선수인 토머스 가드너Thomas Gardner는 경주 도중 겪게 되는 이 같은 흔들림을 다음과 같이 아름답게 묘사했다.

거의 모든 경주에서 결국 한 번은 길을 잃게 된다. 눈을 뜨고 보니 곤경에 처해 있다는 것을 깨닫는다. 심박수가 급격히 올라가고, 자신감이 무너진다. 불현듯 내면은 기준점을 잃고 어떻게 해야 할지 몰라 허둥대다, 자신을 출발선에 세운 자기 자신과 에고를 향한 익숙한 증오에 잠식된다. 속도를 늦추며, 자신을 책망하게 된다.

대부분의 선수가 이 느낌에 공감할 것이다. 가드너처럼 나 역시 '거의 모든' 경주에서 이런 느낌을 받았다. 예외는 정말 잘한 경기들뿐이었다. 준비가 충분하다고 믿었으나 아니었다는 걸 깨닫는다. 가드너의 말에 따르면, '이런 속도로, 이런 세계에서 경쟁할' 준비가 돼 있지 않은 것이다. 그럼에도 이런 '고비'를 이겨내는 과정, 가드너가 훨씬 유려하게 표현한 그 경험은 정말 보람차다. 다시 가드너의 말을 인용하면 다음과 같다.

신체에는 한계가 있고, 우리의 손끝은 우리가 사랑하는 모든 것 앞에서 서툴다. 그러나 '하나의 형刑을 피해 또 다른 형으로' 계속해서 나아가 거기에서 무엇을 만들 수 있을지 생각해보라. 우리의 이야기는 가장 낙심하는 순간, 가장 생생히 살아난다. 그렇지 않다면 왜 달리기를 계속하겠는가? 왜 매년, 다시 달리기 위해 그곳으로 돌아가겠는가?

경주 그리고 일반적인 달리기가 사람에게 주는 영향이 결국 이런 게 아닐까 싶다. 모든 경주에는 승자보다 패자가 훨씬 많기 때문이다(그리고 에티오피아에서는 모두가 우승을 목표로 달린다). 또한 잘 뛰었더라도 여전히 좀 더 나은 성과를 바라는 것이 인간의 본성인 듯하기 때문이다. 실망의 반대편에는 희망이 있고, 우리는 늘 더 나은 자신을 상상하며 앞으로 나아가기 때문이다. 개인 최고 기록을 달성한 사람들과 수없이 대화를 나누며, 그들이 '조금 더 빨리 뛸 수 있었을 텐데'라며 아쉬워한다는 사실을 알게 됐다. 우리는 결코 쉽게 만족하지 않는다. 그래서 우리는 매주, 매년 다시 도전한다.

다시 잔메다로 돌아와, 2:03:34의 기록으로 훗날(2019) 두바이 마라톤 챔피언이 되는 게타네 몰라가 선두에서 빠르게 달리고 있었는데, 내가 다섯 번째 바퀴를 다 돌았을 때는 이미 언덕을 상당히 내려온 상태였다. 나는 너무 뒤처지지 않고 무사히 다섯 바퀴째를 마쳐 조금 안도할 수 있었다. 한 바퀴 차를 내지 않는 것이 목표였으므로, 사실상 이것으로 나는 승리한 셈이었다. 나는 어려운 고비를 이겨냈고, 이제는 마지막 바퀴를 돌며 나 자신을 조금 더 밀어붙이는 과정을 즐기기로 결심했다. 제33회 잔메다 국제 크로스컨트리 대회에서 꼴찌를 할 거라면, 고개를 들고 당당히 그렇게 하고 싶었다.

마침내 결승선을 통과한 나는 하일리에, 파실, 메세렛을 찾았다. 나는 무릎에 손을 올리고 숨을 몰아쉬었다. 파실이 내 어깨에 팔을 두르며 말했다. 그는 벌써 앞일을 생각하고 있었다. 내가 꼴찌라는 건 안중에도 없는 것 같았다. "여기서 1년 동안 제대로 훈련하면, 내년에는 우리 둘 다 여기 와서 정말 빨리 달릴 수 있을 거예요." 누가 봐도 파실은 이미 게타네 몰라처럼 이 들판을 빠르게 도는 자신의 모습을 상상하며 앞으로의 훈련 계획을 구상하고 있었다. 우리는 하일리에가 주니어 경기가 끝난 이후로 대화를 나누고 있던 작은 체구의 선수, 아세파 테페라와 함께 이동했다. 데브레비르한 대학 클럽에서 온 선수로, 이날 8킬로미터 경기에서 3위를 차지했다. 3년이 채 지나지 않아 모요스포츠 소속으로 오사카 마라톤에서 2시간 7분을 기록하며 우승하게 될 선수였다. 하지만 이때의 그는 아직 그 사실을 몰랐다. "오늘 모든 게 달라졌어요." 그가 나지막이 말했다. "정말 행복해요."

6

지그재그로 정상에 오르다

베코지에서 돌아온 뒤 나는 베누아의 집에서 나와 코테베의 하일리에가 사는 합숙소로 이사했다. 코테베는 아디스 중심에서 5킬로미터 떨어져 있었다. 우리는 내 이사를 기념해 작은 파티를 열었고, 하일리에가 근처 시장에서 양 한 마리를 샀다. 양은 이따금 긴장한 듯 소리를 내며 부지 한쪽 구석에 하루 종일 서 있었다. 다른 선수들이 도착하자 양은 곧바로 처리됐고, 30분도 채 안 돼 커다란 철제 솥에 담겨 장작불 위에 올려졌다. 그날 오후 먹지 않을 고기는 바나나 잎에 싸서 이웃에게 나눠줬다. 부지 바닥에 깔아둔 고추가 햇볕에 붉게 말라 있었다. 이 고추들을 갈아 에티오피아의 혼합 향신료인 베르베레에 넣는다고 했다. 우리는 몇 시간 동안 앉아 달리기와 올해 각자 참가하고 싶은 대회에 대해 이야기했다. 이때쯤 나는 달리기 선수들 사이에서 쓰이는 암하라어는 어느 정도 구사할 수 있는 수준이었다. 인터벌 훈련°의 세부 내

° 고강도 달리기와 저강도 달리기를 교대로 하는 훈련.

용과 아디스 각 지역에서 훈련할 때의 장단점에 대해서도 논할 수 있었다. 하지만 여전히 달리기와 관련 없는 일상 대화를 하는 데는 어려움이 있었다.

이윽고 우리는 어떻게 하면 내 달리기 실력을 끌어올릴 수 있을지에 관한 이야기로 넘어갔고, 역시나 결론은 '경험을 통해 배워야 한다'였다. 다른 기술과 마찬가지로 에티오피아에서 달리기는 도제식 교육을 필요로 했다. 파실과 함께 달리며 그로부터 숲에 대해 배우려면 나는 파실뿐 아니라 파실이 주로 함께 훈련하는 체댓과도 함께 달려야 했는데, 파실이 체댓으로부터 기술을 배우는 중이었기 때문이다. 체댓의 제자의 제자가 돼야 하는 셈이었다. 당시 체댓은 에티오피아 밖에서는 거의 알려지지 않은 선수였지만, 에티오피아 내에서는 명성이 대단했다. 에티오피아 육상연맹이 1부 리그 선수들을 대상으로 주최하는 경기에서 최근 두 차례 우승한 참이었다. 에티오피아의 최정상급 프로 선수들이 계약상 최소 연 2회 그 같은 대회에 출전해야 하는 점을 고려하면, 체댓의 실력이 압도적이라는 걸 능히 짐작할 수 있었다.

에티오피아에서는 국내 대회와 국제 대회의 개념이 유럽이나 미국에서 일반적으로 인식하는 것과 사실상 거의 반대였다. 파실은 이렇게 말하기도 했다. "해외에 가보면 에티오피아 선수는 기껏해야 예닐곱 명이고, 케냐 선수도 몇 명뿐이에요. 나머지는 그냥 즐기면서 달리는 사람들이고요." 얼마나 많은 에티오피아 클럽 소속 선수들이 이 관점에 동의할지는 모르겠지만, 일단 계속 들어봤다. "하지만 에티오피아에서 경기에 나가면 수백 명의 강한 선수들과 맞서 싸워야 하죠. 그리고 체닷은 그 경쟁에서 이기는 법을 알아요."

에티오피아에서 선수의 명성은 단순히 경기 성적만으로 형성되지 않았다. 도시 곳곳에서 이루어지는 특정 훈련 세션의 기록 또한 중요한 요소로 작용했다. 사람들이 '아스팔트 훈련' 코스라고 부르는 도로가 두 군데 있었는데, 두 도로 모두 1킬로미터마다 도로변에 흰색 기둥이 세워져 있었다. 하나는 코테베에서 센다파까지 아디스 동쪽을 향해 기복을 이루며 뻗어 있는 도로로, 도시를 벗어날수록 오르막 구간이 더 많아졌다. 재정이 탄탄하고 선수들에게 적절한 급여를 지급하며 자체적으로 버스도 운영하는 프로 선수단과 1부 리그 클럽은 모두 새벽 일찍 이 도로로 이동해 왕복 30킬로미터를 달리는 고강도 훈련을 실시했다. 다른 하나는 세베타를 지나는 곳으로, '불과' 해발 2200미터에 위치한 비교적 평탄하고 속도를 내기에 좋은 도로였다.

에티오피아의 달리기 커뮤니티는 긴밀한 네트워크를 이루고 있어, 만약 누군가 센다파 30킬로미터 코스에서 두각을 나타내면 왓츠앱과 페이스북을 통해 순식간에 그 소식이 퍼졌다. 거의 모든 선수가 금요일 아침마다 이 아스팔트 훈련을 하는데, 일주일 중 유일하게 도로에서 훈련하는 시간이기도 했다. 주요 대회가 가까워질 때면, 금요일 오전 9시 무렵부터 하일리에와 그룹의 다른 선수들에게 속속 메시지가 도착했다. 그러면 하일리에는 주머니에서 휴대전화를 꺼내 들고 휘파람을 불었다. "그 선수 알죠? 준비된 것 같네요." 두바이든 프랑크푸르트든 로테르담이든,

다가오는 대회를 위한 준비가 끝났다는 뜻이었다. 체닷은 센다파에서 30킬로미터를 1시간 31분에 주파한 적이 있었고, 그 정도 기록을 낼 수 있는 사람은 거의 없었다. 아직 대형 대회에 출전할 만큼의 입지를 다지지는 못했지만, 일단 기회를 잡으면 그가 어떤 성과를 낼 수 있을지 모두가 알고 있었다.

체닷은 20세에 키는 152센티미터로 에티오피아 선수들 사이에서도 작은 편에 속했다. 그는 경기 막바지에 쉴 새 없이 움직이는 자기 다리의 속도만큼이나 말투가 빨랐다. 다음 날 아침 가로등 불빛이 드문드문 비추는 돌길을 걸어 올라가며, 그는 왜 우리가 해가 뜨는 6시도 채 안 된 새벽 5시 30분부터 만나 코테베가 내려다보이는 숲을 향해 가야 하는지 설명했다. 그는 아디스 안팎에서 수많은 선수가 강도 높은 훈련을 하고 있기 때문에 언제, 어디에서 훈련할지, 그리고 누구와 함께 훈련할지 신중하게 선택해야 한다고 했다. 날이 밝기 전 차가운 공기 속에서 달리기 시작하면 땀을 흘리느라 '너무 많은 에너지를 잃는 일'을 피할 수 있기 때문에 자신과 파실 그리고 우리 그룹의 다른 선수들도 이 시간에 훈련하는 것이라고 했다. 숲까지 20분 정도 걸어가면 해가 떠오를 무렵에 도착할 터였다. "처음에는 아주 천천히 달리다가, 날이 밝고 기온이 올라가기 시작하면 속도를 높일 거예요." 그가 말했다. 금요일 아침 도로에서 믿기지 않을 만큼 빠르게 달리기 위해서는, 일주일 내내 믿기지 않을 만큼 느리게 달려야 했다.

이렇게 일찍 일어나면 아침과 점심 식사를 준비할 시간도 충분했고, 오후 훈련 시간이 될 때까지 긴 낮잠도 잘 수 있었다.

선수들은 이를 최고의 기량을 발휘하는 데 요구되는 '컨디션', 즉 건강 및 체력의 섬세한 상태(기력 소진과 활력 사이의 어딘가)를 유지하는 데 매우 중요한 일로 여겼다. 체닷은 제때 집에 돌아가 아침으로 달걀과 아보카도를 챙겨 먹고 점심 전에 두어 시간 정도 더 잠을 자려고 했다. 결국, 겉보기에 달리기 외에는 특별한 일이 없어 보이는 날도 일정이 꽤 빠듯하게 짜여 있었다.

숲에서 달릴 때는 주변 환경의 영향을 그대로 받았다. 우리도 숲과 함께 서서히 깨어날 수 있을 것 같았다. 숲 가장자리에 도착하자, 체닷이 가볍게 성호를 긋고 뛰기 시작했다. 이 의식이 없었다면, 걷기와 달리기의 차이를 거의 알아차리지 못할 뻔했다. 처음 몇 킬로미터는 속도 변화가 거의 없었는데, 사방이 어두워 앞이 잘 안 보였기 때문에 다행스러운 일이었다. 어제 강도 높은 훈련을 하고 온 체닷은 오늘 훈련이 가벼운 달리기라는 점을 계속 강조했다. 피로한 근육을 풀어주는 하나의 방법으로 생각하는 것 같았다.

오늘 아침 우리가 달리는 숲 구역은 유칼립투스나무 사이로 수백 개의 길이 교차하며 나 있었다. 수천, 수만 번 오간 사람들의 발걸음으로 만들어진 길이었다. 나라면 무심코 이 길들을 따라갔겠지만, 체닷은 의도적으로 그 길들을 피해 나무 사이의 덜 다져진 땅을 골라 밟으며 새로운 경로로 달렸다. 나무 사이를 이리저리 누비며 달릴 방법은 무한히 많았고, 그것이 이 숲에 그토록 많은 길이 생겨난 이유일 터였다. 하늘에서 내려다보면 이 길들이, 유칼립투스나무가 군데군데 박힌 거대한 격자무늬처럼 보일 것 같았다.

　문득 영국의 인류학자 팀 잉골드의 글이 머릿속을 스쳤다. 그에 따르면 우리가 달리는 이 길은 단지 우리의 발걸음이 땅 위에 남긴 흔적일 뿐 아니라, 우리의 호흡이 공기 중에 남기는 흔적이기도 했다. 이 길들은 '애스퍼레이션aspiration'의 두 가지 의미 모두에 해당하는 길이었다. '무언가 이루고자 하는 희망과 포부'를 뜻하는 동시에, '숨을 들이마시는 행위'를 뜻했다. 미국의 자연 작가 배리 로페즈Barry Lopez라면 이 길들을 '숨결의 통로corridors of breath'라고 불렀을 것이다. 체닷은 나무들 사이의 좁은 틈을 유연하게 빠져나갔고, 이슬에 젖은 유칼립투스나무 잎이 우리의 얼굴과 팔을 스쳤다. 이른 아침 공기는 멘톨 향이 스며들어 있기라도 한 듯, 산소 부족과 함께 가슴속을 시원하면서도 얼얼하게 만들었다. 우리는 해가 떠오르는 동안 30분에 걸쳐 해발 200~300미터를 올랐다. 그러나 체닷이 나무 사이를 이리저리 가로지르며 부드럽게 경사면을 올랐기 때문에 오르막을 오르고 있다는 느낌조차 거의 들지 않았다.

　잉골드는 이러한 움직임을 '행로wayfaring'라 부르며, 금요일의 아스팔트 훈련처럼 두 지점을 최단 거리로 연결하는 '운송transport'과 구별했다. 그에 따르면 운송은 특정 목적지에 도달하는 것만을 목표로 하는 선형적 과정으로, 우리의 경우 이는 주어진 두 지점을 최대한 빠르게 이동하는 것을 의미했다. 반면 행로는 움직임 자체를 중시하는 개념으로, 환경과 더욱 깊이 관계 맺으며 '행위 속에서 깨닫는 앎knowing-in-action'을 형성하는 과정이었다. 잉골드는 '행위가 얼마나 강렬하고 유연한가'에 따라 지식이 함께 성장한다고 설명했다. 에티오피아 선수들은 이를 분명히 알고 있었고, 의식적으로 자신의 몸에 대한 지식과 숲에 대한 지식을 쌓아가고 있었다.

메세렛 코치에게 에티오피아의 달리기 선수들이 숲을 얼마나 중요하게 여기는지 물었을 때, 그는 웃으며 '모르겠어요?'라는 듯한 표정으로 두 손을 들어 보였다. 메세렛은 아디스아바바 대학에서 스포츠 과학 석사 학위를 받은 전문가였다. "선수들은 더 높은 숲속을 달릴수록 그곳 나무들한테서 더 많은 에너지를 끌어올 수 있다고 믿어요." 이 말은 에너지가 유동적이며 전이될 수 있다는 개념을 암시하고 있었고, 에티오피아에 머무는 동안 나는 이것이 어떤 믿음인지 더 생생히 알게 됐다. "과학적으로 생각해서 그렇다는 게 아니고요." 그가 덧붙였다. 하지만 미국 소설가 리처드 파워스Richard Powers가 《오버스토리The Overstory》에서 언급했듯, 어떤 의미에서는 선수들이 옳았다. "생명의 비밀은 이렇다. 식물이 빛과 공기, 물을 섭취하고, 그렇게 저장된 에너지가 모든 것을 만들어내며, 모든 것을 가능하게 한다." 그리고 그 에너지는 당연히 세계 최고의 선수들을 달리게 하는 연료도 될 터였다.

50분을 달렸는데도 체닷과 파실, 나는 여전히 출발 지점에서 불과 3킬로미터 남짓 떨어져 있었다. 우리는 한 번 지나온 길을 되짚으며 지그재그로 움직였고, 비탈을 따라 바로 오르지 않고 에돌아 달렸다. 나무 사이의 좁은 틈을 헤치며 지나가느라 종종 거의 멈춰 서다시피 했다가 다시 속도를 내기도 했다. 우리는 끊임없이 방향을 바꾸고, 단단하게 다져진 땅을 피해 달렸다. 그 덕분에 도로에서 직선으로 달릴 때 근육에 반복적으로 가해지곤 하는 부담을 피할 수 있었다. 숲이 끝나는 곳으로 돌아왔을 땐 어찌 된 일인지 내 다리가 출발할 때보다 훨씬 더 가벼워져 있었다. 체닷에게 왜 이렇게 지그재그로 달리는지 묻자, 그가 씩 웃으며 대답했다. "에티오피아식 도핑이라고나 할까요! 이렇게 달리면 부상 위험 없이 더 많이 뛸 수 있어요."

　이 지그재그 훈련 방식을 처음 고안한 코치가 누구인지 궁금해, 나중에 메세렛에게 물어봤다. 그랬더니 '코치들의 아이디어가 아니다'라는 대답이 돌아왔다. "아무래도 우연히 생긴 거라고 할 수 있겠네요. 어떤 계획이나 목표를 갖고 숲을 지그재그로 달리기 시작한 사람은 없지만, 자연스럽게 다들 그런 방식으로 훈련하게 됐고, 그게 선수들이 크로스컨트리에서 강해지는 데 큰 도움이 된 거죠." 이 훈련 방식이 '의도치 않게' 탄생했으며, 선수들 스스로 직관적으로 발전시켜왔다는 점이 상당히 흥미로웠다. 메세렛이 자신의 전문성보다 선수들의 경험을 더 존중하는 모습 또한 인상적이었다. 지그재그 달리기 방식은 분명 에티오피아 선수들의 훈련에 중추적인 요소였으며, 코치들이 주입한 것도, 스포츠 과학자들이 개발한 것도 아니었다. 숲이라는 환경과의 상호작용 속에서 형성된 이곳 특유의 훈련 기법으로, 선수들 사이에서 자연스럽게 전수돼온 것이었다.

　그런데 확실히 지그재그 달리기가 환경, 즉 아디스의 숲으로부터 유도된 행동처럼 보이긴 했으나, 그 숲이 원래부터 존재

하던 게 아니라는 점도 흥미로웠다. 아프리카의 농업과 환경을 연구한 역사학자 제임스 C. 매캔James C. McCann에 따르면, 19세기의 판화, 사진 그리고 여행자의 기록을 바탕으로 볼 때 과거에는 북쪽의 안코버에서부터 아디스까지 황량한 평야가 펼쳐져 있었다. 1970년대 이후 이 도시를 찾은 방문객에게 익숙한 푸른 숲은 사실 20세기에 형성된 것이라는 뜻이었다. 메넬리크 2세의 통치 기간에 세인트 조지 대성당 인근에 심은 것이 에티오피아 최초의 유칼립투스나무였다. 보다 최근인 2019년 7월 29일, 에티오피아는 단 하루 동안 3억 5363만 3660그루의 나무를 심으며 세계 기록을 세우기도 했다. 에티오피아 정부의 혁신기술부 장관 게타훈 메쿠리아가 발표한 공식 수치였다. 오늘날 선수들이 훈련하는 아디스 주변의 울창한 숲 역시 약 1세기 전에 이루어진 비슷한 녹화 사업의 결과물이라고 할 수 있었다.

환경운동가 그레타 툰베리Greta Thunberg와 조지 몽비오George Monbiot는 나무 심기와 같은 '자연 기반 기후 해결책natural climate solutions'에 더 많은 관심을 기울여야 한다고 촉구했다. 식물이 자라면서 막대한 양의 이산화탄소를 흡수할 수 있기 때문이다. "공기 중의 탄소를 빨아들이고, 비용도 거의 들지 않으며, 스스로 작동하는 마법 같은 기계가 있어요. 바로 나무죠." 몽비오는 《가디언》과 함께 제작한 짧은 영상에서 이렇게 말했다. 그런데 유칼립투스나무 조림은 생태적 관점에서 그다지 성공적인 사례로 평가되진 않는다. 유칼립투스나무는 지하수위를 낮춰 다른 종의 나무에게 불리한 환경을 조성하기 때문이다. 유칼립투스나무는 사실상 빠르게 자라고 땔감으로 쓰일 수 있다는 이점 때문에 심겼다. 하지만 20세기 초 진행된 대규모 조림 사업은 에티오피아 달리기 선수들에게 예상치 못한 엄청난 이점을 안겼다.

숲에서 천천히 걸어 나오는 동안 파실이 어젯밤에 꾼 꿈 이야기를 했다. 꿈에서 어느 양복 입은 남자가 메쿠안트에게 달러 지폐를 한 움큼 건넸고, 우리 그룹의 다른 선수는 빈손으로 그 모습을 바라보고 있었다는 내용이었다. "가혹하네요." 체닷이 고개를 저으며 말했다. 꿈에 나온 두 선수 모두 지금 마라톤 대회에 참가하느라 중국 우한에 가 있었고, 둘 다 이번 대회가 자신의 커리어에 전기가 되기를 바라고 있었다. "파실의 꿈은 꼭 현실이 돼요." 체닷이 의미심장하게 말했다. 그리고 아니나 다를까, 오후가 되자 하일리에게 소식이 들어왔다. 메쿠안트는 3위로 결승선을 통과해 1만 달러의 상금을 받았지만, 다른 선수는 경기를 완주하지 못했다고 했다. 이것이 바로 에티오피아의 마라톤 세계였다. 누군가에게는 어마어마한 돈을 벌 기회를 주지만, 경쟁이 치열해질수록 그 기회를 잡기란 더욱 어려웠다.

에티오피아에 처음 왔을 때 나는 선수들과 함께 달리면서 자연스럽게 인터뷰를 해보려는 계획이었다. '굿짐GoodGym'○의 창립자 이보 곰리Ivo Gormley의 다큐멘터리 영화 〈더 러너스The Runners〉에서 힌트를 얻은 것이었다. 그는 자전거 트레일러에 단 작은 플라스틱 의자에 앉아 런던의 빅토리아파크를 뛰는 사람들

○ 운동과 사회봉사를 결합한 단체.

을 인터뷰했다. 곰리는 사람들이 달리는 동안에는 낯선 이에게도 쉽게 마음을 연다는 점을 발견했다. 심지어 '지금 사랑하는 사람이 있나요?' 또는 '가장 소중하게 생각하는 건 뭔가요?' 같은 질문에도 망설임 없이 대답이 돌아왔다. 그는 달리기가 심리적 장벽을 허물고 사람들을 보다 솔직하게 만든다는 사실을 깨달았다. 달리고 있는 사람들은 '그들의 발걸음, 호흡 그리고 집중 상태로 인해' 질문에 서슴없이 반응하게 되는 것 같다는 것이었다. 그러나 에티오피아에서는 보통 일렬로 줄을 지어 달렸고, 대화보다는 손가락을 튕겨 신호를 주고받는 방식이 통용되고 있어, 이 인터뷰 방법을 실행에 옮기기는 어려웠다.

그래서 대신 나는 가슴에 액션 카메라를 장착하고 우리가 숲속을 달리는 모습을 촬영했다. 나는 이들이 경로를 어떻게 선택하는지 궁금했다. 이들은 내가 혼자 달린다면 결코 선택할 리 없는 경로로 움직였기 때문이다. 한번은 숲 훈련을 마치고 돌아오는 길에 파실의 새 거처에 들러 촬영한 영상을 함께 돌려봤다. 파실은 이제 우리와 함께 살지 않고, 코테베 외곽의 미완성 주택에서 지내며 그곳을 지키는 일을 해 한 달에 600비르(약 17파운드)를 받고 있었다. 이 지역에는 공사가 중단된 건물이 꽤 많았고, 콘크리트 뼈대에 층 사이로 철근이 위태롭게 솟아 있었다. 파실은 사람들이 건축 비용을 과소평가하는 경우가 많아, 결국 예산이 바닥나면서 공사가 중단되는 일이 많다고 했다. 파실의 일은 공사가 재개될 때까지 시멘트 포대와 기타 건축 자재가 도난당하지 않도록 지키는 것이었다. 파실은 이따금 한밤중에 마당 둘레의 철판이 울리는 소리에 깼고, 그러면 손전등을 들고 건물 2층으로 올라가 침입자가 있는지 확인해야 했다. 파실의 당면 목표는 1부 리그 클럽 선수로 선발돼, 우리 그룹의 다른 선수들처럼 급여를 받는 것이었다. 그러면 밤에 편히 잠을 잘 수 있을 테니까. 현재 파실은 적잖이 불리한 조건 속에서 다른 선수들을 따라잡아야 한다는 쉽지 않은 도전을 하고 있었다.

파실의 방은 골함석으로 지은 마당 한쪽의 작은 공간이었다. 안에는 침대와 트렁크가 놓여 있었고, 한쪽 벽을 차지한 암하라어 문구가 적힌 화려한 색감의 커다란 예수 그림 외에는 별다른 게 없었다. 나는 침대 가장자리에 앉아 이번 주 초에 함께 뛰었던 달리기 훈련에 대해 설명해달라고 했다. 처음에 파실은 뭘 말해달라는 건가 싶어 어리둥절해하며 일단 내 질문에 장단을 맞췄다("아, 맞아요. 거기서 왼쪽으로 돌았죠? 앞에 양 떼가 나타나는 바람에 피하려고요"). 하지만 대화가 계속되자, 파실은 숲속에서의 달리기를 새로운 비유로 풀어내기 시작했는데, 우리가 영상을 보지 않았다면 생각해내지 못했을 내용이었다.

"잘 보면, 우리가 아주 조심스럽게 달리고 있어요. 그리고 제가 돌이 어디 있는지 알려주고 있고요. 꿈꾸는 곳으로 가려면 신중해야 하니까요." 한동안 영상은 어안렌즈 특유의 왜곡된 모습으로 잡힌 파실의 등을 비췄다. 빽빽이 들어찬 나무들 사이를 헤치며 나아가는 중이라, 파실 둘레로 초록색 유칼립투스나무 잎이 쉴 새 없이 반짝이며 지나갔다. "그런데 숲에서 언제나 달리기 좋은 길을 찾을 수 있는 건 아니에요." 파실이 말을 이었다. 영상속 우리는 크고 작은 바위가 흩어져 있는 가파른 경사면에 다다랐다. "특히 다른 사람을 따라서 달리다 보면 전혀 예상하지 않은 커다란 언덕을 만나기도 하고요." 파실은 잠깐 말을 멈추고 생각하는 듯했다. 영상의 그는 이제 왼쪽과 오른쪽을 가리키며 나에게 바위를 어떻게 피해야 하는지 알려주고 있었다. "달리기는 그래요. 달린다고 해서 원하는 걸 단번에 이룰 순 없어요. 성공하기까지 여러 번 오르막도 오르고 내리막도 내려가야 해요."

우리는 말없이 계속해서 영상을 봤다. 파실이 나무들 속으로 사라졌다가 다시 나타났고, 우리는 쟁기로 갈아엎은 밭을 깊은 고랑을 피해 조심스럽게 건넜다. 이내 다시 바위가 널린 경사면이 나왔다. "보세요. 숲을 지나서 갈아놓은 밭, 바위가 나오고, 또 밭, 다시 숲으로 돌아와요." 이 과정에서 우리는 가파른 비탈을 가로지르거나 오르내렸다. "한 번 달리는 데도 이렇게 많은 오르막이랑 내리막이 있어요. 달리기가 본래 그런 거예요. 하지만 계속 이렇게 달리다 보면, 힘든 시간이 끝이 나요." 파실이 화면을 가리키며 다시 말했다. "이렇게요. 이렇게 계속 위로 올라갔다, 아래로 내려왔다 하다 보면요."

파실은 분명 우리가 숲 훈련에서 마주하는 '오르막과 내리막', 나무 사이의 좁은 길과 흩어져 있는 돌 같은 예상치 못한 장애물에 빗대 달리기 선수로서의 커리어를 말하고 있었다. 파실은 불확실성과 위험을 단순히 훈련의 필연적 요소가 아니라 성공으로 가는 길에서 반드시 거쳐야 하는 난관으로, 그것도 요령을 발휘해 적극적으로 헤쳐 나가야 하는 난관으로 봤다. 숲은 이들이 자신의 선수 여정을 성찰할 수 있는 공간이었다. 파실에게 쟁기질한 밭을 가로질러 달리는 순간은, 어릴 적 삼촌 밭에서 소를 몰아 쟁기질을 하며 1년을 보내고 밀 세 통을 받던 시절을 떠올리게 했다. 숲은 또 달리는 이들에게 꿈을 꾸게 하는 공간이었다. 하일레 게브르셀라시에 같은 위대한 선수들과 막 달리기를 시작한 파실 같은 선수들을 이어주는 공통분모였다. 모두가 신기록을 세우고 수십만 달러의 상금을 거머쥘 순 없었다. 그러나 모두가 숲에서 방대한 시간을 보냈다.

　숲에는 선수들이 달리며 낸 수천 개의 길이 있지만, 내가 파실과 하일리에, 체닷과 함께 달리는 길은 매번 달랐다. 우리는 대략적인 방향이나 탐험하고 싶은 숲의 일정 구역을 염두에 두고 달렸다. 그리고 항상 얼마나 달리고 싶은지에 대한 감각을 갖고 있었다. 그 외에는, 실제로 어떤 경로로 달려 나갈지는 앞장서는 사람에게, 그리고 어느 정도는 숲 자체에 달려 있었다. 우리의 달리기는 언제나 나무들 사이를 가로지르는 독창적인 길을 개척하고 새로운 경험을 만들어내려는 시도의 연속이었다. 무엇보다도, 달리기를 지루하지 않게 만들기 위해서였다.

　에티오피아에 오기 전 에든버러에서 달릴 때는 꽤 지루한 루틴으로 달렸다. 하지만 그 방식도 그 나름대로 만족스러웠다. 장거리 달리기를 할 때면 거의 항상 유니언 운하와 리스강을 따라 왕복으로 달렸다. 그리고 단거리를 달릴 땐 둘레가 2.4킬로미터 정도 되는 평평한 메도파크The Meadows를 반복해서 돌곤 했다. 에티오피아에 온 지 몇 달이 지나고 나서도 가끔 늦잠을 잤다

(여기서 늦잠이란 오전 6시 이후까지 자는 것이다). 그런 날 숲 초입에 서면 무심코 예전 습관대로 눈에 익었거나 사람들이 많이 다닌 길을 따라, 지난번과 같은 경로로 달리곤 했다. 나는 또 파실이나 하일리에, 체닷은 거의 가지 않는 더 넓은 길로 발걸음이 향하곤 했다. 그런 길은 어디로 달려 나아가야 할지 고민할 필요가 없기 때문이었다.

혼자 달릴 때도 그들의 숲속 달리기 방식을 따라 하려면, 나도 모르게 익숙한 방식으로 달리려는 내 습관과 맞서 싸워야 했다. 달리기의 지루함과 단조로움을 극복하는 것은 에티오피아 선수들에게 중요한 문제였고, 메세렛 코치도 늘 고민하는 부분이었다. 한번은 '달리기란 그 자체로 일종의 고통'이라고 웃으며 말했다. "사람을 있는 대로 기진맥진하게 만들잖아요. 어떤 느낌인지 알죠? 정말 지치죠. 혼자 달리다 보면 결국 포기하고 싶은 순간이 와요. 처음에는 가끔씩 그런 순간이 찾아오다가 결국 오늘도, 내일도 그 생각만 하게 돼요. 매일 계속되는 반복이 너무 지루하니까요. 축구 선수는 누구나 공을 향해 달리잖아요. 축구 선수는 항상 눈앞에 있는 공을 보고 뛰어요. 그런데 달리기는요? 달리기에는 바라볼 대상이 없어요. 오로지 자기 내면에 비전이 있어야만 달릴 수 있다고요."

숲에서 늘 새로운 길을 모색하고, 예상치 못한 흥미로운 경로를 제시할 수 있는 다른 이들과 함께 달리는 이유 중 하나는 결국 지루함을 떨쳐내기 위해서다. 이는 곧 주변 환경을 탐색하는 호기심을 갖고 달리는 게 중요하다는 뜻이기도 했다. 새로운 숲을 지그재그로 오르내리며 나무 사이를 따라갔다 다시 되돌아오는 식으로 움직이다 보면, 달리는 시간이 10분쯤 더 걸릴 수도 있었다. 그러다 보면 목표했던 80분은 '어느덧' 지나 있고, 집으로 돌아갈 시간이 된다. 이런 식의 달리기에는 예기치 못한 즐거움의 여지가 있다. 이는 매일 똑같은 경로를 반복해서 달릴 때는 경험하기 어려운 요소였다.

연구를 시작한 지 약 6개월쯤 지나 단기 휴가로 에든버러에 돌아갔을 때, 나는 자연스럽게 메도파크에서 이 방식으로 달렸다. 수많은 오솔길이 얽혀 있는 이곳에서, 일정한 길을 반복해 도는 대신 길 양옆의 풀밭을 따라 달리며 끝에서 되돌아 나오는 식으로 지그재그로 움직였다. 그러자 단순히 한 바퀴를 돌 때보다 시간이 거의 세 배는 걸렸다. 무엇보다도, 나는 이렇게 달리면 더 오래 달릴 수 있다는 걸 깨달았다. 자주 함께 달리는 내 친구 마크는 메도파크를 달리는 방법이 두 가지 뿐이었는데 이제 세 가지가 됐다고 농담을 했다. 하나는 아일랜드 출신의 세계적인 육상 및 크로스컨트리 선수 댄 멀헤어의 이름을 따 '멀헤어 방식'이라고 부르는 것이었다. 그는 일주일에 100마일(약 160킬로미터)을 같은 방향으로만 도는 것으로 알려져 있었다. 그리고 또 한 가지는 그 반대 방향으로 달리는 방식이었다. 마크는 이제 세 번째 방식, '크롤리 방식'이 생겼다며 웃었다. "너처럼 그냥 마음대로 달리는 거지."

숲은 또 보다 압박이 따르는 강도 높은 형태의 훈련에서 벗어나 재충전을 할 수 있는 공간으로 인식됐다. 에티오피아에서 오후 시간에는 우리가 얼마나 느리게 달리는지, 가끔 숲 바닥에서 땔감으로 쓸 마른 나뭇잎을 줍느라 바삐 움직이는 여자들이 우리를 앞질러 갈 정도였다. 이런 달리기는 어디까지나 치유의 한 형태이자 심신의 회복을 돕는 과정으로 인식됐으며, 본격적인 훈련으로 간주되지 않았다. 처음 에티오피아에 도착했을 때는 GPS 워치가 그다지 눈에 띄지 않았지만, 이내 그 시계가 다른 나라에서 홍보되거나 쓰이는 방식과는 상당히 다르게 활용된다는 걸 알게 됐다. 어느 날 오후, 아침에 한 고된 훈련의 여파로 아직까지 뻣뻣한 다리를 이끌고 언덕을 올라 숲으로 향하던 중 젤레케가 몇 주 전 중국 푸저우 마라톤에서 2위를 하며 받은 워치를 보여줬다. "여길 보면 어제 1600칼로리를 소모했다고 나오는데, 솔직히 그걸 어떻게 다시 보충해야 할지 모르겠어요."

젤레케는 너무 강도 높은 훈련으로 인해 '잃는 것'이 없도록 값비싼 수입 식품을 사기 시작했다고 했다. 그 식품들은 포장지에 칼로리 함량이 표시돼 있었기 때문이다. 이 문제를 우려하는 선수는 에티오피아에 머무는 내내 만날 수 있었다. 지나친 훈련을 하다 스스로를 '소진'시키는 상황이 올까 봐 걱정하는 것이었다. 다른 곳의 사람들은 보통 워치를 보고 자신의 속도를 확인하거나 칼로리 소모량을 보고 뿌듯해하지만, 젤레케는 숲에서 자신이 얼마나 '천천히' 달릴 수 있는지 확인하는 용도로 워치를 썼다. 우리 셋은 숲 입구에 서서 5분 동안 GPS 신호가 잡히기를 기다렸다(지난 5년간 나는 얼마나 많은 길모퉁이와 공원에 서서 이렇게 신호를 기다렸나, 문득 궁금했다). 마침내 신호가 잡히자 젤레케는 워치를 작동시켰고, 우리는 익숙한 일자 행렬을 이루며 숲을 가로지르기 시작했다.

우리는 말없이 달렸다. 세 사람의 재킷이 스치는 소리와 여섯 개의 지친 발이 바닥을 쓸며 나아가는 소리뿐이었다. 그러다 갑자기 '삑' 소리가 울렸다. 젤레케가 자기 손목을 흘끗 보더니 웃으며 외쳤다. "7분 12초!" 그날 이후 우리는 40분 동안 얼마나 적게 달릴 수 있는지를 시험하는 일종의 게임을 하게 됐다. 그러나 워치를 갖고 나서 얼마 지나지 않아 젤레케는 점차 아디스의 다른 지역으로 달리러 가기 시작했다. 예를 들면 센다파의 농지 같은 곳이었는데, 그곳에서는 같은 힘을 들여도 '킬로미터가 더 쉽게 쌓이기 때문'이라고 했다. 젤레케는 GPS 워치를 쓰면서 실제로 달리는 방식과 장소가 변하게 된 경우였다.

그런데 어떤 날엔 선수들이 GPS 워치를 정해진 방식대로 활용하는 것 자체를 거부하기도 했다. 우기가 한창이던 어느 날, 우리는 엔토토산에서 버스 창문을 타고 흘러내리는 빗방울을 바라보며 날이 밝기를 기다리고 있었다. 하늘색의 두툼한 아디다스 방수 재킷을 입은 메세렛 코치가 몸을 돌려 앉으며, 오늘 훈련은 '보통 강도'로 진행될 거라고 설명했다. 메세렛은 우리 그룹에서 공동으로 사용하는 가민 워치를 주머니에서 꺼내 GPS를 작동시켰다. 이 시계는 세션마다 다른 선수에게 돌아가며 맡겨졌다. "지금부터 여러분 모두 1시간 20분 동안 훈련을 진행하길 바랍니다." 메세렛이 말했다. "남자 선수들은 17~18킬로미터, 여자 선수들은 14~15킬로미터 정도 달리면 되겠네요." 오늘 여자 선수들의 페이스메이커로 활동하게 된 테클레마리암은 개인적으로 워치를 가지고 있었다. "남자 선수들 용으로는 보갈레 선수에게 워치를 맡기겠습니다." 후드를 뒤집어쓰고 고개를 숙인 채 내 앞에 앉아 있던 보갈레는 천천히 얼굴을 들고 눈을 비볐다. 그러더니 손으로 창문에 서린 김을 닦아내고 안개 낀 바깥을 내다봤다. 오늘 아침, 그가 숲 훈련을 이끌어야 했다. 우리는 마지못해 버스에서 내려 빗속으로 들어섰고, 메세렛은 '킬로미터 수는 마지막에 확인하겠다'고 했다.

이런 아침 훈련에서는 정확히 언제부터 훈련이 시작됐다고 콕 짚어 말하기가 어려웠다. 우리는 두세 명씩 흩어져 천천히 숲으로 들어갔다. 대부분은 달리기에 앞서 마지막으로 화장실을 다녀오고, 일부는 수다를 이어갔다. 몇 명이 짝을 이뤄 나무 사이를 거닐던 무리가 차츰 하나의 긴 줄로 모인다. 그 선두에는 보갈레가 서 있었고, 아마도 바로 이 순간 보갈레가 시간을 재기 시작하지 않았을까 싶다. 우리는 언덕 경사면을 따라 완만한 지그재그로 움직였다. 보갈레는 수시로 급하게 방향을 틀며 지나온 길을 다시 되짚었다. 곧 유칼립투스나무 사이로 떨어지는 차가운 빗물에 흠뻑 젖었지만, 우리는 계속해서 극도로 느릿한 페이스로 달렸다.

보갈레는 나무가 촘촘한 골짜기로 우리를 이끌었고, 그 바람에 하이에나 두 마리가 왼쪽 비탈 위로 허둥지둥 달아났다. 선수들은 흥분해서 함성을 질렀다. 이런 일이 그다지 드문 일은 아닌 듯했지만, 몇몇은 혹시 모를 상황에 대비해 돌을 집어 들기도 했다. 가빠졌던 심박수가 차츰 정상으로 돌아왔고, 나는 이번 훈련에서만큼은 절대 낙오하지 않겠다고 속으로 다짐했다. 다행히도 숲을 지나는 내내 여유로운 속도가 유지됐다. 이렇게 신중히 나무 사이를 누빈 지 30분가량 흐르자, 한 선수가 이 속도로는 17킬로미터를 채울 수 없다는 걸 깨닫고 보갈레에게 외쳤다. "너무 느려요! 더 빨리 뛸 수 있는 쉬운 길을 찾아야 할 것 같아요!" 보갈레는 유유히 대꾸했다. "이건 숲 훈련이잖아요. 오르내리면서 달려야죠." 우리는 계속해서 보갈레의 속도대로 달렸다. 덕분에 나는 앞서 달리는 체닷의 '발을 따라 달리는 것'에만 집중할 수 있었고, 드디어 무리 속에서 거뜬히 흐름을 타며 달리는 즐거움을 맛봤다.

보갈레는 묵묵히 나무 사이를 헤치며 앞으로 나아갔다. 그러다 한 시간이 지나서야 뒤쪽을 향해 외쳤다. "60분 채웠어요!" 이윽고 우리는 버스를 세워둔 공터에 다다랐고, 그제야 보갈레는 다리를 쭉쭉 뻗으며 달리기 시작했다. 그렇게 우리 행렬은 아코디언처럼 앞뒤 간격이 벌어졌다 좁혀들었다 하며 마지막 10분에 걸쳐 들판을 달렸다. 마침내 1시간 20분이 지나자, 보갈레는 속도를 늦추며 메세렛에게 다가갔다. "코치님, 시계에 문제가 있는 것 같아요. 오늘 뛴 거리가 기록이 안 됐어요." 내 시계를 확인해보니 오늘 우리는 15킬로미터도 채 달리지 않았다.

이날은 미리 정한 속도에 맞춰 달리거나 시계가 주는 압박을 의식하며 달리는 게 어울리지 않는 날이었다. 엔토토산은 숲 곳곳에 자리한 수많은 교회 덕분에 특별한 힘이 깃든 곳으로 여겨졌다. 미국 하프 마라톤 남자 기록 보유자인 라이언 홀°을 만났을 때, 그는 '교회가 많아서인지, 거기에서는 신과 한층 가까워지는 기분이 든다'며 엔토토산을 세상에서 가장 좋아하는 달리기 장소로 꼽았다. 하지만 동시에 보갈레의 말처럼 그 숲에서는 무엇보다도 '오르내리는 것'이 중요했다. 산의 경사면을 직관적으로 활용하면 관절에 가해지는 부담을 덜고 부상 위험을 낮출 수 있었기 때문이다.

나는 선수들이 GPS 워치를 선별적으로 활용한다는 게 흥미로웠다. 가민 워치의 대표적 광고 슬로건은 '어제를 이겨라Beat Yesterday'로, 자본주의와 기하급수적으로 빨라지는 속도, 발전, 가속의 관계를 단적으로 보여줬다. 하지만 에티오피아 선수들에게는 '어제의 나를 이기는 것'이 언제나 가능한 게 아니며, '느림'이 속도를 구성하는 핵심 요소 중 하나라는 사실이 명확했다. 트레킹 기기를 활용해 삶의 여러 측면을 개선하고자 하는 '수치화한 자아 운동quantified self movement' 지지자들에게 GPS 워치 같은 기술은 일상적 의사 결정의 부담을 더는 데 도움을 준다. '수치화한 자아 운동' 창시자인 게리 울프Gary Wolf는 《워싱턴 포스트》와 한 인터뷰에서 이렇게 말했다. "데이터야말로 가장 신뢰할 수 있는 것이다. 내적 확신이 오히려 우리를 오도한다고 생각하는 이들도 있다."

자기 추적 기기에 대한 글을 쓴 사회과학자들은 대체로 프

○ 2007년 라이언 홀이 수립한 기록은 2025년 1월 코너 맨츠가 경신했다.

랑스 철학자 미셸 푸코Michel Foucault가 발전시킨 '자기 테크놀로지technologies of the self' 개념을 끌어들여 논의를 전개했다. 이는 '자신의 신체와 영혼, 사고, 행동 그리고 존재 방식을 스스로 조정하며 자기 자신을 형성하고 변화시키는 과정'을 의미한다. 그런데 에티오피아에서 이러한 기기는 '자기 자신'만을 위한 도구에 그치지 않고, 타인과의 관계 속에서도 중요한 역할을 했다. 이 기기들은 공유되며, 개인이 아닌 그룹 전체의 페이스를 조절하는 데 사용됐다. 그리고 선수들은 결코 GPS 워치를 자신의 '내적 확신'보다 더 신뢰하지 않았다. 그들은 이 기기를 필요에 따라 창의적으로 활용했다. 속도를 높일 때만큼이나 줄일 때도 사용했고, 숲에서 달릴 때는 대부분 아예 집에 두고 나왔다.

    스포츠에서 성공의 열쇠는 생리적 특성을 정확히 측정하고 모든 불확실성과 변수를 제거하는 데 있다는 생각은, 내가 아는 에티오피아 선수들 사이에서는 받아들여지지 않았다. 마라톤 2시간의 벽을 깨기 위해 진행된 여러 프로젝트에 대한 기사가 소셜 미디어를 통해 선수들에게 활발히 공유되고 있었다. 처음으로 스포츠 과학자 야니스 피칠라디스가 주도한 다소 체계적이지 못했던 '서브 2' 프로젝트가 있었고, 이어서 2017년 나이키가 전방위적으로 기획하고 지원한 '브레이킹 2' 프로젝트가 있었다. 그리고 마침내 2019년 '이네오스 1:59 챌린지'가 그 벽을 깨는 데 성공했다. 하지만 늘 일정 정도의 회의적 시선이 따라붙었다. 개인적으로 나는 이 프로젝트들이 육상 부문에 대한 전문성을 대개 백인 스포츠 과학자와 스포츠웨어 디자이너들의 영역으로 한정 짓는 것이 불편했다. 예를 들어 브레이킹 2 프로젝트 관련 보도를 보면, 선수들의 지식과 기량보다 '과학과 기술의 투입'이 더 부각돼 있었다.

브레이킹 2 이벤트 영상 중간에는 'MD 퍼포먼스 엔지니어'로 소개된 필 스카비Phil Skiba 박사의 인터뷰가 나온다. "제 목표는 (선수들이) 스스로도 알지 못했던 가능성을 깨닫게 하는 것입니다. '내 안에 숨겨진 능력은 무엇인가?' 그게 핵심이에요." 또 다른 영상에서는 나이키스포츠연구소의 수석 생리학자인 브렛 커비Brett Kirby 박사가 이렇게 말했다. "선수들을 연구실로 불러 모은 뒤 말했죠. '지금부터 철저한 테스트를 통해 당신한테 어떤 잠재력이 있는지 알아볼 거예요.'" 오랜 시간을 달리기에 쏟으며 다른 선수들에게서 배우고 성공을 꿈꿔온 선수들보다 연구실에 있는 누군가가 그들의 '잠재력'을 더 잘 알 거라는 발상은 내가 아는 선수들로선 전혀 납득할 수 없는 이야기였다.

나이키의 과학자들은 브레이킹 2 프로젝트를 설명할 때 '엔진'이나 '연비' 같은 표현을 사용하며 인간의 신체를 모터에 비유했다. 그런데 그들이 진행한 실험과 그 실험을 보여주는 이미지, 예컨대 마라톤 세계 기록 보유자이자 올림픽 챔피언인 엘리우드 킵초게○가 산소 소비량 측정을 위해 마스크를 쓰고 있는 사진 등은 오해를 불러일으킬 수 있는 것이었다. 이 모든 실험은 2시간

○ 2023년 시카고 마라톤에서 켈빈 킵툼 선수가 2시간 35초로 달리며, 킵초게의 2:01:09 기록을 깨고 세계 기록을 경신했다.

마라톤이라는 목표가 정해진 '후에' 이루어졌으며, 실제 경기 자체와 무관했기 때문이다. 이 도전의 핵심 구상은 애초에 케냐의 킵초게, 에티오피아의 렐리사 데시사, 에리트레아의 제르세나이 타데세, 이 세 선수가 가능한 한 오래, 2시간 내 마라톤 완주가 가능한 페이스를 유지하며 달리는 것이었다. 당시 렐리사는 보스턴과 두바이 마라톤에서 우승한 경력이 있었고, 제르세나이는 다섯 차례 세계 하프 마라톤 챔피언 자리에 오른 데다 세계 기록도 보유하고 있었다. 그럼에도 실험이 지나치게 강조되는 탓에 마치 과학자가 선수보다 더 진정한 전문가인 것처럼 보였다. 카메라의 초점이 킵초게로부터 그의 뒤편에서 스톱워치를 들고 있는 사이클리스트로 이동되는 순간, 이 경기를 중계하던 한 해설자는 이렇게 말했다. "킵초게의 어깨너머로 자전거를 탄 과학자들이 스톱워치를 보며 서로 대화를 나누는 모습이 비치고 있습니다. 이 가능성을 여는 열쇠는 그야말로 과학이 아닌가 싶군요." 나는 2시간 마라톤을 향한 도전이 러닝 전반에 긍정적 영향을 줬다고 생각한다. 킵초게가 2019년 10월 '이네오스 1:59 챌린지'로 1:59:40를 기록한 날 밤 나는 한 펍에 있었는데, 의외로 많은 사람이 그 이야기를 나누고 있었다. 나는 '우리 모두가 러너가 돼 함께 달리기를 바란다'는 킵초게의 생각에도 전적으로 공감한다. 내가 문제 삼고 싶은 것은 선수들의 노력을 희석하는 방식으로 전문성이 해석되는 양태였다.

에티오피아 생활이 끝나갈 무렵, 하일레 게브르셀라시에가 에티오피아 육상연맹의 회장으로 임명된 걸 반기며 어느 젊은 달리기 선수가 내게 말했다. "과학은 우리 에티오피아 사람들에게 맞지 않아요. 과학자는 기록에 대해 몰라요. 과학자가 달리기를 하는 것도 아니잖아요. 마음과 다리가 하나가 되지 않으면 달리기란 불가능해요." 이런 생각은 엘리우드 킵초게의 철학과도 맞닿아 있었다. 킵초게는 자주 '달리기는 사고思考'라고 말했다. 하지만 이 프로젝트들은 선수들의 체화된 전문성보다 프로젝트를 후원하는 측의 전문성을 강조하는 경향이 있었다. 브레이킹 2 프로젝트에 참여한 세 명의 선수는 마치 이 프로젝트에 믿음과 '정신'이라는 근본적 요소만을 제공하는 존재인 것처럼, 나이키의 과학자들이 개입해 연구할 수 있는 다듬어지지 않은 신체적 특성을 지닌 이들로 그려졌다. 에티오피아 선수 렐리사 데시사에 대해 한 해설자는 '정말 밝은 선수'로 묘사하며, "그가 이번 도전에 그 정신을 불어넣어줄 것으로 기대한다"라고 코멘트하기도 했다. 그리고 영상에는 에리트레아 선수 제르세나이 타데세가 '최선을 다하면 신이 도울 것'이라고 말하는 장면이 포함돼 있었다.

영상 내 선수들의 개인 워치는 물론, 그들이 몸으로 익힌 시간과 리듬 감각마저도 나이키가 제공하는 더욱 발전된 타이밍 기술 앞에서 구식으로 묘사됐다. 실제로 제르세나이가 도전이 시작될 때 자신의 시계를 켜자(많은 선수들이 경기를 시작할 때 자연스럽게 하는 습관적 행동이다), 이를 본 중계진이 웃음을 터뜨렸다. "제르세나이 선수가 출발에 앞서 시계를 작동시키는 모습이 눈길을 끕니다"라는 해설도 나왔다. "지금 이곳에 마련된 최첨단 타이밍 장비들을 완전히 신뢰하진 않는 것 같네요." 마치 시간에 관해 나이키가 제르세나이로서는 도저히 따라잡을 수 없는 수준의 전문성을 갖추고 있다는 듯한 인상을 줬다. 하지만 이 프로젝트를 취재할 기회를 얻은 극소수의 저널리스트 중 한 명인 앨릭스 허친슨 Alex Hutchinson은 이 프로젝트에서 시도된 많은 과학적 개입이 신뢰성이 부족하다는 평가를 받았다고 지적했다. 연구진은 '킵초게의 주법을 예측하는 것이 어렵다'는 걸 깨달았는데, '그가 이 테스트를 위해 연구실을 찾은 날이 생전 처음으로 러닝머신에서 뛴 날이었기 때문'이다. 허친슨은 킵초게가 '상당히 불편해 보였다'고 전했다.

　　허친슨에 따르면, 오리건에서 렐리사의 훈련량을 모니터링하던 스포츠 과학자들은 렐리사가 착용한 워치의 GPS 데이터로 확인된 그의 엄청난 훈련량에 놀라움을 표했다. 이 사실을 하일리에게 말하자, 그는 얼굴을 찌푸리며 '그렇지만 아마 항상 시계를 차고 있었던 것도 아닐 거'라고, 마치 너무도 당연한 일인 듯 말했다. 렐리사는 어느 시점에는 다른 선수들에게 시계를 빌려줬을 것이고, 또 일부 훈련은 시계 없이 하기도 했을 것이다. 젤레케, 체닷을 비롯한 여러 선수는 2시간 마라톤이라는 목표에 흥미를 보이면서도 자신들의 선수 생활에 미칠 영향을 경계했다. 마라톤 최고 기록이 현실적으로 도달 가능한 범위를 넘어설수록, 대회에서 특정 기록을 충족해 추가 보상을 얻거나 브랜드 후원을 받기 위해 선수들이 달성해야 하는 기록 기준도 덩달아 높아졌다. 기록만을 강조하는 분위기는 선수들의 육체적 부담을 가중시키고, 번아웃 위험을 높이며, 선수들이 도핑의 유혹을 느낄 가능성을 증가시킬 수 있다는 점이 이미 지적됐다.

　숲을 지그재그로 가로지르고 다양한 지형과 경사면을 활용하는 능력을 기르는 것은, 시계에 맞춰 달릴 줄 아는 것만큼이나 달리기 선수로서 전문성을 키우는 데 필수적인 요소로 여겨졌다. 직관적이고 창의적으로 달리는 것, 그리고 속도보다 느낌에 집중해야 할 때를 파악하는 것은 다른 모든 것의 토대가 되는 중요한 기술이었다. 체닷이 강조하듯, 관절에 가해지는 부담을 줄이고 반복되는 동작을 최소화하는 방식으로 달리면 더 많은 훈련을 할 수도 있었다. 그리고 이는 때때로 선수들이 상상을 초월하는 일을 해내도록 이끌었다.

7

미친 건

좋은 거야

"아랏시에서 정말 많이 뛰게 될 거예요." 비르하누가 각오하라는 듯 말했다. 비르하누 아디시에는 에티오피아 북부 산악 지대 곤다르의 암하라 수자원 건설공사가 후원하는 소규모 클럽을 거쳐, 모요스포츠 그룹에 가장 먼저 합류한 선수 중 한 명이었다. 에티오피아에서 가장 높은 산인 해발 4550미터의 라스다셴 바로 근처에서 자랐고, 상금 일부로 가족이 관광객을 라스다셴산 정상으로 안내하는 트레킹 사업을 시작할 수 있도록 도왔다. 같은 클럽 출신인 아베레와 셀라미훈도 그의 추천을 받아 모요스포츠와 계약했다. 비르하누가 마라톤 훈련에 대해 이야기하는 걸 들은 나는 로마 마라톤을 준비하는 그의 훈련을 일부 함께하고 싶다고 말했다. 그는 잠시 생각하더니, '파실도 같이하는 게 좋겠다'고 말했다.

"왜 하필 파실이에요?" 내가 물었다.

"파실은 미쳤으니까요."

"그게 좋은 거예요?"

"좋죠, 당연히." 그가 장난스럽게 웃으며 대답했다.

3주 동안 한 번도 달리지 않고 체중이 5킬로그램이나 불었던 상태에서, 단 5주간의 훈련으로 마라톤을 2시간 9분대에 뛰는 게 어떻게 가능했을까?° 비르하누는 직전 두 경기에서 중도 탈락했고, 훈련 중에는 몇 차례 놀라운 모습을 선보이긴 했으나, 이 수준에서 성공하는 데 요구되는 투지를 다소 잃어버린 듯 보였다. 6개월 전 상하이 마라톤에서는 초반 5킬로미터를 경이롭지만 무모할 정도로 빠른 13분 32초로 주파했으나, 결국 오래 버티지 못했다. 내가 그 경기에 대해 묻자, 비르하누는 도로에서 올라오는 '수증기' 때문에 다리에 문제가 있었다고 했다. 비르하누의 다음 경기는 나이지리아에서 있었다. 그 경기를 앞두고 비르하누와 그의 친구 아베레에게 컨디션을 물었다. 아베레는 "힘든 경기가 될 것 같지만, 결승선에서 기절하는 한이 있어도 절대 중도 포기하지 않기로 결심했어요"라고 말했다. 비르하누는 "모르겠어요, 마이클. 날씨가 엄청 더울 거라고 하더라고요"라고 답했다. 나는 비르하누의 매니저를 맡고 있는 맬컴에게 그가 자신감을 잃은 것 같아 걱정된다는 내용의 메시지를 보냈다. 아베레는 8위를 기록하며 4000달러의 상금을 받았고, 도로 위 매트에 엎드린 그의 머리 위로 자원봉사자들이 찬물을 붓고 있는 사진이 트위터에 올라왔다. 그는 결국 링거를 맞아야 했지만, 스스로 했던 다짐을 지

○ 비르하누 아디시에는 2016년 로마 마라톤에서 2:09:27를 기록하며 2위를 차지했다.

컸다. 비르하누는 15킬로미터를 조금 넘긴 지점에서 또다시 다리 문제로 인해 경기를 포기했다. 그런데 이번에는 '수증기' 같은 단순한 문제가 아니라 출발선에서 나이지리아 선수 중 한 명에게 걷어차였기 때문이라고 했다. 나중에 비르하누는 말했다. "경기에 나가면 한 가지 이상 집중하기 어려워요. 달리는 것, 자기 몸을 보호하는 것, 더위, 이 모든 걸 동시에 신경 쓸 순 없어요."

하일리에와 나는 히루트 카페에서 나이지리아에서 돌아온 비르하누를 만났다. 비르하누는 피자를 주문했고, 하일리에는 눈썹을 살짝 치켜들었지만 아무 말도 하지 않았다. 비르하누가 이미 풀이 죽어 있었기 때문이다. 비르하누는 이탈리아 음식을 워낙 많이 먹어서 '비르하누 피자'라는 별명까지 얻었을 정도였다. 그로부터 불과 몇 주 전에도 같은 카페에서 나는 비르하누가 엄청난 양의 스파게티 한 그릇을 뚝딱 비운 뒤, 피자까지 포장해 가는 걸 봤다. 그때 비르하누는 카페를 나서는 길에 나를 보더니 멋쩍게 웃었고, "밤에 배고플 수도 있으니까요"라고 묻지도 않은 말을 했다. 우리는 나이지리아 경기에서 있었던 일에 대해 대화를 나눴는데, 비르하누는 경기 전부터 컨디션이 좋지 않았다고 했다. 그는 한 가지 목표에만 집중하는 것, 즉 '마음이 분산되지 않는 것'의 중요성을 이야기했다. 그리고 앞으로 몇 주 동안은 로마 마라톤 외의 모든 걸 머릿속에서 지우겠다고 결심했다.

언덕을 올라 집으로 돌아가는 길, 하일리에는 곧 시작되는 사순절 단식이 긍정적으로 작용할 수 있을 것 같다고 말했다. 에티오피아력 기준으로 부활절까지 이어지는 55일간의 단식 기간°

동안 비르하누에게는 육류와 유제품이 허락되지 않는다. 채소와 곡물을 중심으로 한 소박한 사순절 식단은 상당수가 채식주의자인 정교회 신자들이 특정 단식 기간뿐만 아니라 1년 내내 매주 수요일과 금요일이면 실천하는 식단이었다. 하일리에는 올해 사순절 단식이 비르하누에게 도움이 될 거라고 생각했다. 적어도 이제 피자는 먹지 못할 테니, 일리 있는 말이었다. 게다가 내 생각에 단식이란 식단 조절을 넘어, 심리적 변화도 동반하는 일이었다. 단식은 명확한 단절을 통해 몸과 마음을 정화하고 새롭게 시작할 기회가 될 수 있었다. 그 후 비르하누를 만났을 때 나는 5주라는 기간이 마라톤을 준비하기에 충분한지 물었다. "그 정도면 아주 충분해요. 저처럼 훈련하면 말이죠." 비르하누가 의미심장한 눈빛으로 말했다. "사순절 단식 때문에 훈련이 더 힘들지는 않을까요?" 그러자 담담한 대답이 돌아왔다. "힘든 게 좋은 거예요, 마이클. 이건 마라톤이니까요."

나는 첫 주 훈련은 비교적 가볍게 시작한 뒤 점차 강도를 높여 본격적인 훈련에 적응하는 게 어떻겠느냐고 제안했다. "그룹 훈련이 없는 날에는 매일 두세 시간씩 달릴 거예요." 비르하누가 말했다. "일요일도 포함해서요." 에티오피아 선수들에게 일요일은 원래 쉬는 날이었다. "일요일에는 3시간 달릴 거고요. 3시간 정도가 딱 좋아요." 비르하누가 내일 파실을 만나 아랏시에서 2시간

○ 2016년 로마 마라톤은 4월 10일에 개최됐으며, 2016년 에티오피아 사순절 단식은 3월 7일부터 4월 30일까지였다.

반 동안 뛰자고 말했다. 아랏시는 암하라어 문자 그대로 '4000'을 의미하는데, 그곳의 대략적인 해발 고도를 드러내는 명칭이었다. 실제 고도는 그만큼 높지 않았지만, 언제나 중요한 건 고도 자체가 아니라 그곳이 그만큼 고지대라는 '믿음'이었다. 보통 2주간 지속되는 고지대의 짧은 우기인 벨그Belg가 올해는 예상보다 길어져, 본격적인 우기가 시작될 때까지 계속될 것으로 보였다. 숲의 일부가 점토처럼 끈적이는 붉은 갈색을 띠는 진흙으로 변해 운동화 밑창에 달라붙으면 좀처럼 떨어지지 않았다. 이것이 우리가 아랏시로 가야 하는 또 다른 이유였다. 이런 환경이 훈련을 더욱 힘들게 만들었다. 그리고 힘든 게 좋은 거였다.

다음 날 새벽 6시 무렵, 우리가 파실을 만났을 때는 아직 어두웠다. 나는 파실이 전날 아침에 39킬로미터, 저녁에 9킬로미터를 뛰었기 때문에 꽤 지쳐 있을 거라고 생각했는데, 그는 늘 그랬듯 환한 미소를 지으며 당장이라도 달리고 싶어 몸이 근질거리는 것 같았다. 비르하누는 '파실은 감정이 100퍼센트 드러나는 사람'이라고 말했다. 이런 모습을 보면 확실히 다른 사람들을 이끌며 2시간 반 동안 산등성이를 달리기에 파실만 한 사람이 없었다. "안 피곤해요?" 내가 물었다. "전혀 안 피곤해요!" 파실이 활짝 웃으며 대답했다. 이 말은 파실의 트레이드마크나 다름없었다. 영어로는 네 단어(I am never tired)지만, 암하라어로는 단 한 단어,

'알데케메그넴'이었다. 그 말을 듣자 출발 준비가 된 기분이었다.
 아랏시는 우리 숙소에서 언덕을 따라 20분 정도 걸어 올라가야 했는데, 도착할 즈음엔 벌써 배에서 꼬르륵 소리가 나고 있었다. 우리는 골함석 지붕을 인 건물들 사이의 돌길을 걸었다. 새로 지은 듯한 커다란 건물도 가끔 눈에 들어왔다. 비르하누와 파실은 이 집들이 누구의 집인지 정확히 알고 있었다. 이 중 일부는 에티오피아 항공 조종사들의 집이었다. 그들은 벤츠를 몰았고, 비행 조종으로 버는 돈만큼 면세품 수입으로도 돈을 번다고 했다. 하지만 대부분의 집은 달리기 선수들이 소유하고 있었다. "대단한 곳이네요." 나는 감탄이 절로 나왔다. "하고스 게브리웨트." 파실이 말했다. 하고스는 지난 두 번의 세계선수권대회에서 메달을 획득한 5000미터 선수로, 막판 스퍼트에서 모 파라를 꺾은 몇 안 되는 선수 중 하나로도 유명했다. "저 집은 거의 궁전이나 다름없네요." 나는 커다란 발코니와 눈에 띄게 설치된 보안 카메라 세 대가 있는 3층짜리 집을 가리키며 말했다. "게테 와미." 파실이 웃으며 말했다. 전 10000미터 세계 챔피언이자 베를린 마라톤 우승자인 게테가 폴라 래드클리프와 맞붙은 경기를 봤던 기억이 났다. 모퉁이를 돌 때마다 달리기 세계의 치열한 경쟁 수준과 그에 따른 보상의 크기가 실감 났다.
 언덕을 오를수록 골함석 지붕 건물들이 사라지고 나무 울타리가 나타났다. 길가의 '수크'가 갈수록 더 작아졌다. 수크는 간단한 식료품과 잡화를 파는 비좁은 좌판이었다. 숲이 다가올수록 좌판 크기는 더욱 줄었고, 바나나 가격은 점점 올랐다. 마을에서는 15비르인 바나나가 언덕 중턱에서는 16비르, 숲 바로 앞에서는 17비르였다. 그만큼 이곳까지 바나나를 나르는 일이 쉽지 않다는 걸 말해주는 듯했다. 숲으로 가는 길은 교회 세 곳을 지나쳐야 했는데, 파실과 비르하누는 그때마다 잠시 멈춰 성호를 긋고 고개를 숙인 뒤 속삭이듯 기도했다. 그때마다 나는 뻘쭘해하며 서성거렸다. 교회 앞을 아무런 반응 없이 지나치는 사람은 나뿐이었다. 어제 오후 계절에 맞지 않는 폭우가 쏟아진 터라, 숲에 도착했을 때는 이미 신발 밑창에 점토 같은 진흙이 덕지덕지 묻어 있었다. 파실은 달리기에 앞서 밑창의 진흙을 조심스럽게 긁어냈다. 어차피 앞으로 두 시간 반 동안 진흙길을 달릴 참인데, 굳이 긁어낼 필요가 있을까 싶었다.

늘 그랬듯이 우리는 천천히 출발해 조밀한 나무 사이를 이리저리 휘돌며 나아갔다. 이제는 이런 달리기 방식이 익숙해져서 파실이 갑자기 나무를 빙 돌아 다시 지나온 길로 되돌아가거나 낮게 늘어진 나뭇가지 아래로 몸을 숙이고 들어가며 90도로 방향을 틀어도 당황스럽지 않았다. 우리는 마치 바람을 거슬러 항해하는 배처럼 지그재그로 서서히 긴 오르막을 오르다, 계곡을 향해 달렸다. 이날의 경로는 평소보다도 유난히 험난했다. 파실이 일부러 가장 깊은 진흙탕과 가장 미끄러운 자갈길만 골라 달리는 것 같았다. 우리는 좁고 깊게 파인 골짜기에 다다랐고, 거기서 빠져나올 방법은 족히 3센티미터는 돼 보이는 가시가 잔뜩 돋은 덤불을 헤치며 기어오르는 것뿐이었다. 그러다 결국 가시 하나가 내 정수리에 콕 박혔다. 우리는 튀어나온 나무뿌리를 붙잡으며 조심스럽게 경사를 올랐다. 몇 분쯤 그렇게 가다가 나는 머리의 가시를 빼냈다. 그리고 혹시나 하는 마음으로 물었다. "그냥 저 위에 있는 쉬운 길로 달리면 안 돼요?" 파실이 싱긋 웃으며 어깨를 으쓱였다. 꼭 '그러면 무슨 재미가 있겠어요?'라는 듯이.

 몇 분 더 지나자 슬슬 짜증이 치밀었다. 처음에는 파실에게, 그러다 이내 나 자신에게 짜증이 났다. 이 모든 게 지쳐서라는 걸 알면서도 어쩔 수 없었다. "저는 혼자 저 위로 가서 쉬운 길로 달릴게요." 내가 말했다. "안 돼요, 안 돼요." 파실이 말렸다. "이 근처엔 하이에나가 많아요." 아, 그렇군. 그렇다면 어쩔 수 없었다. 나는 다시 잠자코 파실을 따라 골짜기를 달렸다. 주변의 나무들은 들쭉날쭉하고 비현실적으로 긴 가시로 뒤덮여 있어 점점 더 〈라이온 킹〉의 악역 스카가 지내던 음산한 동굴처럼 보이기 시작했다. 나는 이 숲의 특정 구역은 조심해야 한다는 경고를 여러 차례 들었다. 이 숲에서 혼자 달리던 선수들이 하이에나에게 잡혀갔다는 소문도 돌았다. 그 수는 한 명에서 여덟 명까지 다양했다. 파실은 작년에 숲을 달리다 실수로 혼자 빈터로 뛰어들었다가 순식간에 하이에나 떼에 둘러싸인 적이 있다고 했다. 그는 천천히 뒷걸음질하며 "저는 그냥 달리러 왔어요. 제발 저를 보내주세요"라고 말했다고 했다. 다행히 그 말이 먹혔다고 했지만, 나는 그런 경험은 절대 하고 싶지 않았다. 그러니 진흙탕을 계속 헤치며 달리는 것 외에는 다른 방법이 없었다.

 나는 뒤를 돌아 비르하누의 상태를 살폈다. 그는 차분한 표정으로 마치 떠다니듯 가볍게 뛰고 있었다. 비르하누는 일부러 훈련 난도를 높이려고 트레이닝복을 두 벌 껴입고 있었는데도 이마에 땀 한 방울조차 보이지 않았다. 이제 운동화 밑창에는 진흙이 2센티미터도 넘게 달라붙어 있어, 한 걸음 한 걸음 뗄 때마다 억지로 땅에서 발을 떼내는 느낌이 들 정도였다. 비르하누가 나를 격려하듯 살짝 미소를 지어 보였다. 비르하누가 파실을 우리 훈련의 리더로 세운 게 바로 이런 이유 때문이었을 것이다. 비르하누는 파실보다 훨씬 노련한 선수였다. 암하라 지역 10000미터 대회 우승자이며, 수차례 해외 대회 경험도 갖고 있었다. 당연히 그가 훈련을 주도할 거라고 예상할 만했다. 비르하누가 파실을 선택한 이유는, 그의 표현대로 파실의 '신선함' 때문이었다. 파실은 훈련이 반드시 어떻게 진행돼야 한다는 고정관념 없이 달렸고, 덕분에 그의 방식은 늘 새롭고 흥미로웠다. 우리는 또 한 번 가파른 경사면을 올랐고, 거친 입김이 흐린 아침 공기 속으로 안개처럼 흩어졌다.

　마침내 우리는 트인 공간으로 나왔고, 익숙한 방식대로 조금 더 자유롭게 달릴 수 있었다. 파실은 특히 산 가장자리의 빽빽한 숲에서 훈련을 시작하는 걸 좋아했다. 그곳에서는 매 순간 발을 어디로 내디딜지 신중하게 선택해야 하고, 나무뿌리와 낮게 늘어진 나뭇가지를 재빠르게 피해 지나가야 했다. 그 과정에서 몸이 충분히 풀리면 파실은 조금 더 넓은 곳을 찾아 나서곤 했다. 우리는 점차 빠르게 달렸다. 파실은 나무를 끼고 급격히 돌 때는 몸을 기울이며 달렸고, 보다 평탄한 길에서는 속도를 높였다. 나무가 무성히 늘어선 구간에 들어가거나 돌이 많은 내리막이 나오면 다시 속도를 줄였다. 가장 형세가 험한 숲에서 훈련을 시작한 덕분에 우리는 초반부터 속도를 과하게 내지 않을 수 있었다. 공터에 들어서자, 파실은 보폭을 넓히며 본격적으로 달리기 시작했다. 우리의 훈련은 지나치는 환경에 따라 자연스럽게 파틀렉 훈련이 됐다. 평탄한 길에서는 속도를 높이다가, 다시 숲에 들어서거나 대충 갈아엎어진 밭을 가로질러야 할 때는 다시 속도를 늦췄다.

　주변 풍경은 점점 더 장관을 이루는 것 같았지만, 당연히 나는 그런 걸 감상할 여력이 없었다. 지친 와중에 고개를 드니 멀리 고원 끝자락으로 도시가 아침의 옅은 구름에 휩싸여 있는 것만이 간신히 눈에 들어왔다. 나는 파실의 발을 따라 달리며 '계속 움직이는 것'에만 온 신경을 집중했다. 주변 시야로 빠르게 스쳐 지나가는 들판과 나무들이 어렴풋하게 느껴졌다. 유칼립투스, 유칼립투스, 나무뿌리, 빈터, 가지, 유칼립투스. 하지만 이제 내 의식은 바깥세상이 아니라 온전히 '내면'으로 향해 있었다. 발이 지면에 닿을 때마다 느껴지는 감각. 폐가 내지르는 비명과 다리가 타오르는 듯한 통증. 프랑스 철학자 시몬 베유Simone Weil는 '완전히 순수한 집중은 곧 기도'라고 썼다. 내게 달리기는 언제나 종교적 경험에 가장 가까운 것이었다. 마지막 한 시간은 영원처럼 길게 느껴졌다.

　마침내 우리는 멈췄다. 출발 지점에서 몇 킬로미터 떨어진 곳이었다. 정확히 2시간 반이 지나 훈련이 끝났다. 파실이 몇 분 전부터 시계를 힐끗거리며 확인하고 있었고, 나는 시간이 다 됐다는 걸 분명히 강조했다. 정해진 시간을 몇 초라도 넘기면 파실은 숫자를 깔끔하게 맞춘다며 10분을 추가로 더 달리자고 할 게 뻔했다. 하지만 나는 오늘만큼은 그럴 기분이 아니었다. 그때 파실이 갑자기 기침을 쏟아내기 시작했다. 어제의 피로가 채 가시지 않은 상태에서 마지막 언덕을 오르느라 고생한 사람은 나만이 아니었던 것이다. 파실이 자기 가슴을 두드리며 '아카엘렌', 즉 가슴이 불타는 것 같다고 말했다.

파실과 비르하누는 숨 돌릴 틈도 없이 빠른 스텝 훈련quick-feet drills과 가속 질주 훈련stride drills을 시작했고, 그제야 운동화에 들러붙어 있던 진흙이 사방으로 튀어 올랐다. "그렇게 오래 달려놓고 또 이런 걸 한다고요?" 내가 영어로 물었는데, 비르하누는 알아듣지 못한 듯 "어서요!" 하며 손짓을 할 뿐이었다. 하지만 내 다리는 지칠 대로 지쳐 있었다. 나는 큰 바위에 앉아 두 사람의 마무리 훈련이 끝나기를 기다렸다. 파실은 달리기를 시작한 지 겨우 1년밖에 되지 않은 초보였다. 파실은 희미하게 난 길을 따라 전속력으로 내달렸다. 발 앞꿈치로 땅을 박차며 힘껏 팔을 내저었다. 달리는 자세가 아직 다듬어지지 않은 느낌이 있지만, 이제 막 달리기를 시작한 선수라고는 전혀 생각할 수 없을 정도였다. 비르하누는 빠르게 보폭을 넓히며 부드럽고 효율적으로 달렸고, 그가 '파실의 발을 따라' 달릴 때마다 러닝화 밑창이 순간적으로 드러났다. 두 사람이 완벽하게 발을 맞추며 네 차례 질주 훈련을 하는 동안 길 위로 양치기 소년이 나타났다. 소년은 급히 양을 몰아 길을 터주며 멀어지는 두 사람을 향해 힘차게 응원의 말을 외쳤다.

　시계를 확인해보니 오늘 우리는 1킬로미터에 4분 45초의 페이스로 31킬로미터를 달렸다. 이렇게까지 녹초가 된 것치고는 너무 느린 기록이라고 생각됐지만, 비르하누가 우리가 '오르막과 내리막을 계속 달렸다'는 점을 짚었다. 너무 순화된 표현이었다. 우리는 평탄한 길은 10분 이상 뛴 적이 없었고, 가파른 비탈에서 균형을 잡으려 애쓰며 달린 탓에 정강이 바깥쪽이 욱신거렸다. 비르하누는 권투 선수처럼 발을 번갈아가며 가볍게 뛰고 있었다. 지금까지 달려온 기세 때문에 쉽사리 멈출 수 없는 듯 보였다. 얼굴은 들떠 있었다. "내일은 3시간이에요!" 그가 환하게 웃으며 말했다. "여기 공기가 정말 '좋지' 않아요?"

　에티오피아에 온 뒤로 정말 자주 듣는 말이었다. 선수들은 숲의 어떤 영역에 이를 때면 그곳의 공기가 '좋다'거나 '특별하다'거나 '힘이 있다'고 표현했다. 메세렛 코치는 이를 고도의 영향을 잘못 이해하는 것이라고 평했다. "선수들은 고도가 높아질수록 산소가 더 많다고 생각해요. 그리고 공기 자체로부터 에너지를 얻을 수 있다고 믿고요." 메세렛은 답답하다는 듯 고개를 절레절레 저었다. "에너지의 원천이 음식이라는 걸 이해 못해요. 공기나 나무에서 에너지를 얻을 수 있다고 믿고, 굳이 먹지 않아도 된다고까지 생각한다니까요? 자기들이 식물이라도 되는 줄 알아요!"

　하지만 사실, 나는 선수들도 메세렛만큼 그 원리를 이해하고 있다고 생각했다. 고지에서 훈련을 하면 낮은 산소 농도로 인해 자연스럽게 적혈구 생성 호르몬 분비가 활성화되고, 그에 따라 적혈구 생성이 증가해 혈액의 산소 운반 능력이 커진다. 결과적으로 해발 2500미터의 '낮은' 지대로 돌아오면 훨씬 더 힘이 나는 걸 느낄 수 있는 것이다. 게다가 도시의 번잡함에서 벗어난 그곳에 오르면, 평범한 일상을 초월해 특별한 힘과 연결되는 것 같은 느낌이 들었다. 거기에는 아무도 없었다. 우리와 하이에나뿐. 그래서인지, 뭔가 대담한 일을 하고 있는 듯한 기분마저 들었다. 아주 특별한 무언가를 말이다.

훈련을 마친 곳은 집에서 40분이나 떨어진 곳이었고, 사실 나는 훈련 시작 전부터 이미 배가 고팠다. 파실은 걱정스러운 표정으로 내 어깨를 토닥이며 몇 분 간격으로 같은 질문을 했다. "데카마 자레?" 즉 "오늘 힘들었죠?"라고 물었고, 나는 영어로 대답했다. "당연히 힘들었죠. 굳이 그렇게 험하고 위험한 길을 골라야 했어요? 이렇게 집까지 오래 걸어가야 하는 것도 왜 그래야 하는지 정말 모르겠다고요!" 파실은 피식 웃으며 "아이조, 아이조"라며 포기하지 말고 가자고 할 뿐이었다. 그리고 내 짜증은 언덕을 내려가면서 점점 가라앉았다. 꼭 긴 자동차 여행 중에 칭얼대는 어린아이가 됐던 것 같은 기분이었다. 나는 터덜터덜 걸었다. 하지만 파실은 전혀 지친 기색 없이 힘차게 팔을 흔들며 가볍게 걸었다. 언덕을 내려오던 중 파실은 다정하게 내 손을 잡았다. 에티오피아에서는 남성끼리 손을 잡는 일이 흔했고, 처음에는 놀랐지만 지금은 나도 익숙했다. "아이조." 그가 또 말했다. 이번 훈련은 정말 힘들었지만, 이제 끝났고, 우리는 쉴 수 있었다. 그래, 파실이 무슨 죄가 있겠나. 그저 나보다 강한 것뿐인데. 파실이 내가 영어로 투덜거린 내용을 못 알아들어 다행이었다.

우리는 집에 가기 전, 약하게 발효된 에티오피아의 전통 맥주 텔라를 한 잔씩 하기로 했다. 나는 나무 그루터기에 앉아 잔에 뜬 짚 조각을 건져내며, 조심스럽게 텔라를 홀짝였다. 갈증을 해소하고 싶긴 하지만, 괜히 배탈이 날까 봐 망설여졌다. 그사이 파실은 2리터를 들이켰고, 당장이라도 다시 한 번 뛸 기세였다.

영국의 사이클링 팀인 '팀 이네오스Team Ineos'의 핵심 인물이자 총괄 매니저는 데이브 브레일스퍼드로, 그는 팀 이네오스가 과거 '팀 스카이'였던 시절부터 이 팀을 이끌었으며, 브래들리 위긴스, 크리스 프룸, 게라인트 토머스 그리고 에간 베르날 등이 세계적 사이클 대회 '투르 드 프랑스Tour de France'에서 우승하는 데 중요한 역할을 했다. 데이브는 '작은 향상marginal gains'이라는 개념을 대중적으로 알렸는데, 이는 영양 섭취, 회복, 부상 예방과 같은 부문에서 작은 것들을 조금씩 개선하면, 그것들이 쌓여 결국 눈에 띄는 성과로 이어진다는 내용이었다. 팀 스카이는 선수들이 어디에서 대회를 치르든 항상 특별 제작된 매트리스에서 숙면을 취할 수 있도록 했고, 팀 버스는 사실상 이동식 호텔이자 스파라

○ 팀 이네오스는 2020년 '이네오스 그레나디에르(Ineos Grenadiers)'로 다시 이름을 변경했다.

고 할 수 있었다. 또 영양 전문가를 통해 선수 개개인에게 맞춘 식사를 집으로 배달해줬다. 이들은 훈련 외의 체력 소모를 최소화하고 회복 속도를 높이기 위해 가능한 모든 방법을 동원했다. 이 아이디어는 달리기에도 그대로 적용할 수 있었다. 1마일 미국 기록 보유자인 앨런 웹은 매일 훈련 외에 걷는 걸음 수까지 세며, 훈련이 아닐 때는 최대한 발을 땅에 딛고 있는 시간을 줄이려 했다. 또 선수들은 훈련 직후의 '결정적 20분'에 대한 이야기도 많이 했는데, 스포츠 과학자에 따르면 이 시점에 탄수화물과 단백질을 섭취할 경우 회복 속도를 높일 수 있기 때문이었다.

그렇다면 에티오피아 선수들은 이를 어떻게 받아들일까? 세베타에서 일주일간 훈련을 마치고 돌아오는 길, 교통 체증에 갇혀 도심까지 되돌아오는 데 2시간이 넘게 걸렸다. 메세렛 코치는 이렇게 된 차에 스타디움을 들르는 것이 어떻겠느냐고 제안했다. 아디스아바바 스타디움은 아디스에 있는 유일한 스타디움이라 누구나 그저 '스타디움'이라고 불렀는데, 마침 그곳에서 아디스아바바 10000미터 경기가 열리고 있었기 때문이다. 우리는 오전 10시부터 이루어지는 첫 경기 시작 시간에 딱 맞춰 도착했고, 햇볕 아래 앉아 'A조' 경기와 'B조' 경기를 지켜보고 나니 오전 11시 30분이었다. 우리는 전날 밤 이후 아무것도 먹지 않은 데다 새벽 4시 30분에 기상해 훈련을 끝낸 지는 3시간이나 지난 상태였다. 나는 메세렛을 돌아보며 물었다. "우리 아침 언제 먹어요? 배고파 죽겠어요." 그는 웃으며 내 무릎을 탁 쳤다. "뭐 어때요, 마이클! 이러다 보면 더 강해질 거예요."

'특별한 프로그램'이 없는 날에도 우리는 최소 25분을 걸어 훈련을 가고 돌아왔기 때문에, 다른 나라의 많은 선수들이 중요하게 여기는 '결정적 20분'을 지킬 수 있는 사람은 이곳에 아무도 없었다. 서양 선수들이 자주 마시는 리커버리 음료와 단백질 셰이크도 여기에서는 거의 찾아볼 수 없었다. 부유한 선수들 사이에서는 점차 마시는 사람이 늘고 있는 추세이긴 했다. 이와 관련해 물으면, 대부분의 선수로부터 아베베 비킬라는 인제라와 베소만 먹고도 훌륭한 성과를 내지 않았느냐는 답변이 돌아왔다. 인제라는 팬케이크 같은 빵이고, 베소는 볶은 보릿가루에 설탕이나 꿀 몇 큰술을 넣어 섞은 가장 단순한 에너지원이었다. "우리는 거의 매일 베소를 물에 타서 몇 리터씩 마셔요. 반죽으로 먹으면 에티오피아식 에너지바라고 할 수 있겠네요." 테클레마리암이 말했다.

그렇다면 걷기는 어떤가? 나는 하일리에게 문 밖에서부터 바로 달리기를 시작하는 게 낫지 않으냐고 물었다. 그러면 훈련을 더 빨리 끝낼 수 있을 테니까. "그리고 이렇게 오래 걸어야 하다 보면 오히려 지치지 않나요?" 그는 고개를 저었다. "선수들은 대부분 도로에서 멀리 떨어진 농장에서 자랐기 때문에 몇 시간씩 걷는 게 일상이었어요. 이 정도 걷는 건 아무것도 아니죠." 하일리에는 걷는 것도 결국 추가 훈련일 뿐이라고 말했다. "피곤하면 어때요? 그게 바로 달리기잖아요."

그럼 수면은? 국제 마라톤 대회에서 여러 차례 우승한 영국 선수 폴라 래드클리프는 매일 오후 어김없이 2시간씩 낮잠을 잤다고 했다. 미국 역사상 최고의 장거리 달리기 선수인 갤런 럽은 하루에 총 14시간을 잔다고 알려져 있다. 흔히들 동아프리카 선수들에 대해 '먹고, 자고, 달리기만 할 것'이라고 생각한다. 그러나 내가 함께 훈련한 선수들은 밤에 7시간 이상 자는 경우가 거의 없었다. 게다가 많은 선수들이 다른 선수와 침대를 함께 쓰고, 콘크리트 바닥 위에 얇은 매트리스를 깔고 잤다. 이들에게는 맞춤형 매트리스 같은 것은 없었다. 오후에 종종 '휴식'을 취한다고는 하지만, 보통 두세 명이 한 방에 있고 라디오도 켜져 있기 일쑤였다. 두 사람은 이야기꽃을 피우고, 나머지 한 사람만 수건을 덮고 미라라도 된 듯 누워 있는 식이었다. 그렇게는 결코 깊이 잠들 수 없었다. 우리가 지내는 숙소에서는 밤새 개가 짖었고, 모퉁이에 있는 교회에서는 새벽 4시면 기도 소리가 울려 퍼졌다. 나는 밤마다 밖에서 나는 소리 때문에 몇 번이고 잠에서 깼다. 하지만 우리는 틈틈이 잠을 보충했다. 특히 저녁 6시에 정전으로 숙소가 어둠에 잠기면 자연스럽게 잠을 청하곤 했다. "메브랏 타파, 하일리에 타파." 파실이 농담을 던졌다. "불 꺼졌으니까, 하일리에도 자야지."

파실과 비르하누 그리고 내가 숙소로 돌아와 문을 두드리는 순간, 하늘에 구멍이라도 난 것처럼 비가 쏟아지기 시작했다. 기가 막힌 타이밍이었다. 에티오피아에는 가랑비 같은 게 없었다. 비가 오면 정말 퍼부었다. 거대한 빗방울이 땅을 때리고, 순식간에 거리 곳곳에 물줄기가 생겨났다. 우리는 하일리에의 방으로 피신했고, 그는 비를 가리키며 말했다. "이럴 줄 알았어요. 지금부터 키킬 만들게요." 부활절 단식이 시작되기 전날이라 우리는 '컨디션'을 위해 가장 많이 먹는 음식 중 하나를 실컷 먹기로 했다. 키킬은 고기와 골수가 풍부한 뼈를 푹 고아 만드는 매콤한 수프였다. 하일리에는 단단히 준비했는지, 아침에 사둔 2킬로그램이나 되는 고기와 커다란 솥을 꺼냈다.

하일리에는 방문을 살짝 열어 쏟아지는 빗소리가 더 크게 들리도록 한 뒤, 방 한쪽 구석에 있는 조리용 스토브에 숯을 지폈다. 방 안은 곧 연기로 가득 찼고, 숨이 턱 막힐 만큼 더워졌다. 하일리에는 이렇게 하면 우기에 걸리기 쉬운 감기를 예방하는 데도 도움이 된다며 나를 안심시켰다. 국물이 끓기 시작하자 뜨거운 김과 연기가 뒤섞여 방 반대편에 있는 파실과 비르하누가 잘 보이지 않을 정도였다. 우리는 묵묵히 빗소리를 들으며 앉아 있었다. 이제 오늘 하루 남은 일이라곤 먹고 쉬는 것밖에 없었기 때문이다.

나는 파실에게 아침에 우리가 달린 코스를 어떻게 정했는지 물었다. 일부러 어렵게 만들었던 걸까? 하일리에가 내 질문을 통역했다. "네." 돌아온 대답은 간단했다. "왜요?" 하일리에가 나 대신에 물었다. "아카옐렌." 불타는 느낌이 들기 때문이라는 뜻으로, 또다시 대답은 간단했다. "우리는 언덕도 오르내리고, 거친 땅에서도 달려야 해요." 파실이 전에 설명한 적이 있는 내용이었다. "돌이 많은 길도 달리고, 비탈도 달리고, 진흙탕도 달리고요. 그러면 지구력도 생기고 힘도 생기고, 필요한 모든 걸 얻을 수 있어요."

곧이어 파실은 웃으며 암하라어로 빠르게 말을 쏟아내기

시작했고, 나는 내용을 따라가기가 어려웠다. "뭐라고 하는 거예요?" 나는 하일리에에게 물었다. "그냥 우화 같은 이야기예요." 하일리에가 말했다. 옛날에 어느 사제가 있었는데, 아주 박식한 사람이어서 세 가지 언어를 할 줄 알고, 종교 문제에 관한 책도 많이 썼다고 한다. 아주 중요한 인물이었다. 그리고 그의 아내는 자신도 똑똑한 사람이라고 생각했다. 어쨌든 그렇게 똑똑한 사제와 결혼했으니까. 그런데 어느 날 사제가 수도원에서 며칠을 보내고 돌아왔더니, 아내가 그의 성경책을 몽땅 강물에 씻어버렸지 뭔가. "그렇군요…." 나는 일단 대답했지만, 사실은 전혀 이해가 되지 않았다. "그래서 이 이야기가 무슨 뜻인데요?" 내가 물었다. "나도 모르겠어요!" 하일리에가 웃음을 터뜨렸다. 하지만 파실이 전하려던 건 이런 게 아니었을까 싶다. "마이클은 지금까지 8개월을 우리와 함께 보내면서 질문도 하고 글도 써왔어요. 그런데 아직 아무것도 이해하지 못한 것 같아요."

아직 갈 길이 먼 듯했다. 그리고 나는, 비록 불안정한 왓츠앱 연결을 통해서지만, 매일 저녁 로즐린과 이곳에서 보내는 경험을 공유할 수 있다는 사실에 새삼 감사함을 느꼈다. 로즐린은 서머싯의 마구간에서 청소를 하고 말을 돌보거나 말을 타기도 하며, 고된 하루하루를 보내고 있었다. 말과 함께하는 시간이 자폐 아동이 말을 하는 데 어떤 식으로 도움이 되는지 알아내려 애쓰는 중이었다. 로즐린 역시 하루가 끝나면 나만큼 지쳐 있었다. 하지만 그날 있었던 일을 함께 이야기할 수 있다는 것만으로도 민족지학적 연구 과정이 훨씬 덜 외롭게 느껴졌다.

나는 뉴질랜드의 남자 장거리 달리기 선수 제인 로버트슨과 연락을 주고받았다. 그는 마찬가지로 장거리 달리기 선수인 쌍둥이 형제 제이크 로버트슨과 함께 동아프리카에서 거의 10년을 보냈다. 그리고 그는 숲에 대해 이렇게 이야기했다.

개인적으로 저는 에티오피아 선수들이 열악한 환경에서 최선을 다하고 있다고 생각해요. 그 친구들이 훈련하는 코스는 보통 선수들은 엄두도 못 낼 정도로 정말 상상을 초월해요. 저도 쉬운 날에 어쩔 수 없이 달리다 보니 적응하게 됐던 것 같아요. 제가 느끼기엔, 숲 훈련이 정신 집중에도 도움이 되고, 다리나 발을 강화하는 데나 민첩성을 키우는 데도 효과적이었던 것 같아요. 엄청난 장점이지만, 부상의 위험도 상당히 크죠. 에티오피아 선수들은 환경에 적응하고 극복하는 능력이 정말 탁월한 것 같아요.

제인에게는 온라인으로 연락을 시도할 수밖에 없었는데, 에티오피아에서 볼 때마다 그는 비츠 헤드폰을 착용한 채 절대 방해하고 싶지 않은 강도 높은 훈련을 하고 있었기 때문이다. 그는 내가 감히 따라갈 수 없을 정도로 에티오피아 선수들의 삶의 방식을 철저히 받아들이고 있었고, 그 결과 59분 47초의 하프 마라톤 기록을 포함한 놀라운 성과를 거뒀다. 하지만 그의 숲 훈련에 대한 해석은 나도 공감할 수 있었다. 숲속 환경에서는 자연스럽게 민첩성과 힘을 기를 수 있었지만, 그만큼 부상 위험도 컸다. 어떻게 보면 그만큼 훈련의 판이 커지는 셈이었다. 숲에서 훈련하면 강해질 수 있지만, 일단 그 환경을 이겨낼 수 있어야 했기 때문이다. 그는 계속해서 이렇게 말했다.

이 친구들은 정신력이 굉장히 강해요. '죽기 살기의 각오'로 임해요. 그중에는 주법이나 달리기 폼이 완벽하지 않은 선수들도 있어요. 하지만 에티오피아 선수들의 성공 비결은 주어진 조건을 마치 자신이 원했던 것처럼 받아들이고, 최선을 다해 활용한다는 거예요.

제인은 메시지를 마무리하며 자신의 태도 그리고 내가 아는 많은 에티오피아 선수들의 태도를 함축하고 있는 듯한 네 개의 이모지를 남겼다. 기도하는 손, 100퍼센트 기호, 웃는 얼굴 그리고 근육이 돋보이는 팔 모양 이모지였다. 제인의 메시지를 보고, 나는 미국의 스포츠 철학자 버나드 슈츠Bernard Suits가 내린 스포츠의 정의가 떠올랐다. 그는 스포츠를 '불필요한 장애물을 자발적으로 받아들이는 행위'라고 했다. 제인의 말은 더 많은 장애물을 받아들이는 것이, 그것을 극복할 수 있는 사람들에게 더 큰 성장을 가져다준다는 뜻이었다.

하일리에와 파실과 나는 하일리에의 휴대전화에서 흘러나오는 음질이 썩 좋진 않은 음악 소리가 섞인 빗소리를 들으며, 키킬을 먹고 또 먹었다. "더 먹어요!" 파실이 계속 말했다. "이게 앞으로 두 달 동안 우리 '컨디션'을 책임져줄 거예요." 고기는 맛있었고, 부드럽게 익어 뼈에서 쉽게 떨어졌다. 우리는 뼈도 쪼개 골수를 빼 먹었다. 이걸 먹으면 우리의 뼈와 관절이 회복돼 계속해서 달릴 수 있도록 도와준다는 논리였다. 이제 방은 용광로처럼 뜨거웠고, 이마에서 땀이 줄줄 흘러내렸다. 나는 시키는 대로 수프를 대여섯 그릇이나 먹고, 소파에 앉아 비르하누 옆에서 꾸벅꾸벅 졸았다. 비르하누는 규칙적으로 울리는 빗소리의 리듬을 듣다 잠들었고, 머리에는 나이지리아의 라고스 마라톤을 뛰고 돌아오는 길에 챙겨온 케냐 항공 담요가 덮여 있었다.

    누군가 어깨를 흔드는 느낌에 눈을 뜨니, 하일리에였다. 방 맞은편에는 의자에 앉아 운동화 끈을 묶고 있는 파실이 보였다. 불길한 예감이 들었다. "무슨 일이에요?" 얼떨떨하게 물었다. "비가 그쳤어요. 오후 훈련이에요." 하일리에의 대답이 돌아왔다. "그런데 우리, 오늘 아침에 2시간 30분 뛰었잖아요." 나는 머뭇거리며 일어섰다. 다리가 천근만근이었다. "맞아요. 하지만 우리 키킬 먹었잖아요. 그러니까 뛰어야죠." 하일리에가 당연하다는 듯 말했다. 도무지 이해는 가지 않는 논리였지만, 그냥 받아들이기로 하고 방문 옆에 벗어둔 진흙투성이 운동화를 가지러 갔다. "비가 몇 시간 동안 와서, 아주 천천히 달릴 거예요. 회복 훈련이라고 생각하면 돼요." 숙소 가운데뜰에 있는 작은 채소밭은 거의 물에 잠긴 수준이었고, 바나나 잎에서는 아직 빗물이 뚝뚝 떨어지고 있었다. 가장 가까운 숲으로 이어지는 돌길 곳곳에도 커다란 갈색 웅덩이가 줄지어 생겨 있었다.

    그러나 여자 친구가 비자를 신청하러 가는 데 함께 다녀오느라 아침 훈련을 하지 않은 하일리에는 불안할 만큼 쌩쌩해 보였다. "제가 앞장설게요. 제가 이 숲을 몇 년이나 달렸잖아요. 진흙탕 피하는 길은 빠삭해요." 길가로까지 올라온 진흙 위를 걷는 것만으로도 미끄러질 정도라, 나는 이 말을 곧이곧대로 믿기 어려웠다. 그런데 막상 달리기 시작하자, 하일리에는 정말로 진흙탕을 피해 갔고, 심지어 뛰는 도중에 신발 밑창에 들러붙은 진흙까지 자연스럽게 털어냈다. 나는 괜히 따라 하다 발이 엉켜 넘어질 뻔했다. 아침 훈련으로 내 다리는 이미 내 다리가 아니라는 걸 감안했어야 했다.

우리는 평소처럼 비탈을 올라갔다. 진흙을 피해 가장자리 풀밭을 따라 움직였고, 다행히 넘어지지 않았다. 다시 비가 내리기 시작하면서 순식간에 흠뻑 젖었지만, 우리는 계속해서 비탈을 올랐다. 폭우로 생긴 물줄기를 뛰어넘기도 했다. 나는 배 속에서 키킬이 출렁대는 것 같은 불길한 기분이 들었지만, 하일리에는 완전히 신이 나 있었다. 하일리에가 장애물 경주 선수처럼 물웅덩이를 가볍게 뛰어넘는 모습을 보니, 그의 넘치는 에너지가 나에게도 스미는 듯했다. 우리는 약 50분 만에 언덕 꼭대기에 올랐고, 하일리에는 곧장 나무 사이로 긴 대각선을 그리며 빠르게 언덕을 다시 내려가기 시작했다. 나는 하일리에의 발뒤꿈치에서 튀어 오르는 진흙을 고스란히 뒤집어썼다.

마지막으로 우리는 빗물로 반쯤 차오른, 폭이 겨우 30센티미터쯤 돼 보이는 좁은 도랑 속을 힘껏 내달렸다. 물이 사정없이 양옆으로 튀었고, 마치 놀이공원의 플룸라이드라도 타는 것 같은 기분이었다. 하일리에가 속도를 줄이며, 우리가 잘 따라오고 있는

지 확인하려고 뒤를 돌아봤다. 그의 얼굴에 미소가 가득했다. "이건 정말이지, 특이한 종류의 '쉬운' 달리기였어요." 내가 숨을 고르며 말했다. "너무 신나서 정신없이 달렸거든요." 하일리에가 말했다. 비르하누와 파실을 보니, 두 사람은 한 시간쯤 더 숲속을 첨벙거리며 뛰어다녀도 좋겠다는 표정이었다. "재미있게 하면 훨씬 쉬워져요." 하일리에가 덧붙였다. 나는 고개를 끄덕이지 않을 수 없었다. 비를 맞으며 천천히 숙소로 돌아오는 길, 나는 벅찬 감정에 휩싸였다. 하루에 3시간 반을 달린 건 내 인생 처음이었다.

몇 주 뒤 비르하누에게서 주스를 마시러 오라는 전화가 왔다. 그는 대회 대비를 위한 훈련을 시작하기 전, 아프리카 최대 시장인 메르카토에 가서 중국산 주스기를 하나 샀다. 비르하누는 카페에 가고 당구를 치며 시간을 보내는 생활을 청산하기로 결심했다. 암하라어로 이런 생활을 '주르'라고 하는데, 말 그대로 '맴돌기'라는 뜻이었다. 강도 높은 훈련을 할 때 주르는 원래 트랙을 도는 걸 의미했다. 하지만 동시에 훈련과 훈련 사이의 충분한 휴식을 방해하는 모든 활동을 가리키는 말로도 쓰였다. 가게에 들르는 것도 주르, 친구를 잠깐 만나러 가거나 경기 출전 허가서를 받으러 에티오피아 육상연맹 사무실에 가는 것도 주르였다. 트랙 밖에서 주르는 해로우며 반드시 피해야 하는 것이었다. 그래서 비르하누는 더 이상 카페에 죽치고 앉아 있지 않겠다고 다짐했다. 이제 그의 하루는 3시간의 달리기 훈련과 아보카도 주스가 전부였다.

나는 비르하누에게 로마 마라톤 대비 훈련 계획을 좀 더 자세히 물어봤다. "일단은, 숲이죠." 비르하누가 말했다. 숲은 기본기를 다지는 곳이었다. 그는 더 높은 곳에서 뛸수록 속도를 내기는 어려워지지만 유산소운동 능력을 향상시킬 수 있다고 했다. "엔토토산으로 가면 해발 3500미터까지 올라가서 훈련할 수 있어요." 비르하누가 말을 이었다. "거기서는 1킬로미터를 6분에 뛰어야 할 정도지만, 내려오면 날아다니게 돼요." 그리고 숲 훈련이 끝나면 거친 길, 코로콘치를 달릴 거라고 했다. 마라톤을 할 준비가 되도록 다리를 단련하는 다음 훈련 단계였다. 코로콘치는 지면이 단단해 조금 더 속도를 낼 수 있긴 하지만, 그렇더라도 거칠고 까다로운 코스였다. 고른 길이 아니다 보니 매 순간 어디를 디딜지 신중히 살펴야 했다. 결코 만만한 훈련이 아니었다.

비르하누가 새로운 훈련을 시작한 지 몇 주 후 우리는 센다파로 향했다. 나는 여전히 비르하누의 5주 계획이 현실적인 것인지 의문이었다. 그러나 변화는 순식간에, 그리고 극적으로 찾아왔다. 비르하누는 케냐 항공 담요를 몸에 두른 채 훈련 장소로 가는 버스에 올랐다. 비르하누의 눈이 한층 빛나고 있었다. 그리고 광대뼈가 다시 도드라져 보였다. 체중이 최소 3킬로그램은 빠진 것 같았다. 비르하누는 내 쪽으로 몸을 기울이며 음모를 꾸미듯 영어로 속삭였다. "제가 로마에서 우승할 수 있을 것 같아요."

도로에서 2시간 반짜리 훈련이 시작됐고, 나는 1시간 45분을 버티다 결국 포기하고 버스에 올라탔다. 그리고 그 덕분에 마지막 45분 동안 비르하누가 다른 선수들을 멀찌감치 따돌리며 질주하는 모습을 볼 수 있었다. 그는 팔을 세차게 휘두르며 달리고 있었지만, 에너지를 낭비하는 듯한 그 동작이 전혀 부담이 되지 않는 것 같았다. 비르하누는 해발 2550~2800미터 고도에서 누적 상승 고도○가 1400미터에 달하는 40킬로미터 코스를 2시간 반 만에 달렸다. 다시 버스에 올라타는 그를 보자 "비르하누, 그렇게 될 것 같아요"라는 말이 절로 나왔다.

    마지막 단계는 아스팔트 훈련이었다. 에티오피아에서 가장 숙련된 마라톤 선수도 최대 주 1회, 항상 금요일에 아스팔트 도로 훈련을 했다. 달리기를 이제 막 시작한 사람이나 아직 18세가 되지 않은 선수는 누구도 아스팔트 위를 달리지 않았다. 비르하누도 곤다르에서 4년 동안 달린 뒤에야 도로를 달리기 시작했다. 에티오피아에서 아스팔트는 달리기를 하기에 상당히 가혹한 지면으로 여겨졌다. 에너지를 소모시키기 때문이었다. 결국 이렇게 세 단계로 이루어진 단순한 과정이었다. 하지만 5주 동안 비르하누가 거의 1500킬로미터를 달렸다는 사실을 알게 되면 이야기가 달라졌다. "로마까지 절반은 달려갔겠어요!" 내가 말했다. "말도 안 돼요." 비르하누가 담담하게 대답했다. 비르하누의 대회 준비 과정은 젊은 운동선수의 성장 궤적을 압축적으로 보여주는 듯했다. 먼저, 그는 열흘 동안 숲에서 훈련하며 체력을 길렀고, 다음으

○ 코스 내 오르막 구간을 지날 때마다, 오른 높이의 총합을 가리킨다.

로 코로콘치를 달린 뒤, 마지막으로 아스팔트 도로를 달리며 속도를 향상시켰다. 이 과정은, 다시 말해 점진적인 적응의 과정이었다. 처음에는 지면에 적응하고, 그다음은 속도에 적응하는 것이었다.

만만치 않은 코로콘치 훈련을 마친 뒤, 비르하누는 자신이 아스팔트에서 진행되는 훈련 두 가지를 할 준비가 됐음을 느꼈다. 하나는 30킬로미터를 전력으로 달리는 것이고, 다른 하나는 4킬로미터를 실제 마라톤 페이스로, 혹은 그보다 더 빨리 다섯 번 반복해서 달리는 것이었다. 비르하누에게 이 마지막 훈련은 그의 경기력을 가늠할 중요한 지표가 될 터였다. 그리고 비르하누는 해발 2200미터에서 반복 훈련을 하며 4킬로미터를 킬로미터당 3분의 페이스(2시간 6분에 마라톤을 완주할 수 있는 페이스)로 달리고, 1킬로미터의 리커버리 구간recovery interval°은 4분에 달렸다. 비르하누는 에티오피아에서, 곧 전 세계에서 이만큼 뛸 수 있는 사람이 거의 없다는 걸 알았다. 그는 로마 마라톤에서 어떤 일이 닥쳐도 이겨낼 준비가 돼 있다고 생각했다. 모두가 두려워하는 로마의 돌로 포장된 길도 문제없었다.

며칠 후 나는 비르하누가 5주 전 피자를 포장하곤 겸연쩍어했던 바로 그 카페에서 그를 만났다. 비르하누는 이곳에서 바로 택시를 타고 공항으로 가 로마로 향할 예정이었다. 그는 2리터짜리 망고 주스를 한 모금씩 홀짝였다. 지난 5주에 걸친 혹독한 훈

○ 고강도 훈련 뒤 회복을 위해 속도를 줄여 달리는 구간.

련 끝에 그는 완전히 다른 사람이 돼 있었다. "비르하누, 아베베 비킬라가 로마에서 뛰었던 거 알죠?" 나는 그의 행운을 빌며 말했다. "물론 알죠." 비르하누는 대답하며 신발을 벗더니, 아주 높이 들어 올렸다. "만약 제가 크게 앞서면, 마지막 몇백 미터는 이렇게 뛸 거예요."

8

로마에서의 승리는 천 번의 승리와 같다

아베베 비킬라는 악숨 오벨리스크를 지나고 있었다. 지난 1시간 45분 동안 달려온 그의 맨발에서 나는 발소리는 이제 도로 양옆에 늘어선 군중의 소음에 묻혀 들리지 않았다. 어둠이 내려앉고, 아베베가 달리고 있는 삼피에트리니sampietrini(모서리에 비스듬히 각을 준 검은 현무암 포장석을 박아 만든 길)가 현저히 식고 있었다. "지금은 아프리카에서 동물이 물을 마시는 시간입니다"라며 BBC 해설자가 의미 없는 말을 했다. 게다가 이곳은 아프리카가 아니라 로마였다. 아베베는 1마일(약 1.6킬로미터)에 5분 10초의 페이스로 달리고 있었고, 빨간 러닝쇼츠와 간단한 면 조끼를 입고 있었다. 조끼는 아디스 남쪽 교외의 작은 도시 데브레제이트에 있는 하일레 셀라시에 황제의 황실 근위대 훈련장에서 받은 것이었다. 그는 시계를 차고 있지 않아서 자신이 얼마나 빠르게 달리는지, 또 다른 선수들은 자신에게서 얼마나 뒤처져 있는지 알지 못했다. 그의 시선은 흔들림 없이 고요했다. 황제의 명으로 아베베의 훈련을 담당했던 스웨덴인 소령 온니 니스카넨은 그에게 악숨 오벨리스크가 보이면 승리를 향해 달리기 시작하라고 일렀다.

　1960년 9월 10일 토요일 이른 저녁,° 아베베는 교회 회랑을 가득 메운 사람들 속에서 몸을 풀던 중 신발을 벗기로 결심했다. 누군가에게 뭔가를 증명하려는 것도, 아프리카인은 승리하는 데 아무것도 필요하지 않다는 걸 보여주려는 의도도 아니었다. 그저 맨발로 달리면 더 잘 달릴 수 있을 것 같다는 느낌이 들었기 때문이다. 아베베는 경계해야 할 경쟁자들의 번호를 손등에 적었다. 소련의 포포프는 69번, 자신과 마찬가지로 군인 출신인 모로코의 라디는 26번이었다. 아베베는 로마로 오기 전 하일레 셀라시에 황제가 건넨 말을 떠올렸다. "로마에서의 승리는 천 번의 승리와 같다."

　아베베가 승리를 향한 도전을 시작한 악숨의 오벨리스크는 에티오피아의 고대 문명인 악숨 왕국의 사람들이 4세기에 세운 24미터 높이의 기념비다. 1937년 무솔리니와 이탈리아 파시스트들은 에티오피아를 침공하여 점령했고, 전리품으로 티그라이 주 악숨에 있던 이 오벨리스크를 다섯 조각으로 잘라 로마로 가져갔다. 그리고 2005년, 마침내 이 오벨리스크가 에티오피아로 돌아올 때 악숨 공항은 오벨리스크를 실은 수송기의 원활한 착륙을 위해 활주로를 확장하기도 했다. 이때 악숨 오벨리스크는 역사상 가장 크고 무거운 항공 화물이었으며, 그 반환의 상징성 또한 결코 가볍지 않았다. 1896년 이탈리아의 첫 침공 당시 에티오피아인은

○　이 경기는 더위를 피하기 위해 저녁에 개최됐다.

맨발에 총도 없이, 부츠를 신고 중무장한 이탈리아군을 물리쳤다. 그리고 여기, 다시 한 번 맨발의 에티오피아인이 훨씬 더 나은 장비를 갖춘 상대들을 이겼고, 이는 역사적으로 상당히 중요한 시점에 일어난 일이었다. 1960년 8월에서 9월, 올림픽 기간 중 무려 아홉 개의 아프리카 국가가 독립을 쟁취했다. 또 1960년 로마 올림픽은 텔레비전을 통해 대대적으로 중계된 첫 올림픽으로, 그 덕분에 전 세계 수많은 사람이 사하라 사막 이남 아프리카 국가 출신의 흑인 선수가 처음으로 올림픽 금메달을 획득하는○ 순간을 목격할 수 있었다.

"그런데 저 조용한 에티오피아 선수는 누구일까요?" BBC 해설자가 물었다. 로마 마라톤에 출전할 때 아베베는 이미 전설적인 체코 선수 에밀 자토페크보다 더 좋은 기록을 냈지만, 아무도 아베베의 스톱워치가 정확하다고 믿지 않았다. 2:15:16의 달리기 끝에 아베베 비킬라는 장거리 달리기의 역사를 영원히 바꿨다. 마지막 몇백 미터는 이탈리아 군인들로 이루어진 횃불 든 의장대 사이로 달렸다. "지금 이 순간부터 아베베 비킬라의 이름은 파보 누르미,● 에밀 자토페크의 이름과 함께 기록될 것입니다"라

○ 아베베 비킬라는 올림픽 금메달을 획득한 첫 아프리카 흑인 선수다. 아베베 이전에 올림픽 금메달을 딴 아프리카 출신 선수들은 모두 백인이었다. 아프리카는 사하라사막을 기준으로 이남과 이북이 인종·사회·문화적으로 뚜렷한 차이를 보인다. 이남 지역은 이북 지역보다 식민 지배로 인한 구조적 피해가 컸으며, 현재도 경제 지표상 상대적으로 열세를 보이고 있다.

● 1920년대에 활약한 핀란드의 전설적인 장거리 선수.

는 뚜렷한 영국식 영어 방송이 나온다.

　아베베는 결승선을 통과한 뒤에도 콘스탄티누스 개선문 아래로까지 계속 달렸다. 뭘 해야 할지 몰라 조금 혼란스러워하면서도, 반쯤은 니스카넨 코치가 알려준 대로 2시간 동안 구부러져 있던 팔을 흔들어 풀며 정리 운동을 하고, 반쯤은 춤을 추며 자신과 니스카넨만이 예견한 승리에 대해 본능적으로 반응했다. 그리고 그 뒤에는 바닥에 등을 대고 누워 하늘 자전거를 타며 다리를 풀었다. 56년이 지난 오늘날, 아디스 인근 숲에서 선수들에게 그들만의 독특한 정리 운동을 어디에서 배웠는지 물으면, 이 순간에 대한 이야기가 돌아왔다. "아베베 선수가 했던 거잖아요." 더 이상의 설명이 필요 없었다. 에티오피아 선수들의 정리 운동에는 일반적인 조깅에서는 볼 수 없는 즐거운 리듬이 있었고, 그 시작은 바로 아베베 선수의 로마 마라톤이었다.

　비르하누 아디시에는 100퍼센트 경량 폴리에스테르 메시 소재로 제작된, 아디다스의 아디제로 러닝셔츠와 러닝쇼츠를 입고 달렸다. 제조사에 따르면, 앞면에 그려진 '빠르게 질주할 때 더욱 돋보이도록 디자인된 선명한 그래픽'이 특징적이었다. 비르하누의 양옆으로는 네 명의 에티오피아 선수와 다섯 명의 케냐 선수가 달리고 있었다. 그중 세 명은 검은색과 녹색이 어우러진 거미줄 패턴의 똑같은 아디다스 유니폼을 입었다. 그리고 다섯 명은 아디다스 유니폼과 거의 다른 점을 찾아볼 수 없는 나이키 유니폼을 입고 있었다. 어떤 이유에서인지 두 회사는 최고의 선수를 후원하기 위한 경쟁을 넘어, 비슷한 유니폼을 만들어내는 경쟁까지 벌이고 있는 듯 보였다. 2016년 4월 10일 일요일 오전 9시 45분이었다. 비르하누는 손목에 찬 가민 워치에서 나는 신호음에 반응해 시계를 흘깃 봤다. 현재 그는 1마일에 4분 50초의 페이스로 달리고 있었다. 비르하누는 자신이 꽤 오랫동안 이 속도로 무리 없이 달릴 수 있다는 걸 알았지만, 결승선까지 유지할 수 있을지는 확신이 없었다. 다른 선수들의 시계도 거의 동시에 울렸고, 그들 역시 저마다 계산에 들어갔다. 비르하누의 키는 178센티미터로, 도로 위에서 생각보다 더 큰 공간을 차지했다. 아디스의 친구들은 비르하누에게 두 사람 몫의 공간을 줘야 한다고 장난스럽게 말하곤 했는데, 그가 '복서처럼 달리기 때문'이었다. 그 속도로 달리는 중에 자칫 그의 팔꿈치가 갈비뼈에 스치기라도 하면 숨쉬기도 어려워질 수 있었다.

악숨 오벨리스크가 무사히 에티오피아로 반환된 지금, 비르하누가 지나치는 것은 그저 35킬로미터 지점임을 알려주는 거리 표지판이었다. 비르하누는 이 시점에서 아베베가 달렸을 거리보다 2킬로미터 앞서 있었지만, 점차 자신이 정한 가혹한 페이스의 영향을 느끼기 시작했다. 그는 30킬로미터 지점까지 페이스메이커를 따라간 유일한 선수였고, 페이스메이커가 빠지자 홀로 선두에 남겨졌다. 그리고 추격 그룹은 15초 뒤에서 바짝 쫓아오고 있었다. 비르하누는 아베베처럼 순전히 감각에 의존해 달리는 게 아니라, 페이스 카pace car 뒤에 장착된 거대한 시계의 빨간 숫자를 응시하며 달렸다. 몇 킬로미터 뒤 추격 그룹이 그를 따라잡았고, 케냐의 아모스 키프루토 선수가 추월에 성공했다. 다른 선수들도 뒤처지지 않으려 노력했지만, 비르하누만이 그의 뒤로 빠르게 따라붙을 수 있었다. 비르하누는 나중에 이렇게 말했다. "그냥 평소에 늘 하던 대로, 그 선수의 발을 따라가는 것만 생각했어요." 경기 영상을 다시 보니, 정말로 비르하누의 시선은 내내 키프루토의 발꿈치를 쫓고 있었다.

로마와의 역사적 맥락을 잘 아는 비르하누에게 이 대회는 간절히 승리하고 싶은 대회였다. 우리는 에티오피아의 육상 스타로 하일레 게브르셀라시에나 케네니사 베켈레를 떠올리지만, 아디스의 많은 선수들은 그보다 더 오래된 기억을 가지고 있었다. "아베베 비킬라, 와미 비라투. 이 두 사람이 진정한 영웅이죠." 비르하누는 말했다. 이들은 말 그대로 '진짜' 영웅이었고, 참된 군인이었다. 스포츠가 돈이 되지 않던 시대에 오직 조국을 사랑하는 마음으로 달렸다. 그리고 두 사람 모두 맨발로 달렸다.

비르하누는 와미 비라투가 에티오피아 장거리 달리기의 아버지라고 했다. 아베베 비킬라가 존경했던 인물이며, 실제로 로마 올림픽 선발전에서 아베베를 1마일 이상 앞서며 에티오피아 국가대표로 뽑혔지만, 올림픽 직전에 와병으로 출전하지 못했다고 했다. 나는 솔직히 그에 대해 들어본 적이 없다고 고백했다. "그럼 저한테 물을 게 아니라, 직접 가서 만나보세요." 비르하누가 웃으며 말했다. "살아 계세요? 연세가 어떻게 되시는데요?" 내가 놀라서 물었다. 빠르게 계산해보니 적어도 80대 후반이었다. 아베베 비킬라는 1973년 41세의 젊은 나이로 세상을 떠났다. "살아 계시냐고요?" 비르하누가 어이가 없다는 듯 웃으며 되물었다. "지금도 달리고 계세요. 올해 92세 되셨어요." 나는 당장 와미를 만나러 가야겠다고 결심했다.

🌳

다음 일요일 나는 아랏킬로에 있는 한 주스 가게 앞에서 와미의 아들 제겐나를 만났다. 내가 암하라어 수업을 듣는 카페가 있는 구역이었다. 제겐나는 암하라어로 '영웅'을 뜻했다. "부전자전이네요." 내가 말했다. 그는 날씬한 체격에 정장을 말쑥하게 차려입고 있었다. 제겐나는 서류 가방을 열어 잡지 《러너스 월드 Runners' World》에 실렸던 와미에 대한 기사 사본을 내게 건넸다. 고마웠지만, 아쉽게도 그 기사는 핀란드어로 쓰여 있었다. 우리는 미니버스에 몸을 구겨 넣고 와미의 집으로 향했다. 그의 집은 공교롭게도 이탈리아 대사관 바로 옆이었다. "혹시 제가 없더라도 방문하고 싶으시면 언제라도 여기 와서 처음 만나는 사람한테 데려다달라고 하시면 돼요. 여기선 누구나 아버지를 아니까요." 제겐나가 말했다.

우리는 단독 콘크리트 주택 앞에 도착해 몸을 숙여 철문을 지나 안으로 들어갔다. 발코니에서 서성이고 있던 와미는 우리가 도착하는 소리에 몸을 돌려 우리 쪽을 바라봤다. 와미는 시력과 청력을 거의 잃은 상태였다. 그는 180센티미터가 넘는 키에 체격도 건장했다. 제겐나는 아버지가 청력을 잃기 전에도 목소리만으로 위엄이 넘쳤다고 했다. 지금은 귀청이 터질 듯한 목소리였다. "그래서 네가 데려온 사람이 누구라고?" 와미가 소리쳤다. 나는 올바른 암하라어 존칭어를 떠올리려 애쓰며, 내가 누구인지 열심히 설명했다. "뭐라고?!" 와미가 벼락같이 외쳤다. "아니, 생쥐 양반도 아니고, 왜 이렇게 말소리가 작아요!" 우리는 안으로 들어가 자리에 앉았다. 제겐나는 내 질문을 알려주면, 자신이 아버지에게 전달하겠다고 했다. 그는 곧 소파 팔걸이에 걸터앉더니, 내 첫 번째 질문을 와미의 귀에 대고 목청껏 두 번이나 외쳤다.

　나는 말하는 걸 유산소 에너지 낭비라고 여기는 선수들과 인터뷰하는 데 익숙해져 있었다. 그들은 가능한 한 조용한 목소리로 짧게 대답했다. 하지만 와미와 나눈 인터뷰는 조금 달랐다. 와미는 의자에 편안히 앉아 두 손으로 무릎을 짚고 숨을 깊이 들이쉬었다. 그러더니 "내 이름은 셸라카바시 와미 비라투!"라고 외쳤다. 셸라카바시는 '1000명을 이끄는 지휘관'이라는 뜻의 군사 용어였다. "나는 체첩사, 우유, 꿀 없이는 식사를 못 해요!" 체첩사는 버터를 넣어 풍미를 살린 에티오피아식 팬케이크다. "그리고 내가 항상 하는 말이 있어요. 개와 가난한 사람은 체면을 따지지 않는다!" 내 첫 질문에 대한 대답은 무려 40분 이상 이어졌고, 결국 제겐나가 "이제 그만하세요, 아버지!"라고 그의 귀에 대고 몇 번이나 외친 후에야 끝이 났다. 와미는 근시로 시야가 흐릿한 와중에도 아들의 그림자를 좇아 91세의 다리로, 올해도 '그레이트 에티오피아 런°에서 달렸다. 와미 비라투는 멈추는 법을 몰랐다. 그의 이야기는 그의 말 그대로 전하는 게 좋을 것 같다.

> 나는 엔토토산 너머, 술룰타에서 태어났어요. 나는 선수가 되기 훨씬 전부터 달리고 있었어요. 어릴 적에도 밖에 나가 동물을 만나면 같이 경주를 할 정도였으니까요. 동물이 참 많았어요. 영양도 있고, 호저도 있고, 자고새에, 토끼에. 아침부터 밤까지 지치지도 않고 쫓아다녔어요. 40헥타르나 되는 들판에서 말들이랑 같이 달리고 노는 게 예사였어요. 그러던 어느 날 어머니가 아디스에 갔다가 커피콩을 신문지에 싸서 가지고 왔는데, 그 신문에 웬 깡마른 군인 사진이 있더라고요. 보니까 훌륭한 달리기 선수다, 이렇게 쓰여 있더라고요. '뭐야, 이 쬐그만 녀석이?' 그때 나는, 아, 내가 이 사람을 이겨야겠다, 그렇게 결심했어요. 온몸에 전율이 이는 것 같더라니까요. 머릿속도 오로지 그 생각뿐이었어요.
> 2~3년 뒤에 드디어 우리 형을 만나러 아디스로 갔다가, 마침 구공항 지역에서 군이 신병을 모집한다는 얘길 들은 거예요. 얼씨구나 하며 찾아가서 나도 입대하고 싶다고 했죠. 그 길로 정식 훈련을 받고, 제2암하라 사단에 배치됐어요. 그리고 그해 11월에 현역 군인들이랑 전역 군인들 전부 참가하는 친선 경기가 열렸어요. 그때 제가 달려서 우승한 거예요. 그날 이후로 꿈이 현실이 됐어요.

○ 아디스에서 매년 11월 무렵 열리는, 누구나 참가할 수 있는 10킬로미터 도로 달리기 대회.

매일 아침 6시 전에 추위 속에서 훈련을 시작했고, 보통 7시면 끝이 났어요. 가끔은 어머니 농장까지 뛰어가서 우유 한 잔 마시고 다시 지내는 곳까지 뛰어왔는데, 그렇게 뛰면 왕복 50킬로미터가 넘었어요. 나는 64년을 달렸어요. 하지만 한 번도 포기하거나 경주를 중도에 그만둔 적이 없어요.

그 당시에는 에티오피아에 육상연맹도 없었고, 마라톤 대회 같은 것도 아예 없었어요. 하일레 셀라시에 폐하가 참관하시는 경주가 군부대 간에 드문드문 열리는 게 전부였어요. 나는 5000미터, 10000미터 경주에서도 1등을 하고, 도로 경주에서도 1등을 했어요. 도로 경주는 열리면 15킬로미터, 32킬로미터, 가끔은 50킬로미터도 달렸어요. 경기 전에는 우리가 다 직접 땅을 파서 트랙도 만들었다니까요. 그리고 그렇게 경기가 열리면 한 번 달릴 때 7비르(약 25펜스)를 받았는데, 폐하께서 200비르라는 큰돈을 주실 때도 있었어요. 1952년에는 아베베 비킬라가 자기 부대에서 경기에 참가하러 왔는데, 중간에 지쳤는지 큰 활약을 못하고 돌아갔어요. 나는 "이 소년이 앞으로 크게 될 수 있을 것 같다"라고 말했어요. 그래서 결국 윗선에서 아베베가 나랑 같이 훈련하는 걸 허락해줬죠. 그때부터 내가 아베베를 책임지게 됐어요.

우리는 둘 다 올림픽 대표로 뽑혀서 데브레제이트로 훈련을 하러 갔어요. 스웨덴에서 온 니스카넨 소령이 우리를 지도했고요. 소령은 우리가 5000미터, 10000미터 그리고 마라톤 세 종목에서 반드시 우승할 거라고 폐하께 장담했어요. 내가 어떻게 그렇게 장담하느냐고 물었더니, 내 기록을 재보니 유럽 선수들 기록보다 더 좋다고 하는 거예요. 그리고 다른 나라 선수들한테는 에티오피아 선수들한테 있는 것 같은 잠재력이 없다고 하더라고요. 그런데 출국을 엿새 앞두고 난 열이 펄펄 끓으면서 온몸이 붓는 증상에 시달리게 됐어요. 아베베는 예정대로 마라톤에 나갔고, 그때부터 에티오피아 달리기의 동력이 됐죠.

올림픽에서 사람들이 아베베한테 물었어요. "그동안 챔피언이 된 적이 몇 번이나 됩니까?" 아베베가 이렇게 대답했어요. "우리 챔피언이 병이 나서 이번에 같이 못 왔어요. 그래서 제가 오늘 처음으로 챔피언이 됐어요." 올림픽이 끝나고, 이번에는 우리가 같이 일본 오사카 마라톤에 나갔어요. 나는 그때도 아직 병을 털지 못한 상태였지만, 그래도 수 킬로미터 동안 선두로 달렸어요. 결국 아베베가 우승하고, 나는 2위를 했어요. 그 경기에서 아베베는 운동화를 신고 뛰었는데, 나는 여전히 맨발이었어요. 경기가 끝나고 털썩 주저앉아서 봤더니, 발이 다 찢어지고 피투성이더라고요. 나는 발이 까진 걸 뜯어서 던져버렸어요. 내 피가 땅에 스며들었겠죠.

일본에서 우리는 여러 가지 선물을 받았어요. 나는 라디오랑 카메라를 받았는데, 그 당시에 에티오피아에는 그런 게 거의 없었어요. 그래서 아베베한테 말했어요. "넌 우승자니까 네 건 챙겨둬. 나는 내 걸 정부에 기증할게." 그랬는데, 나중에 아베베가 자기 라디오를 나한테 주지 뭐예요. 그래서 내가 그때 아디스피아자에서 라디오를 가진 유일한 사람이 됐어요. 원래 거긴 엄청 조용했어요. 나는 매일 정오부터 1시까지 군부대에서 라디오를 틀어줬죠. 아베베가 세상을 떠난 뒤에 나는 아베베를 기리는 마라톤 대회를 만들었어요. 아디스아바바 스포츠협회랑 잔메다 국제 크로스컨트리 대회도 만들고요. 에티오피아에 경보 경기를 처음 들여온 것도 나예요. 나는 앞으로도 잔메다에서 달릴 거예요. 나한테 정말 특별한 곳이니까. 해마다 가서 한 바퀴 돌고, 사람들이랑 인사를 해요. 그 들판이랑 나를 갈라놓을 수 있는 건 죽음뿐이다, 나는 그렇게 생각을 해요.

와미가 이야기를 마칠 즈음엔 밤이 완전히 내려앉았고, 정전으로 주위가 깜깜했다. 구석에서 촛불 하나가 깜빡이는 가운데 와미의 목소리도 점차 잦아들었다. 그의 이야기는 두 시간을 훌쩍 넘기도록 계속됐다. 와미가 내게 사진을 보여주려고 자리에서 일어났다. 제겐나가 지팡이를 건네려 했지만, 와미는 단호하게 손을 내저으며 뿌리쳤다. 그는 촛불을 비춰 일본 대회에서 찍힌 사진을 보여줬다. 그가 선두로 달리는 모습이었다. 과연 그는 맨발로 힘차게 내달리고 있었고, 흰색 러닝화를 신은 아베베를 필두로 한 선수들보다 **50미터**쯤 앞서 있었다. 와미는 권투 선수처럼 다부진 몸집에 격렬한 움직임으로 어깨근육이 팽팽하게 당겨져 있었다. 사진 속 그의 모습은 꼭 실물보다 더 거대하게 합성된 것처럼 보일 정도였다.

나는 와미에게 감사의 인사를 전한 뒤, 마지막으로 요즘 선수들에게 해주고 싶은 조언이 있는지 물었다. 그러자 그는 시대가 너무 달라져서 뭐라고 조언해야 할지 모르겠다고 했다. 인터뷰 도중 트레이닝복 차림의 젊은 청년이 와미를 만나러 들어왔다. 그는 와미의 손을 잠깐 동안 맞잡더니, 그의 두 무릎에 입을 맞추며 깊은 존경을 표했다. 그리고 떠나기 전, 나에게 자기 전화번호를 건네며 매니저에게 전해달라고 부탁했다. 와미는 자신이 선수로 뛰던 시절의 아디스는 지금과 완전히 다른 모습이었다고 했다. 지금은 네온사인과 고층 건물이 즐비한 아디스의 부촌 볼레도 당시에는 농지였기 때문에 그는 그곳을 마음껏 가로질러 달릴 수 있었다. 그때의 아디스는 '텅 빈' 곳이었고, 도로도 포장돼 있지 않았다. 와미는 이제는 차가 넘쳐, 선수들이 훈련하려면 도시 밖으로 나갈 수밖에 없지 않느냐고 했다.

와미는 아디스에 이제 막 차가 들어온 시절을 기억한다고 말했다. 어느 날 그는 집에서 군부대까지 달려가는 중이었는데, 한 장군이 그를 보더니 차를 태워주겠다고 했다. 길은 곳곳이 패어 있었고, 소와 말이 돌아다니고 있었다. "나는, '아니요!' 하고 손사래를 쳤어요." 그러고는 익살스럽게도 이렇게 덧붙였다고 한다. "제가 좀 서두르는 중이라, 제 차로 가야죠. 제 차는 제 두 다리랑 이 두 눈이잖아요." 와미는 그래도 현 세대에게 전하고 싶은 조언이 있다면, 그 같은 현대의 편리함에 너무 의존하지 않길 바란다고 했다. "지금도 여기에서부터 엔토토산까지 달려가야지. 그렇게 뛰어가서 산을 오르다 보면, 꼭 등에 어린아이라도 하나 업고 있는 것 같을 거예요. 그런 게 선수를 강하게 만드는 거예요." 와미는 쓸데없이 복잡하게 생각하지 말라고도 했다. "물을 마시라고 하세요. 물이 우리한테 힘을 줘요. 괜히 이것저것 섞으면, 오히려 에너지를 앗아갈 뿐이에요."

35킬로미터 지점, 비르하누는 음료대에 미리 준비돼 있는 일곱 번째 에너지 음료를 몇 모금 마신 뒤 병을 도로 옆으로 던졌다. 아모스 키프루토는 30킬로미터 세계 기록 보유자로, 이 기록은 두바이 마라톤에서 페이스메이커로 뛰며 세운 것이었다. 이번에 처음으로 자신의 이름을 걸고 주요 마라톤 대회에 출전한 만큼 각오가 남다를 수밖에 없었다. 로마 마라톤이 끝난 지 일주일 후 셀라미훈과 비르하누 그리고 나는 코테베에 있는 비르하누의 방에 모여, 두 사람이 나란히 같은 속도로 달리는 영상을 다시 봤다. 도로 옆으로 카페가 줄지어 늘어서 있었다. "거리가 참 멋지네요." 내가 말했다. "멋지긴요. 로마 돌길이잖아요." 비르하누가 대답했다. 지난 두 시간 동안 비르하누의 불평은 끊이지 않았다. "어휴, 저 돌길, 또 나오는 거 봐요." 선수들이 삼피에트리니 구간에 들어설 때마다 그는 고개를 절레절레 저었다. "끔찍해요, 끔찍해."

화면이 항공 숏으로 바뀔 때마다 비르하누와 셀라미훈은 선두 그룹에 남은 선수들이 몇 명인지 셌다. 처음에 셀라미훈은 상금이 몇 위까지 주어지는지 물었고, 비르하누는 5위까지라고 대답했다. 둘은 재빨리 남아 있는 선수들을 헤아린 뒤 페이스메이커 두 명을 뺐다. 비르하누가 5킬로미터 지점을 15분으로 통과할 때 남은 선수는 열한 명이었다. "페이스메이커가 두 명이니까… 네 명은 빠져야 하네요." 얼마 뒤 비르하누가 10킬로미터 지점을 30분 5초로 지나자, 셀라미훈은 "이제 아홉 명 남았으니까,

두 명 빠져야 돼요"라고 했다. 그리고 25킬로미터 지점이 되는 순간 여섯 명의 선수가 남게 되고, 그중 한 명은 페이스메이커였다. "좋아, 이제 남은 선수는 전부 상금권이네요." 셀라미훈은 한결 여유로워진 표정이었다. "비르하누, 이때쯤 무슨 생각을 하고 있었어요?" 내가 물었다. "마셰네프." 그가 대답했다. '이기는 것'이라는 말이었다. "어떻게요?" 나는 비르하누의 전략에 대한 조금 더 깊이 있는 답을 기대하며 물었다. "결승선을 가장 먼저 통과하면 되죠." 어린아이에게 너무도 당연한 개념을 설명하는 듯한 말투였다. 뭐, 틀린 말은 아니었다.

"35킬로미터 지점까지는 제가 우승할 거라고 확신했어요." 비르하누가 말했다. "그럴 체력도 충분했고요." 하지만 바로 그때 키프루토가 앞으로 치고 나오더니, 돌길과 급커브를 여러 차례 통과하면서도 이후 3킬로미터를 8분 40초 만에 주파했다. 키프루토가 선두로 나서는 순간, 비르하누는 화면을 바짝 들여다보며 말했다. "잘 보세요, 이때. 이때 진짜 승부가 시작된 거예요." 대다수 시청자는 이 결정적 순간을 알아채지 못했을 것이다. 키프루토가 한 건 킬로미터당 페이스를 몇 초씩 높인 것뿐이었다. 비르하누는 4킬로미터 동안 악착같이 버텼지만, 39킬로미터 지점에서 결국 처지며 2위로 자리를 굳혔다. "제가 실수했어요." 비르하누가 말했다. "초반에 페이스메이커를 따라가는 게 아니었어요. 저만 따라갔거든요. 너무 큰 실수였어요. 완전히 무모한 짓이었어요." 비르하누는 앞으로 경기에서는 이 '무모한 충동'을 잘 다스릴 거라고 다짐했다. 그 충동 덕분에 비르하누는 혹독한 훈련을 이기고 출발선에 설 수 있었지만, 마라톤에서는 충동적인 결정이 득이 되는 경우가 드물었다.

"마지막 2킬로미터를 뛰는 데 8분이나 걸렸어요." 비르하누는 얼굴을 찡그렸다. 그러자 셀라미훈이 웃으며 말했다. "난 한국에서 8분 46초 걸렸잖아요." 마라톤에서는 앞선 40킬로미터 구간에서 내린 단 한 번의 성급한 판단으로 이런 식의 붕괴가 일어나기도 했다. 때로는 아무리 조심해도 마지막에 무너질 수 있었다. 41킬로미터 지점을 지날 때만 해도 비르하누는 혼자였고, 뒤로 아무도 보이지 않았다. 그러나 결승선을 코앞에 둔 시점에서 세 명의 선수가 비르하누를 바짝 따라잡았다. 다시 봐도 손에 땀을 쥐게 하는 장면이었다. 비르하누는 마지막 몇 미터는 거의 휘청거리며 달렸고, 두 팔을 높이 들며 2위를 받아들이는 듯한 모습으로 결승선을 통과했다. 하지만 뒤에서는 몇 명의 선수가 광적으로 막판 스퍼트를 하며 그를 덮쳐오고 있었다. 비르하누가 결승선을 넘자마자 뒤따르던 선수들은 그를 그대로 들이받았고, 그제야 비르하누는 자신이 간발의 차이로 뼈아픈 결말을 피했음을 깨달았다.

"전혀 몰랐어요." 비르하누가 말했다. "분명히 아무도 없었거든요? 제가 확인도 했는데. 어떻게 그렇게 바짝 쫓아왔는지, 진짜 말도 안 된다니까요." 비르하누는 이 시점에서는 따라잡혔어도 어쩔 도리가 없었을 것 같다고 했다. "이때 그냥 거의 춤추고 있었어요." 그의 표현이었다. 마치 팔다리가 자기 멋대로 움직이는 것 같은, 나도 아는 느낌이었다. 비르하누는 2위 상금으로

5000달러를 받았다. 몇 초만 더 늦었어도 비르하누는 5위까지 밀려 상금은 1000달러에 그쳤을 것이다. 에티오피아에서는 5000달러면 아주 많은 일을 할 수 있었다. 비르하누는 이미 곤다르에 집을 짓고, 가족이 사업을 시작할 수 있도록 돕고 있었다. 하지만 달리기 선수에게는 경제적 기반을 마련할 수 있는 시간이 한정돼 있었다.

아베베 비킬라의 승리가 남긴 유산은 아무리 강조해도 지나치지 않았다. 하지만 그가 뛰던 시절과 지금의 에티오피아 육상 환경은 크게 달랐다. 내 친구 베누아 고댕 박사는 아디스아바바 대학의 동료인 베자비 월데Bezabih Wolde와 함께 쓴 논문에서, 1960년까지 에티오피아에서 조직적인 스포츠는 '미지의 영역'이나 다름없었으며, 학교 체육 프로그램이나 암하라어로 된 스포츠 매뉴얼도 부재했다고 언급했다. 에티오피아 최초의 스포츠 클럽들은 황제 시대에 창설됐다. 하일레 셀라시에 황제는 군과 황실 근위대의 구조를 개편하며, 귀족이 아니어도 하사관과 장교가 될 수 있도록 길을 열었다. 그 결과 군대는 농민에게 혹독한 현실에서 벗어날 하나의 기회가 됐다. 군인이 되면 안정적인 급여와 진급 가능성은 물론, 문해 교육과 무상 의료 혜택까지 받을 수 있었다.

1950년대 후반 에티오피아 공립학교 체육 교육 체계를 구축하기 위해 와 있던 온니 니스카넨 소령은 에티오피아군 최정예 달리기 선수들을 지도하는 임무를 맡았다. 니스카넨이 온 시기는 마침 스칸디나비아가 장거리 육상 기술 및 지도법에서 가장 앞서가던 때였다. 또 그는 당시 세계 정상급 중거리 선수들이 활용하던 파틀렉 훈련법을 개발한 인물 중 한 명인 예스타 올란더와 절친한 사이이기도 했다. 그래서 베누아는 논문에서 이렇게 지적했다. "타고난 에티오피아 달리기 선수라는 신화와 달리, 아베베 비킬라는 철저히 계획된 강도 높은 훈련을 다양하게 받았다." 동아프리카 선수에 대한 각종 논평을 보면 여전히 그들이 맨발로 뛰었다거나, 학교를 오가기 위해 달렸다는 식의 이야기가 반복된다. 그러나 이는 에티오피아와 케냐에서 이루어지는 강력한 제도적 지원을 간과한 것이다.

에티오피아 육상이 국가 주도로 발전해왔으며 애국심과 국가적 자부심이 원동력으로 작용했다는 점은 2000년까지 올림픽에서 메달을 딴 모든 에티오피아 선수가 군 소속 육상 클럽 출신이었다는 사실에서도 분명히 드러났다. 실제로 에티오피아는 육상을 뒷받침하는 각종 대회 및 제도적 기반이 많은 유럽 국가보다 더 잘 갖춰져 있었다. 에티오피아 1부 리그에 속한 트랙 경기, 도로 경기, 크로스컨트리 경기 부문 육상 클럽은 모두 선수에게 다른 일을 하지 않고도 충분히 생활할 수 있는 급여를 지급했다. 이들 클럽은 대부분 국가 기관과 직접 연계돼 있으며, 그중에서도 국군 육상 클럽이 대표적이었다. 이외에도 연방경찰, 에티오피아 전력공사(메브랏 하일), 에티오피아 상업은행(뱅크), 연방 교도소 클럽 등이 주요 클럽으로 꼽혔다.

또 아디스에 본부를 둔 이 클럽들과 더불어, 주니어 선수를 중심으로 운영되는 수많은 소규모 클럽 네트워크가 형성돼 있으며, 이곳에서는 훈련뿐 아니라 식사, 숙소, 장비까지 지원했다. 이

클럽들은 대체로 경찰이나 군, 지방 기업이 후원하며, 해당 지역 행정 기관에서 자체적으로 지원하기도 했다. 처음 클럽에 들어가려면 보통 선발전을 통과해야 하며, 지방 클럽에서 아디스의 대형 클럽으로 옮겨가려 할 때도 마찬가지였다. 아셀라의 한 클럽에서 달리기를 시작한 아세파는 80명의 경쟁자와 함께 3000미터 선발전을 치러야 했는데, 클럽에는 단 세 자리만 있었다고 한다. 아세파는 '4등이면 내년에 다시 와야 한다'는 말을 들은 기억이 난다고 했다. 그는 이후 그 클럽에서 메브랏 하일로 이적할 때도 비슷한 과정을 거쳤다.

    에티오피아의 국내 육상 대회는 극도로 치열한 경쟁 속에서 진행됐다. 1부 리그 클럽을 후원하는 기관들은 선수들이 잔메다나 그레이트 에티오피아 런 같은 대회에서 우승해 자신들의 위상을 드높여주길 원했다. 또 국내 대회 일정과는 별개로, 선수가 거액의 상금을 노릴 수 있는 국제 대회들이 있었다. 이러한 대회에 출전하려면 주로 유럽과 미국 출신인 매니저의 도움을 받아야 했는데, 이들 매니저는 대회 주최 측과 협상해 선수의 출전을 주선하고, 비자 및 출전을 위한 여행 준비를 대신해주는 대가로 선수 수입의 15퍼센트를 가져갔다. 여러모로 에티오피아 클럽들이 선수의 국제 대회 진출을 위한 디딤돌 역할을 하고 있었다. 이들 클럽이 없다면 선수들은 국제 무대에서 경쟁할 수 있는 수준에 도달하기까지 필요한 시간과 자원을 확보하기가 어려울 것이다. 국제 대회 상금은 불확실성이 큰 수입원이며, 특히 부상을 입기라도 하면 장기간 상금을 획득할 기회조차 사라진다. 따라서 대부분의 선수는 소속 클럽에서 받는 급여를 생계 기반으로 삼았다.

메세렛 코치는 월요일, 수요일, 금요일에는 모요스포츠 그룹에서, 화요일, 목요일, 토요일에는 메브랏 하일에서 일했다. 메세렛은 '선수든 코치든 클럽 활동을 통해 최소한의 경제적 자립이 가능할 만큼의 수입을 얻지 못하면, 매니지먼트 시스템 속에서 살아남기 어렵다'고 했다. 하지만 대부분의 선수에게 가장 큰 경쟁의 동기는 해외 대회에서 수만 달러의 상금을 획득할 기회였다. 즉 메세렛 같은 코치에게 가장 큰 과제는 선수들이 이 두 체계 사이의 균형을 유지해 생계와 커리어를 이어갈 수 있도록 조율하는 것이었다. 국내 대회에 출전할 강한 선수를 확보하는 한편, 이들이 국내 일정에 방해가 될 해외 대회에 출전하지 않도록 신중하게 조정해야 했다.

실제로 지금도 에티오피아 육상연맹이 선수들의 해외 출전 여부를 결정하며, 선수들은 해외 경기에 참가하려면 비자를 받기 전에 반드시 연맹에서 발급하는 '출전 허가서'를 제출해야 했다. 연맹은 해외 대회 출전이 선수의 국내 일정이나 국가대표 활동에 지장을 준다고 판단하면 출전 허가서를 발급하지 않았다. 메세렛의 말처럼 '클럽은 선수를 키워내지만, 정작 그 결실은 누리지 못했다'. 1960년 아베베가 에티오피아 장거리 육상을 세계 무대에 각인한 이후 자리 잡은 구조들은 에티오피아 선수들의 성공에 지대한 역할을 해왔다. 스코틀랜드 왕립 은행, 에너지 기업 '스코티시 파워'를 비롯해 15개가량의 다른 기업들이 각각 스무 명의 장거리 달리기 선수를 정규직으로 고용하고 있다고 생각해보라. 현재 스코틀랜드는 장거리 달리기 부문에서 꽤 강한 편이었다. 하지만 스코틀랜드에도 이러한 지원이 뒷받침된다면 캘럼 호킨스, 제이크 와이트먼(스코틀랜드 1000미터 기록 보유자), 앤드루 부차트(스코틀랜드 3000미터, 5000미터 기록 보유자이자 2016년 리우 올림픽 5000미터 6위 선수)처럼 국제 무대에서 활약할 만한 선수가 더 많아질 수 있을 것이다.

    와미는 에티오피아 달리기가 얼마나 변했는지 강조했지만, 현대의 편리함을 거부하라는 그의 조언은 계속해서 많은 선수에게 받아들여지고 있었다. 하일리에와 파실 그리고 다른 선수들은 훈련용 버스를 타고 도심을 벗어나 그들이 '더 편한 곳'이라고 부르는 곳에서 훈련할 수 있다. 그러나 때로는 내 예상을 훨씬 뛰어넘는 수준의 불편함을 일부러 감수하기도 했다. 여전히 도심 한복판을 가로질러 달릴 때도 있었다. 차는 다니지만 사람들은 깊이 잠든 그런 시간에, 그들은 달렸다.

9 | 새벽 3시에 언덕을 오르내리는 이유

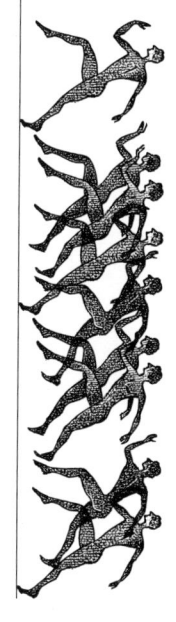

새벽 3시, 나는 네 시간 동안 뒤척이며 자나 일어났다. 이미 러닝 쇼츠는 입고 있던 터라 재빨리 티셔츠와 트레이닝복을 걸친 뒤 밖으로 나갔다. 바깥은 칠흑같이 어두웠고, 차가운 공기에 내 숨이 희뿌옇게 안개처럼 변했다. 우리 숙소의 개가 나를 보더니 짖는다. 마당 수도에서 파실이 얼굴을 씻고 있었다. 파실은 어젯밤 공사가 중단된 건물을 지키는 야간 경비 일을 쉬고, 하일리에의 방에 와서 잤다. 파실은 내가 정말로 약속대로 훈련을 함께하러 나왔다는 데 감격한 듯, 활짝 웃으며 말했다. "안테 파렌지 아이델룸. 제겐나 네." '넌 이제 외국인이 아니야. 넌 영웅이야.' 이런 말이었다. 하일리에가 나와 아직 잠이 덜 깬 얼굴로 내 어깨를 가볍게 두드렸고, 우리 셋은 숙소를 나섰다. 곧장 키다네 메흐렛 교회까지 천천히 달린 뒤, 묵묵히 아스팔트 내리막길 400미터를 내려갔다. 그때 하일리에가 지나온 방향으로 몸을 돌려 성호를 긋더니, 우리를 이끌고 언덕을 달려 오르기 시작했다. 길을 밝혀주는 건 이따금 나오는 가판대 앞에서 희미하게 빛나고 있는 갓 없는 전

구뿐이었다. 그리고 일고여덟 번째로 언덕을 오를 즈음 나는 깨달았다. 주전자를 지켜보고 있으면 물이 더 늦게 끓는 듯 느껴지는 것처럼, 언덕 꼭대기를 보면서 달리면 시간이 더디게 흘렀다. 오히려 발을 보며 달리면 어느새 꼭대기에 다다라 있었다.

    이 훈련은 하일리에와 파실이 '레짐 다굿', 즉 '긴 언덕'이라고 부르는 훈련이었다. 아디스에는 두 종류의 언덕 훈련이 있는데, 각각 수행할 수 있는 언덕의 조건이 달랐다. 짧은 언덕 훈련은 80~120미터 정도의 가파른 경사에서 이루어지며, 전력 질주로 언덕을 오른 뒤 천천히 조깅하거나 걸어서 내려오는 방식으로 진행됐다. 긴 언덕 훈련은 말 그대로 긴 언덕에서 이루어졌다. 때로는 500미터, 600미터까지 이어지기도 했는데, 경사가 조금 완만한 언덕에서 페이스를 일정하게 유지하며 달리는 훈련이었다. "이 언덕, 몇 번이나 오르내려야 해요?" 하일리에게 물었다. "글쎄요, 열두 번쯤?" 그러나 하일리에는 곧 말을 바꿨다. "그냥 한 시간 동안 계속 뛰죠. 짧은 언덕이었으면 횟수나 시간 상관없이 달렸을 거예요, 더 이상 못 버틸 때까지 그냥 계속."

    언덕 꼭대기가 가까워질수록 폐가 타들어가는 듯한 통증이 차츰 심해졌다. 더 이상 못 따라가겠다고 생각하는 순간, 하일리에가 언덕 윗길에서 몸을 돌려 흔들림 없는 페이스로 내리막을 내려오기 시작했다. 이후 언덕 꼭대기에 서서 간신히 어질어질한 현기증을 떨쳐냈다. 그런데 이번에는 하일리에가 언덕 아랫길에서 몸을 돌려 다시 오르막을 올라왔다. 아직 새벽 3시 반임에도 언덕 꼭대기의 교회 앞에는 몇몇 여성이 앉아 있었다. 추위를 막으려 솜 샴마를 몸에 단단히 두르고 있었다. "이 시간에 여긴 웬일일까요?" 내가 숨을 헐떡이며 물었다. "밤새 걸어서 왔나 보죠." 하일리에는 전혀 대수로운 일이 아니라는 투였다.

여자들은 서로 바짝 붙어 앉아 우리가 언덕을 오르내리는 모습을 무심히 바라봤다. 나는 기진맥진한 나머지 거의 멍한 상태로 달렸다. 어떻게 한 것인지 몰라도 하일리에는 내가 이를 악물면 따라갈 수 있을 만큼 절묘하게 페이스를 조절했고, 그렇게 가까스로 내가 언덕 꼭대기까지 따라붙으면, 그는 망설임 없이 방향을 틀어 다시 아래로 내려가기 시작했다. 나중에 하일리에는 내가 열심히 달리지만 한계를 넘어 무리하진 않는지 확인하려고 내 호흡 소리를 계속 듣고 있었다고 말했다. 나는 애써 시계를 보지 않으려 했고, 마침내 한 시간이 지나자 하일리에가 멈췄다. "베카." 이만하면 충분하다는 뜻이었다. 조깅을 하며 숙소로 돌아오는 길, 하일리에는 "이제 밖에서 찬물로 샤워하고 자요"라고 했다. "그러면 정말 기가 막히게 푹 잘 수 있을 거예요." 한밤중의 훈련을 완벽하게 마치는 데 찬물 샤워는 빠뜨릴 수 없는 의식인 것 같았다. 그래서 나는 러닝쇼츠만 입은 채 얼음장처럼 차가운 물을 양동이째 머리 위로 쏟아 부었다. 처음 양동이 물을 뒤집어쓰자 너무 차가워서 온몸이 덜덜 떨렸다. 하지만 몇 번 덮어쓰다 보니 나중에는 피부가 얼얼하고 저리면서도 깨어나는 듯한 감각이 의외로 나쁘지 않았다. 하지만 침대에 몸을 뉘자 그 감각은 금방 사그라졌고, 나는 금세 잠에 빠져들었다.

파실이 방문을 두드리는 소리에 잠을 깼을 때는 온몸이 뻐

근하고 머리가 흐리멍덩했다. 파실은 아침으로 새벽 훈련의 여파를 가시게 할 '특별식'을 준비했다고 알렸다. 스크램블드에그와 고추를 넣어 볶은 고기 그리고 수북한 롤빵이었다. 이불 속에서 다리를 살짝만 움직여도 얼얼한 통증이 몰려왔다. 그런데 흔들리는 이를 괜히 혀로 건드릴 때처럼 묘하게 만족스러운 느낌도 들었다. 에티오피아에 온 지 6개월여가 지난 시점에서 이루어진 이 훈련은 내게 새로운 출발점이 됐다. 이때 파실은 처음으로 내게 '하베샤'가 돼가고 있다고 말했다. 하베샤는 강한 자부심을 지닌 단결된 에티오피아인이라는 뜻이었다. 나는 일종의 통과의례를 거친 듯한 기분이 들었고, 이후 하일리에, 파실과의 관계도 변화했다. 파실은 내가 영국으로 돌아가서 경기에 나가면 "차오, 파렌지", 즉 '저 먼저 갑니다, 외국인 여러분'이라고 외치고 다른 선수들을 가볍게 따돌린 뒤 우승할 수 있을 거라고 농담하기도 했다. 이후 '차오, 파렌지'는 우리가 훈련을 성공적으로 마칠 때마다 자연스럽게 터져 나오는 말이 됐다. 문득 이 한밤중 훈련이 어쩌면 수개월째 이어져온 것일지도 모른다는 생각이 들었다. 내가 아무것도 모른 채 깊은 잠에 빠져 있는 동안, 주변 언덕에서는 혹독한 훈련이 이어지고 있었던 것이다. 에티오피아 달리기에 대한 이런 깨달음은 이곳에서 오랜 시간을 보내며, 주변 선수들의 삶에 적극적으로 뛰어들었기에 비로소 얻을 수 있는 것이었다. 새벽 3시에 언덕을 달리는 이 일이 특별히 에티오피아적인 이유는 뭘까?

하일리에는 자신의 '컨디션'에 만족할 수 없어 밤에 언덕을 오르내리며 훈련을 해야겠다고 결심했다. 최근 체중도 조금 는 데다 보조 에이전트로 일하느라 이전처럼 훈련에 대한 의욕을 유지하기가 어려웠기 때문이다. 한마디로 하일리에는 너무 '편안하게' 지내고 있었고, 그로 인해 자신의 달리기가 무너지고 있다고 생각했다. 그는 한 달에 겨우 200비르(약 7파운드)로 살던 시절 오히려 더 잘 뛰었다고 했다. 그때는 코치가 선정한 최적의 훈련 장소로 이동하기 위해 일주일에 세 번 아디스 밖으로 떠나는 그룹 버스를 이용할 수도 없었다. 하일리에는 그런 장소까지 갈 대중교통비도 없어, 거리에 차량과 사람이 적은 한밤중에 일어나 도시 안에서 훈련할 수밖에 없었다. 그가 지금 하는 이 훈련에는 가난했던 기억 그리고 그 시절의 자신에게 떳떳하고자 하는 마음이 깃들어 있다는 걸 알 수 있었다. 하일리에는 이런 종류의 훈련 뒤 찬물 샤워를 하는 것과 우리가 얻게 될 수면의 질을 강조했다. 그는 특정 형태의 노력과 희생에는 더 큰 보상이 따르는 법이라고 믿었고, 그 같은 도덕관념을 바탕으로 노동과 휴식을 바라봤기 때문이다. 하일리에의 기준에 따르면 똑같은 언덕 훈련이라도 오후 3시보다 새벽 3시에 하는 게 훨씬 더 가치 있는 일이었다.

또 한번은 하일리에가 장티푸스로 고생하는 와중에도 숲에서 달리기를 고집한 적이 있었다. 기온이 20도가 훌쩍 넘는 날씨였는데도 그는 '땀을 흘려야 한다'며 트레이닝복을 두 벌 겹쳐 입었고, 우리는 천천히 언덕을 걸어 올라갔다. "정말 괜찮겠어요?" 내가 물었다. "자느니 달리는 게 훨씬 낫죠." 하일리에가 단호하게 말했다. "크리스티아누 호날두는 감기에 걸리면 안 뛰겠죠. 개러스 베일°도 마찬가지고요. 다 쉴 거예요. 파렌지는 다 쉴 테지만,

하베샤는 그래도 뛰어요." 하일리에는 여러 번 멈춰 쪼그려 앉았고, 그때마다 이마를 감싸며 어지럽다고 중얼거렸다. 우리는 집으로 돌아가자고 거듭 설득했다. 하지만 하일리에는 "전 버틸 수 있어요, 이겨내야 해요"라며 계속 달렸다. 아픈 몸을 이끌고, 심지어 콧구멍에 마늘까지 꽂고 달리는 행위가 자기 단련의 한 방식으로 받아들여지곤 하지만, 이는 일반적인 의학적 관점과 명백히 상충되는 것이었다. 그럼에도 고통을 감내하고 불평 없이 훈련을 이어가는 태도는 '컨디션'을 만들어가는 과정의 일부였다.

　다시 말하지만, 이는 작은 향상을 추구하는 논리, 즉 훈련과 휴식 방식을 조금씩 조정해 1퍼센트씩 유의미한 변화를 축적함으로써 눈에 띄는 성과를 이루려는 접근법과는 거리가 멀었다. 물론 에티오피아 선수들도 휴식의 중요성을 매우 강조했다. 나는 훈련 세션 사이사이에 걸어 다니지 말라는 주의도, 아침 훈련 후에는 반드시 잠을 자라는 당부도 자주 들었다. 한밤중 언덕 훈련을 마치고 돌아오는 길, 동트기 전이라 공기가 차긴 했으나 뛰느라 더워진 몸을 식히고 싶었던 나는 재킷 지퍼를 내렸다. 그러자 하일리에가 내 재킷을 다시 잠가주며 말했다. "조심해야죠, 추워요." 그걸 신경 쓰는 것치곤 방금 전 숙소에 도착하면 마당에서 찬물 샤워를 한다지 않았느냐고 반문하자, 하일리에는 그저 어깨를 으쓱였다. 에티오피아 선수들이 성과를 높이기 위해 작은 부분에도 세심한 주의를 기울이고 있다는 건 분명했다. 이들은 추위를

○ 지금은 은퇴한 세계적 축구 선수.

막기 위해 재킷의 지퍼를 올렸고, 카페에서 시간을 낭비하지 않으려 했으며, 이런저런 용무를 처리하기 위해 돌아다니는 것도 자제했다. 하지만 에티오피아 선수들은 최대한의 향상을 추구하는 데도 큰 비중을 뒀다. 그래서 한밤중에 언덕 훈련을 하기도 하고, 힘과 '위협적인 존재감'을 기르는 데 집중했다.

에티오피아에서는 강한 선수를 묘사할 때 흔히 '아다겐나', 즉 '위험하다'라고 했다. 당연히 '위협적인 존재감'을 기르는 건 '컨디션'을 갖추는 데도 중요한 부분을 차지했다. 이는 실제로 위험한 훈련 환경, 특히 고지대나 '추운' 장소에서 훈련하는 것과 밀접하게 연결돼 있었다. 베코지와 데브레타보르에 가기 전에는, 두 곳 모두 해발 3000미터가 넘다 보니 여러 사람으로부터 고도상 '매우 위험한 곳'이라는 경고도 들었다. 특별히 힘든 장소에서 하는 훈련이나 한밤중 훈련을 앞두고는 며칠 전부터 미리 계획을 세우고 논의하는 경우가 많았다. 그리고 출발할 때쯤이면 마치 새벽의 습격자라도 된 양, 위태로운 모험에 뛰어드는 듯한 기분마저 들었다.

'위협적인 존재감'을 키우고 싶다고 해서 꼭 어떤 감정을 인위적으로 만들어내야 하는 건 아니었다. 때로는 위험이 실재했기 때문이다. 하일리에는 클럽에 입단하고 도심 밖으로 훈련하러 갈 형편이 되기 전, 자신이 하곤 했던 아스팔트 장거리 훈련에 대해 이야기했다. 35킬로미터를 달리며 도시를 한 바퀴 도는 훈련이었다. 어느 날 밤, 같이 그 훈련을 다시 한 번 해보면 어떻겠느냐고 묻자, 하일리에는 내가 이런 제안을 한다는 것 자체가 재밌는지 웃음을 터뜨렸다. 어쨌든 지금 우리는 원하는 곳 어디로든 버스를 타고 갈 수 있었기 때문이다. 하일리에는 내가 정말 진지하게 말하는 건지 미심쩍은 데다, 염려스러운 마음도 드는 거 같았다. "물론, 할 수 있죠." 하일리에가 말했다. "하지만 워치는 방에 놔두고, 운동화도 제일 싼 걸로 신고 가야 해요."

그에 따르면 밤에는 특히 주의해야 할 사항이 두 가지 있었다. 첫째는 '레복', 즉 도둑이었다. 이들은 선수들이 도로를 달릴 때 신는 러닝화가 중고 시장에서 꽤 비싼 값에 팔린다는 걸 알고 있었다. 하일리에는 이런 사람들을 밤에 무방비한 이들을 노린다고 해서 '지복', 즉 하이에나라고 불렀다. 그리고 둘째로 주의해야 하는 건, 물론 진짜 하이에나였다. "주로 큰길을 따라서 달릴 거예요. 주위로 차도 좀 다니고, 전조등 불빛이 있는 편이 좋거든요." 하일리에는 하이에나를 만나 하마터면 정말 큰일 날 뻔한 적이 한 번 있었는데, 새벽 2시에 파실과 아스팔트 훈련을 하던 중 정전이 겹친 때였다고 했다. "지금 우리가 달리는 방향은 시내 중심이에요. 코테베에서 조금만 지나면 가끔 큰 양 시장이 열리는 곳 알죠?" 나는 안다고 대답했다. 종종 그 부근의 반쯤 개간된 숲 공터에 적잖은 수의 농부들이 가죽 채찍으로 양 떼를 몰면서 모였다. 바닥에는 양가죽과 버려진 고기 조각이 널려 있었다.

"지금 그쯤 왔어요." 하일리에가 말했다. "여긴 보통 저 아래에 술집이랑 가로등이 있어서 이렇게까지 깜깜하진 않았는데." 여기까지 말한 하일리에는 손가락을 한 번 튕겼다. "왠지 오늘은 불이 다 꺼져 있네요." 지나가는 차도 없어서 우리는 완전히 멈춰 서서 눈이 칠흑 같은 어둠에 적응할 때까지 기다려야 했다. 한 치 앞 발밑도 보이지 않는 상황이었다. 그런데 우리의 걸음이 멈추자 사방에서 뭔가가 재빨리 움직이는 듯한 소리가 들렸다. 잠시 후 눈이 어둠에 적응되자 예닐곱 마리의 하이에나가 도로 양옆에 서 있는 모습이 보였다. 하일리에가 내 팔을 붙잡으며 말했다. "어느 쪽으로 뛸까요?" 나는 대답했다. "뛰면 안 돼요. 불 켜진 차가 올 때까지 기다려요." 그래서 우리는 기다렸다. 심장이 사정없이 뛰었다. 하이에나의 숨소리도 들렸다. 정말 가까이에 있는 것 같았다. 도망치는 건 불가능하다는 게 점점 더 생생히 느껴졌다.

"와요." 그때 하일리에가 말했다. "뒤에서 소리가 들려요." 곧 헤드라이트 불빛이 우리 주위를 비췄고, 차가 지나치는 순간 나는 하일리에에게 말했다. "저 차랑 같이 달려요!" 그렇게 우리는 수백 미터 가까이 그 차를 따라갔고, 나는 살면서 해본 것 중 가장 고강도 인터벌 훈련을 했다. 하일리에는 살면서 해본 것 중 가장 재미있는 일이라고 생각하는 것 같았다. "이제 걱정 안 해도 돼요, 마이클. 오늘은 정전될 일이 없으니까요." 우리의 훈련은 목요일, 두바이 마라톤이 열리기 전날 밤이었다. '많은 사람이 두바이 마라톤을 보기 위해 밤에 장거리 훈련을 할 것'이라는 이유로 하일리에가 이날을 택했다. 영국에서 달리기를 한 다음에 런던 마라톤이나 베를린 마라톤 중계를 시청하려고 일요일 오전 6시, 7시에 일어난 적은 있었다. 하지만 두바이 마라톤은 오전 6시에 시작되고, 에티오피아 시간으로는 오전 5시였다. 우리는 그때까지 35킬로미터 달리기를 끝낼 계획이었다.

우리가 달릴 경로는 낮에는 미니버스로 북적이는 아디스의 주요 도로를 따라가는 단순한 코스였다. 우리는 코테베를 떠나 하일리에와 파실이 하이에나와 마주친 곳을 지나쳐, 거대한 회전 교차로이자 교통 허브인 메게나그나로 갈 생각이었다. 그리고 그곳에서 '멕시코'로 향할 예정이었다. '멕시코'는 아디스에 있는 또 다른 거대 회전 교차로로, 1935년 이탈리아의 에티오피아 합병을 인정하지 않은 다섯 나라 중 하나인 멕시코를 기리기 위해 지어진 이름이었다(멕시코시티에도 마찬가지로 회전 교차로이자 에티오피아의 독립을 지지하는 뜻이 담긴 '에티오피아 광장°'이 있다). 이어서 아디스에서 가장 번화한 지역인 볼레에 들른 뒤, 다시 메게나그나를 지나 코테베로 돌아온다. 하일리에는 주말마다 위성 TV로 프리미어 리그 경기를 틀어주는 목수에게 새벽 5시에 두바이 마라톤을 볼 수 있게 해달라고 설득해둔 상태였다. 정말 이상하고 꿈같은 밤이 될 것 같았다.

　이 무렵 나는 아침에 일어나서 숙소를 떠나기까지 걸리는 시간을 최소화할 수 있도록 짠 저녁 루틴을 실천하고 있었는데, 빨리 잠드는 데는 그다지 도움이 되지 않는 루틴이었다. 나는 가스레인지용 모카 포트(백화점에서 구입한 이탈리아산 제품으로, 에티오피아에서 내가 산 것 중 가장 비싼 물건이자 가장 요긴한 물건이었다)로 에스프레소 여섯 잔을 추출한 뒤, 거기에 뜨거운 물을 조금 부었다. 이렇게 만든 커피를 아침에 마실 수 있게 보온병에 담아둔 뒤 밤

○　지금은 이 자리가 지하철역으로 바뀌었다.

9시 30분쯤 커피 향이 가득한 방에서 잠을 청했다.

　5시간 뒤, 내 방 철판 문을 두드리는 익숙한 소리와 함께 늘 그렇듯 왜 빈속에 커피를 마시느냐고 한소리를 듣는 시간이 찾아왔다. 하일리에는 밤에 자러 가기 직전에만 커피를 마시는 사람이었고, 내가 왜 이 시간에 커피를 마시고 싶어 하는지 도통 이해하지 못했다. 나는 도저히 커피 없이 버틸 자신이 없었다. 새벽 2시 30분, 우리는 숙소를 나와 가판대 밖에 달린 전구 불빛에 의지해 돌길을 따라갔다. 이윽고 아스팔트 도로에 이르러서는 조깅을 하며 내리막을 내려갔다. 하일리에가 손가락을 튕기며 나에게 오른쪽으로 가라는 신호를 보냈다. 그런데 그가 피하라고 한 건 평소처럼 나무뿌리나 길에 굴러다니는 돌이 아니라, 술에 취해 휘청거리며 힘겹게 걷고 있는 사람이었다.

　코테베를 빠져나오는 길, 아직까지 문을 연 바가 몇 군데 있었다. 네온 불빛과 함께 대형 맥주 광고판들이 눈에 띄었다. 빨간색과 노란색의 세인트 조지 맥주, 부드러운 파란색 배경에 아이벡스(산양의 일종) 로고가 돋보이는 왈리아 맥주, 측면을 바라보는 아프로 헤어스타일의 여성 그림이 특징적인 하베샤 맥주 광고가 나란히 경쟁하고 있었다. 바에서 몇 명이 우리에게 소리쳤다. 우리가 뛰고 있기 때문은 아니었다. 여기서 이 시간에 뛰는 게 특별한 일은 아니었으니까. 이 시간에 뛰는 파렌지가 드물기 때문인 듯했다. 게다가 아마 내가 에티오피아 대표 팀 트레이닝복을 입고 있었기 때문일 것이다. 노란색과 초록색이 섞인 그 옷은 내 옷 중에 제일 밝은 옷이었다. 바에서 나는 소란스러운 소리는 금세 멀어졌고, 하일리에가 하이에나를 만났다는 장소가 가까워오면서 내 심박수가 점점 더 올라갔다. 오늘 밤은 다행히 전기가 들어오고 있었지만, 그렇다고 해도 도로 옆 나무들 너머는 몇 미터밖에 보이지 않았고, 나는 그곳을 한시라도 빨리 벗어나고 싶어 마음이 정말 조급했다.

이 시간에는 주변에 대한 감각이 훨씬 예민해졌다. 작은 소리나 갑작스러운 움직임이 느껴지면 신경이 곤두섰다. 하지만 교통량이 많지 않은 덕에 우리는 자연스럽게 부드러운 리듬에 맞춰 달리기 시작했다. 나는 하일리에의 발걸음을 따라 도로 위를 달렸다. 늘 그렇듯 도로에 올라온 나는 하일리에보다 몇 배는 요란했다. 나 나름대로는 하일리에의 발소리가 내 발소리에 묻히지 않도록 최대한 가볍게 뛰려 애썼다. 수백 미터마다 철제 구조물이 나왔고, 그중 일부는 나무 플랫폼 위에 세워져 있었다. 거리를 순찰하고 밤의 노점과 시장을 지키는 경비 요원들이 머무는 곳이었다. 가끔 횃불이나 두꺼운 나무 막대인 '둘라'를 들고 있는 경비 요원을 볼 수 있었다.

메게나그나 회전 교차로 아래 버스 정류장에는 불을 피워 몸을 녹이고 있는 사람들과 담요에 몸을 감싼 사람들이 있었다. 우리는 하일레 게브르셀라시에가 현대 차를 수입해 판매하는 '마라톤 모터스' 건물과 그의 아내가 운영하는 '알렘 피트니스 센터'를 지나쳤다. 하지만 한눈팔지 않고 도로에 집중해야 했다. 도로에는 인도도 없고 가로등도 거의 없어, 오직 운전자가 주의 깊게 운전해주길 바라며 우리의 순발력에 의지해 몸을 지킬 수밖에 없었다. 회전 교차로 주변의 불빛이 깜빡이는 고층 건물들을 뒤로 하고, 내리막을 달려 케베나 쪽으로 향했다. 내가 베누아와 함께 지낼 때 살던 곳이었다. 그 후 아랏킬로까지 이어지는 긴 직선 도로를 따라갔다. 조금 뒤, 문득 이렇게 독특한 훈련을 하고 있으면서도 내가 주변을 의식하지 않고 하일리에의 발뒤꿈치가 내 앞에서 빠르게 움직이는 모습에만 온 신경을 집중하고 있었다는 사실을 깨달았다. '멕시코'에 다다랐을 즈음엔 15킬로미터가량 달린 후였고, 멍하니 달리던 나는 정신을 번쩍 차리고 회전 교차로 위로 지나는 육교를 건넜다.

우리는 다시 스타디움과 메스켈 광장 쪽으로 향했다. 이 광장은 사회주의 시대에 대규모 행진이 열린 곳이자, 그 이름의 유래인 에티오피아정교회의 '메스켈 축제'가 개최되는 장소였다. 최근에는 반정부 시위의 중심지로도 알려져 있었다. 스타디움을 마주 보는 광장 한쪽, 수백 미터 길이의 돌계단 위로 새벽 4시임에도 벌써부터 그 계단을 오르내리고 있는 사람들이 하나둘 눈에 들어왔다. 광장에서부터는 남동쪽으로 방향을 틀어 '체첸'이라는 외곽 지역을 향해 움직였다. 그 지역의 네온 불빛이 러시아-체첸 전쟁 당시의 추적 미사일 영상을 떠올리게 해 그렇게 불린다고 했다. 이곳은 아디스의 유흥가로, 이 시각에도 여전히 북적이고 있었다. 우리는 그곳을 지나 북쪽을 향해 완만한 오르막을 오르기 시작했고, 거의 한 시간 만에 하일리에가 처음으로 입을 열었다. "약간 돌아오긴 했어요. 마이클이 이 거리 이름을 보면 흥미로워할 것 같았거든요."

우리는 거의 30킬로미터를 달린 뒤, 2킬로미터 길이의 케네니사 애비뉴를 따라 메게나그나로 돌아왔다. 도로에서 한참 달리느라 다리가 꽤 피로한 상태였던 나는 이 회전 교차로를 보자 안도감마저 들었다. 최근의 장거리 훈련은 모두 센다파의 거친 길이나 숲에서 했고, 두 곳 모두 달리기를 하기에 도로보다 나은 표면이었다. 나는 더 나은 장소에서 훈련하고 싶어도 교통수단을 이용할 수 없어 가지 못하는 사람들의 어려움을 새삼 깨달았다. 그들은 에티오피아에서 그렇게 강조되는 환경적 자원에 접근할 수 없는 상황에서도, 더 높은 수준에 도달하기 위해 필사적으로 노력하고 있었다. 코테베에 거의 다다를 무렵, 하일리에는 '인터벌을 몇 번 하고 끝내자'며 속도를 늦춰 나에게 나란히 달리라고 손짓했다. 그렇게 20초 정도 조깅을 한 뒤 손뼉을 치며 다시 속도를 올렸다. 훈련 마지막에 인터벌 달리기를 몇 차례 하는 건 이젠 나에게도 익숙한 일이었다. 각 구간은 점점 더 빠르고 길어졌다. 그러면서 몸이 한결 풀리는 느낌이 들었고, 장거리 달리기로 쌓인 다리의 무기력감을 어느 정도 해소할 수 있었다. 마지막으로 우리는 천천히 조깅을 하며 팔도 흔들어 풀어줬다.

훈련 중 두세 명씩 짝을 이뤄 달리는 선수들을 일고여덟 팀은 마주쳤는데, 새벽 5시에 두바이 마라톤을 보러 목공소에 몇 명이나 모일지 궁금했다. 하일리에는 선수들이 오지 않을 거라는 걱정은 하지 않았다. 대신, 목수가 늦잠을 자는 게 걱정이었다. 우리가 코테베로 돌아온 새벽 5시 직전, 많은 사람에게는 이제 막 하루가 시작되고 있었다. 도로변에는 노동자가 차를 타려고 서 있고, 미니버스를 기다리는 줄도 이미 길게 늘어져 있었다. 나이키와 아디다스 트레이닝복을 입은 선수들도 센다파나 세베타로 아스팔트 훈련을 가는 버스를 기다리며 서 있었다. 이렇게 이른 아침에 이미 훈련을 끝냈다고 생각하니 괜히 우쭐해지면서도 기분이 묘했다.

다행히 목수는 작업장을 제때 열었고, 분주히 프로젝터 스크린과 좌석을 준비하고 있었다. 좌석은 작업대와 까끌까끌한 나무 판자였지만 나쁘지 않았다. 이미 와 있는 선수도 몇 명 됐는데, 오랜 달리기로 흘린 땀에 트레이닝복이 아직 축축했다. 10분 정도 지나자, 놀랍게도 작업장이 꽉 찼다. 캄캄한 가운데 작은 램프와 프로젝터에서 나오는 빛만 비치니 마치 긴장감 넘치는 (그리고 땀 냄새가 가득한) 영화관처럼 느껴졌다. 대다수가 이제 막 길고 힘든 달리기를 마치고 와 지쳐 있음에도 방 안엔 초조한 기운이 감돌았다. 여기 모인 선수들이 수년간 알고 지낸 누군가가, 가령 같은 고향 훈련 캠프 출신이거나 근래에 숲 훈련을 함께한 동료 혹은 그저 이웃일 수도 있는 누군가가 앞으로 두 시간 후면 평생 자기 가족이 경제적으로 걱정 없이 살 수 있을 만큼 상금을 얻게 될 가능성이 매우 높았다. 기록 보너스를 제외한 남녀 경기 총상금 약 81만 6000달러의 대부분이 단순히 에티오피아로 돌아오는 걸 넘어, 바로 이곳 코테베 출신 선수들에게 돌아올 가능성이 매우 크다는 것 또한 분명했다.

게다가 가장 유력한 우승 후보나 전력상 가장 빠른 선수 혹은 과거의 우승자가 반드시 우승하리라는 법이 없다는 것도 거의 확실했다. 이 대회의 역사상 단 한 사람, 하일레 게브르셀라시에 만이 두 번의 우승을 기록했다. 2년 전에는 당시 18세이던 체가예 메콘넨이 생애 첫 마라톤 출전임에도 우승을 차지했다. 그뿐 아니라, 이 대회에 출전하기 전 체가예의 하프 마라톤 최고 기록은 1:02:53에 불과했다. 그러나 그는 두바이에서 2:04:32의 기록으로 결승선을 통과했고, 이는 자신의 하프 마라톤 최고 기록을 연달아 경신한 것이나 다름없었다. 작년 대회에서는 레미 베르하누가 자신의 최고 기록을 5분 이상 단축하며 우승했는데, 그 경기는 레미가 에티오피아 밖에서 치른 불과 두 번째 경기였다. 두바이 대회는 마라톤의 승자 독식 구조와 한 번의 승리로 인생이 바뀔 수 있는 경기라는 마라톤의 본질을 가장 단적으로 보여줬다. 이 대회에서는 고원 지대 농장에서 자라 열세 살에 학업을 중단한 누군가가 단 두 시간여 만에 상상할 수 없는 부를 손에 넣을 수도 있었다.

  이런 이유로 두바이 마라톤은 에티오피아 선수들이 유달리 각별하게 여기는 대회였다. 다른 주요 대회와 달리 두바이 마라톤은 선수들에게 많은 출전료를 지급하지 않기 때문에 케냐 선수의 참가가 드물었다. 케냐의 최정상급 선수들은 대체로 1년에 두 차례 정도만 대회에 출전하므로, 부진할 경우 아무런 보상도 얻을 수 없는 두바이 대회는 위험 부담이 너무 컸기 때문이다. 그러나 내가 만난 거의 모든 에티오피아 선수들은 두바이 마라톤에 출전하고 싶어 했다. 어떤 선수는 개인 최고 기록이 우승 기록에 비해 몇 분, 심지어 10~15분이나 부족했음에도 그랬다. 두바이에서는 이전에도 믿기 힘든 기록 경신이 여러 차례 있었다. 그래서 두바이는 '기록이 자연스럽게 나오는 곳'이라고 불리기도 했다.

경기는 출발과 동시에 폭발적인 속도로 전개됐지만, 이곳에 모인 선수들은 전혀 놀라지 않았다. 첫 한 시간 동안 우리는 별다른 말 없이 남자부 경기를 지켜봤다. 거대한 선두 그룹이 넓고 평탄한 두바이의 고속도로 위를 달리고 있었다. 한 시간 전 우리가 달리던 도로처럼 가로등이 드문드문 놓여 있었다. 두바이 마라톤은 전체 코스에서 방향을 트는 구간이 단 네 곳뿐이었는데, 선수들은 이를 긍정적으로 생각하는 것 같았다. 총 열여섯 명의 선수가 중간 지점을 61분 39초라는 엄청난 속도로 통과했고, 그 페이스를 유지하며 30킬로미터 세계 기록을 경신했다. 무엇보다도 놀라웠던 건 나와 하일리에가 꽤 원활하게 통역을 해주고 있었는데도, 그들의 속도에 대해 특별히 놀라는 사람이 아무도 없다는 점이었다. 오히려 누군가 선두 그룹에서 떨어져 나올 때마다 이곳의 선수들이 보이는 주된 반응은 실망과 못마땅함이었다. "에휴, 틸라훈이 못 따라가네." 틸라훈 레가사가 다른 선수들로부터 몇 미터쯤 뒤처지기 시작하자, 누군가 이렇게 말했다. (그렇더라도 틸라훈은 2:08:11의 기록으로 완주했다.)

경기는 막바지로 접어들면서 점점 더 전략 싸움의 양상을 띠었고, 선수들의 관심은 세계 기록 경신보다 20만 달러의 상금을 차지하는 데 쏠려 있는 듯했다. 레미 베르하누가 하일레 이후 최초로 2연패를 달성할 가능성이 커지기 시작했다. 마찬가지로 에티오피아 선수인 현재 2위 테스파예 아베라와의 격차를 점차 벌려 나가고 있었다. 나는 출전자 명단과 기록을 훑어봤고, 테스파예의 개인 최고 기록이 참가 선수들 중 17위밖에 되지 않는다고 말했다. 그러자 하일리에가 대답했다. "그렇죠. 하지만 지금 바로 저기 있잖아요? 그리고 테스파예는 '피니싱finishing'이 있어요. 원래 40미터 선수였거든요!" '피니싱'은 경기 끝부분을 이야기할 때 결승 지점을 뜻하기도 하고, 하일리에가 쓴 것처럼 선수의 경기 마무리 능력을 의미하기도 했다. 테스파예는 키가 193센티미터로, 엘리트 마라톤 선수로서는 이례적으로 큰 키였다. 게다가 카메라의 왜곡 현상도 무시할 수 없으니 두 선수 간의 실제 격차가 어느 정도인지 가늠하기가 어려웠다.

    레미를 응원하는 이들이 결승선을 향해 전력으로 질주하는 그를 향해 소리쳤다. "나! 나!", '어서! 어서!' 이들은 레미보다 앞서 달리는 중계용 오토바이 시점에서 잡힌 그를 보며, 마치 앞으로 끌어당기기라도 하듯 연신 외쳐댔다. 도로 양쪽으로 응원을 나온 에티오피아 이주 노동자들의 모습이 비쳤는데, 의상도 치밀하게 맞춰 입은 듯 보였다. 관중석 맨 위층의 사람들은 흰색 로브에 빨간색, 노란색, 초록색 스카프를 두르고 있었고, 아래층 사람들은 에티오피아 국가대표 축구 팀 셔츠를 입고 거대한 국기를 흔들고 있었다. 갑자기 들려오는 관중의 함성에 테스파예가 단거리 선수 시절을 떠올리며 마지막 200미터를 전력으로 질주해 여유 있게 우승했다. 결승선을 통과한 그는 믿기지 않는다는 듯 두 손으로 머리를 감쌌다. 레미가 재작년에 그랬던 것처럼, 테스파예는 자신의 개인 최고 기록을 5분 이상 단축하며 우승했다. 이제 그는 완전히 새로운 삶을 맞이하게 됐다. 그리고 그 뒤로는 테스파예의 이전 기록보다 빨랐으나 상금을 한 푼도 받지 못하게 된 선수도 세 명 들어왔다. 그만큼 경쟁이 치열했다. 나중에 내가 이 점을 지적하자 하일리에가 말했다. "그게 바로 마라톤이죠."

　우리는 일하러 나가는 사람들 사이로 피곤한 발걸음을 옮기며 언덕을 올랐다. 문득 내가 함께 지내고 있는 이 선수들은 낮과 밤을 구분해 활동 시간과 휴식 시간으로 나누지 않는다는 생각이 들었다. 달리기는 낮이나 밤 언제든지 선택할 수 있는 일이었고, 잠도 마찬가지였다. 중요한 건 일을 하는 데 들이는 시간이 아니라, 그 시간에 들이는 에너지였다. 정해진 시간에 잠을 자고 싶지 않다면, 안 자도 괜찮았다. 어느 날 새벽 3시에 나는 마당에서 하일리에가 달그락거리는 소리에 잠에서 깼고, 기상 시간인 줄 알고 일어나 트레이닝복을 입으며 나갈 준비를 했다. 그러다 마침내 시간을 확인하고는 문을 열어 무슨 일인지 물었다. 하일리에는 "잠이 안 와서요"라고 말했다. "내일 체닷이 35킬로미터를 얼마나 빨리 달릴 수 있을까 생각하며 누워 있었는데, 깜빡하고 화단에 물을 안 준 게 떠올라서 지금 주고 있어요." 잠이 완전히 달아난 나는 물 주는 걸 도와준 뒤, 다시 침대로 가 한 시간쯤 더 잤다.

　하일리에의 주요 업무 중 하나는 에든버러에 있는 매니저 맬컴과 선수들 사이에 원활한 소통이 이루어지도록 하는 것이었고, 또 다른 주요 업무는 선수들이 공항에 제시간에 도착하도록 돕는 것이었다. 현지의 시간 체계와 파렌지의 시간 체계가 다르다 보니 가끔 하일리에는 혼란을 겪기도 했다. 하일리에는 보통 자기 워치를 오전 6시부터 시간을 재기 시작하는 에티오피아 시간 체계에 맞춰 설정했다(즉 7시가 1시, 8시가 2시였다). 그리고 휴대전화는 '일반적인' 시간으로 맞춰뒀다. 어느 날 저녁, 훈련 두 번에 선수들의 비자 신청을 확인하러 대사관까지 다녀오느라 유난히 지쳤던 하일리에는 평소보다 일찍 잠자리에 들었다. 일어났을 때는 워치가 5시 30분을 가리키고 있었고, '파렌지' 시간대로 새벽 5시 30분이라고 생각한 하일리에는 서둘러 옷을 입고 훈련을 위해 언덕을 내려갔다.

그리고 큰길까지 내려가 술집에 아직도 사람이 많은 걸 보고 의아해하다가, 비로소 자신의 실수를 깨달았다. "파실에게 전화해 '혹시 지금 무슨 축제라도 있어요?'라고 했더니, 파실이 웃으며 '가서 잠이나 더 자요'라는 거 있죠." 중요한 훈련이나 경기 전에 잠을 못 잘까 봐 걱정하는 일도 없는 것 같았다. 한번은 특별히 기억에 남을 것 같은 장거리 훈련을 마친 뒤, 체닷에게 이번 훈련이 어땠는지 물은 적이 있다. "상당히 좋았어요." 체닷이 말했다. "밤새 저희 형이 트럭 파는 걸 돕다가 왔는데, 그 덕분에 더 괜찮았던 것 같아요." 형이 왜 밤에 트럭을 팔고 있었는지는 묻지 않기로 했다.

한밤중의 달리기는 그 어떤 장소나 환경에서 달릴 때보다 더 달리기의 의미와 모험심을 일깨워줬다. 훈련 계획을 철저히 따르고, 필요한 만큼 달리기를 해내며, 장소와 시간에 관계없이 훈련을 하기만 하면 되는 문제가 아니었다. 새벽 3시의 언덕 훈련

은 무척 특별했다. 나는 이제 출발선에 서면 이렇게 생각한다. '아무도 그런 훈련은 안 해봤겠지.'

선수들은 에너지를 어디에서 얻나?

에티오피아에서 머무는 동안 내 이해 너머의 어떤 힘이 작용한다는 사실이 점점 더 분명해졌다. 예를 들어 우리가 훈련을 마치고 서 있는 코로콘치에 바람이 불어 먼지 구름이 일면, 파실은 몇 번이고 성호를 그었다. 설명이 필요하다는 듯 하일리에를 쳐다보자 "악마일 수도 있다고 생각해서 그러는 거예요. 방금까지 열심히 달렸으니까 자기 에너지를 빼앗기지 않으려고요"라는 대답을 들을 수 있었다. 이런 종류의 일을 처음 목격한 건 숲에서였다. 숲길에는 가끔 찢어진 흰 종이가 흩어져 있었고, 선수들은 그런 걸 발견하면 주술이라고 중얼거리며 꼭 성호를 긋고 멀찍이 피해서 지나갔다. 그래서 나도 덩달아 피하곤 했다. 그리고 몇 달 뒤, 나는 내 친구 에드 스티븐스 덕에 길을 따라 뿌려진 그 종이들의 진실을 알게 됐다. 스티븐스는 아내 레키크와 함께 젊은 선수들을 지원하고 외국인에게 그들과 함께 훈련할 수 있는 기회를 제공하는 '런 아프리카'를 운영하고 있었다. 그는 이 종이들이 '달리기를 너무 좋아하는 음주 클럽'이라고도 불리는 세계적 비경쟁 달리기 클럽인 '해시 하우스 해리어스' 회원들이 뒷사람이 보고 따라올 수 있게 남기는 것이라고 했다.

아마도 스포츠 과학자와 서양의 대다수 달리기 선수는 개인의 운동 잠재력이 그의 신체 내로 한정된 것이라고 생각할 테지만, 에티오피아에서는 에너지가 신체를 초월하는 것으로 여겨졌다. 에너지는 사람들 사이를 흐르고, 나눠지기도 하며, 때로는 도둑맞을 수도 있는 것이었다. 따라서 다른 사람과의 관계, 음식을 나눠 먹고 페이스를 맞춰 훈련하는 과정이 선수의 '컨디션' 형성 및 유지에 중대한 영향을 미친다는 건 두말할 필요도 없었다. 에너지를 활용할 수 있는 능력을 이렇게 확장된 시각에서 바라보다 보니, 에티오피아 선수들은 서로를 조심하기도 했다. 신체에 내재된 자원 그 이상을 끌어와 쓸 수 있다는 이러한 믿음은, 이들이 극적이고 불가능해 보이는 향상의 가능성을 믿는 이유에 대한 설명도 됐다.

미국의 인류학자 스티븐 굿맨Stephen Gudeman이 라틴아메리카 농민의 세계관을 설명하면서 비슷한 이야기를 했다. 그는 "힘의 흐름은 대지와 바람, 비, 햇빛과 같은 요소로부터 비롯된다"라며, 궁극적으로 신으로부터 온다고 썼다. "인간은 이 같은 힘의 근원을 창조하지도, 힘 자체를 창조하지도 않는다. 대신 인간은 그 힘을 손에 넣고, 변화시키며, 재구성한다. 인간은 힘의 창조자가 아니라 전달자일 뿐이다. 인간의 활동은 힘의 구성에 기여한다. 즉 인간은 힘을 자신과 다른 사람들이 쓸 수 있는 형태로 모으고 합친다." 이와 비슷하게, 에티오피아의 달리기 선수들은 자신들이 주변 환경 및 함께 생활하고 훈련하는 동료들로부터 힘을 끌어오고 있다는 점을 깊이 인식하는 것 같았다. 이들은 단지 개인적 욕망, 성격, 근육, 미토콘드리아 등 자신이 지닌 것만으로 정의되지 않았다. 특정 시점에 그들에게 영향을 미치는 힘과 타인으로부터 이끌어낼 수 있는 에너지까지 그들의 일부라고 할 수 있었다.

    메세렛 코치는 훈련을 시작할 때마다 서로 협력할 것과 통제된 방식으로 달리는 데 맡은 바 책임을 다할 것을 강조하곤 했다. 오늘 아침 우리가 센다파에서 몸을 풀기 전 버스 안에 앉아 있을 때도 마찬가지였다. "많은 에티오피아 선수들이 중위권 수준에 도달하지만, 정상에 도달하는 건 극소수에 불과합니다. 왜냐고 묻는다면, 그건 달리기를 못해서가 아니라 자기 관리가 부족하기 때문입니다." 게다가 메세렛은 이 자기 관리 부족은 결코 개인 차원의 문제로만 볼 수 없다고 설명을 이어갔다. "제가 제시한 속도를 넘어서 달리는 선수는, 특히 대회를 준비하는 기간에 말입니다, 그런 선수는 자기 자신도 죽이고 다른 사람들도 죽이는 거나 다름없어요." 그렇기에 통제된 방식으로 달린다는 건 그룹에 대한 헌신과 동료들을 돕겠다는 의지를 드러내는 일이기도 했다.

    에티오피아와 케냐의 수많은 정상급 선수들을 치료해온 네덜란드 출신의 마사지 테라피스트 예룬 데인도 주변 사람들의 중요성에 대해 비슷한 이야기를 했다. 이따금 함께 '다이아몬드 리그°' 경기를 시청하려고 아라랏 호텔에서 만나면, 예룬은 거의 숨도 쉬지 않고 3시간 동안 자신이 치료한 여러 선수의 이야기를 들려줬다. 아이패드에 다이아몬드 리그 웹사이트를 띄워두고 거의 30초마다 선수들의 구간 기록을 읽어주는 것도 잊지 않았다. 그에 따르면, 달리기 부상의 대부분이 과도한 훈련에 따른 허리와 둔부 부상이었다. 어느 날 저녁에는 예룬에게서 마사지 테라피를 배우는 중이던 달리기 선수 하주도 함께 만났는데, 그때 예룬은 우리 두 사람에게 이렇게 말했다. "저는 '부서진 꿈의 대로'라고 불러요. 어디랄까, 메스켈 광장을 생각하면 되겠네요, 아디스 중심에 있는 커다란 광장이요. 거길 가보면 3년에서 길게는 10년 가까이 훈련했지만 원하는 걸 얻지 못한 선수들이 셀 수 없이 많아요. 물론 그중엔 몇 번 경기에 나가서 소소하게 상금도 타고 기쁨을 누린 사람도 있어요. 하지만 결국 성공하진 못한 거죠." 그러면서 그는 하주의 팔을 붙잡았다. "그래서 저는 다른 물리치료사처럼 잘나가는 선수들만 보고 싶진 않은 거예요. 저는 하주 같은 선수한테도 말해주고 싶거든요. '안녕하세요, 훈련 시작한 지 얼마나 됐어요? 매번 부상을 왜 당하는지 알아요? 훈련을 너무 과하게 해서 그래요. 본인이 감당할 수 있는 수준 이상으로 훈련을 해서 그렇다고요. 몸이 그걸 다 말해주고 있잖아요.' 뭐, 이런 얘기들이요."

감당할 수 있는 수준 이상으로 훈련을 하는 것. 내가 만난 많은 선수가 실제로 직면할 가능성이 매우 높은 문제였다. 그들은 훈련에 대한 열망이 비할 데 없이 강했고, 그에 따른 잠재적 보

○ 세계육상연맹이 주관하는 연례 육상 대회.

상은 상상을 초월했다. 그렇다 보니 코치와 지원 팀의 주된 역할 중 하나는 선수들이 지나친 훈련을 하지 않도록 말리는 일이라고 해도 과언이 아니었다. 예룬은 하주를 포함해 많은 마사지 테라피스트를 양성하고 있었다. 모두 달리기 선수로, 저마다 어려움을 겪으면서도 달리기라는 영역에서 어떤 형태로든 계속 활동하고 싶어 하는 이들이었다. 그리고 예룬은 테라피스트의 역할이 특정 부상이나 통증을 치료하는 데 그치지 않는다고 특히 강조했다.

예룬은 또 마라톤 기록 향상을 열망하는 사람들이 왜 자신을 찾아오지 않는지 이해가 가지 않는다고 했다. 그는 이전 세계 기록 보유자를 세 명이나 담당한 경력도 있었기 때문이다. 예룬은 많은 사람이 성공을 보장하는 확실한 요인 한 가지를 찾고자 하지만, 자신은 보다 포괄적인 접근 방식이 옳다고 생각한다고도 했다. "제일 중요한 건 선수들이 자기를 둘러싼 네트워크를 잘 구축할 수 있도록 도와주는 거예요. 선수가 중심에 있고, 바로 옆에 매니저가 있을 거고, 그다음으로 가족, 교회, 자선 단체 그리고 그 선수의 삶에 중요한 여러 존재가 주위에 있어야 해요. 그 모든 사람의 도움이 있어야 한 선수가 성공할 수 있어요."

하지만 여러모로 이 목록은 선수의 경기력에 영향을 줄 수 있는 일부분에 지나지 않았다. 훈련 시 페이스메이커 역할의 책임을 분담하는 것이나 함께 훈련할 사람을 선택하는 것 모두 아무리 강조해도 지나치지 않을 만큼 중요했다. 센다파의 버스 이야기로 돌아가자면, 메세렛 코치는 이후로도 전체 선수들 앞에서 그날의 훈련 계획에 대한 설명을 이어갔다. 메세렛은 첫 5킬로미터는 테클레마리암과 파실에게 '맡기고' 싶다고 했다. 테클레마리암이 부상에서 막 돌아온 터라 후반부를 그에게 맡기긴 어렵다는 이유였다. 이후 5킬로미터는 안두알렘과 틸라훈이, 그다음은 후네그나우와 아세파가 이어받고, 끝으로 보다 경험이 풍부한 두 선수, 체닷과 아탈레이가 페이스메이커 역할을 맡게 됐다. 25킬로미터 중 마지막 5킬로미터는 선수들이 얼마나 속도를 내든 '자유롭게' 달릴 수 있는 구간이었다. 메세렛은 부상에서 회복 중인 선수들도 페이스메이커로서의 '책임'을 나눠지게 했고, 선수들이 막중하게 여기는 이 '의무'가 모두에게 공평하게 돌아간다는 걸 선수들이 느끼도록 했다.

이윽고 오전 6시가 조금 넘은 시각, 버스에서 내리자마자 추위가 느껴졌다. 아스팔트 도로를 따라 펼쳐진 병아리콩 밭 위로 푸르스름한 안개가 흐릿하게 드리워져 있었다. 멀리 보이는 투쿨에서 연기가 올라오는 걸 보니, 농부들도 새로운 하루를 시작하는 모양이었다. 오늘은 속도를 내는 날이었기 때문에 서서히 워밍업 강도를 높이며 오랫동안 몸을 풀었다. 우리는 잠깐 어슬렁거리며 스페인 발렌시아 마라톤 챔피언인 레울 게브르셀라시에의 새 토요타를 잠깐 구경한 다음, 아직 뻣뻣한 다리로 천천히 달리기 시작했다. 20킬로미터까지는 주로 오르막을 달린 뒤 방향을 바꿔 돌아오는 코스였다. 벌써부터 힘든 하루가 될 거라는 걸 직감할 수 있었다. "아예루 카바드 나우 자레." 체닷이 말했다. '오늘 공기가 무겁네요.' 해발 2700미터에서 달리면서 쉬웠던 적은 없지만, 어떤 날은 다른 날보다 특히 더 힘들었다. 오늘은 조깅을 시작하자마자 숨이 찼고, 결코 좋은 징조가 아니었다.

센다파의 아스팔트 도로는 여러 작은 마을을 지나며 완만하게 오르내리는 언덕을 따라 놓여 있었다. 인도는 따로 없지만 도로 가장자리에 자갈이 깔려 있었고, 그 위로도 달릴 수 있었다. 대형 이스즈 트럭이 달려오거나 당나귀 떼가 나타나 피해야 할 때 요긴했다. 숲이나 산 그리고 코로콘치에서 훈련을 할 때는 언제나 장관 속을 달렸고, 가히 완벽한 훈련 환경이라고 할 수 있었다. 그러나 아스팔트 도로 훈련은 사실 꽤 위험했다. 에티오피아에는 세계에서 가장 위험한 도로로 손꼽히는 도로도 몇 군데 있었다. 나는 에티오피아에 와서 아직 안전벨트가 제대로 작동하는 차를 본 적이 없었다. 심지어 안전벨트를 매는 게 하느님을 존경하지 않는 태도로 여겨졌다. 이들이 도로 위에서의 생사 여부가 더 높은 존재의 손에 달렸다고 믿는다는 건 트럭이나 미니버스 운전자들의 운전 스타일에서도 드러났다. 어찌나 과감하게 추월을 하는지, 볼 때마다 충격적이었다.

또 배기가스 배출 규제가 거의 없어서 아스팔트 도로를 달릴 때면 공기는 희박한 와중에 짙은 디젤 매연을 들이마시게 될 때가 많았다. 내가 이곳에서 달리기를 좋아하지 않는 건 아무래도 고산 지대 도로의 특성 때문이기도 했다. 여기에서는 해수면 높이에서 달릴 때보다 내가 얼마나 더 느리게 달리는지가 확실히 느껴졌다. 오늘 아침 워밍업은 평소와 다름없이 진행됐다. 처음 10분은 킬로미터당 7분의 속도로 아주 천천히 달렸고, 그 후 10분 동안은 킬로미터당 4분 정도로 서서히 속도를 올렸다. 마지막 10분은 킬로미터당 3분 20초에 가까운 속도로 달렸다. 내가 뒤처지기 직전에 다시 속도를 낮춘 조깅이 시작됐고, 곧이어 우리는 200미터를 전력으로 달린 뒤 30초간의 조깅을 반복하는 '인터벌 훈련'에 들어갔다.

그러고 나서 약 10분간 다 함께 동작을 맞춰 몸을 풀었다. 서너 명씩 줄을 지어 서서 진행했는데, 팔을 휘두르고 리듬에 맞춰 발로 땅을 찍는 동작이 많았다. 어깨와 몸통을 이완시키고 다리 근육을 준비하기 위한 운동이었다. 나는 몇몇 폭발적인 동작은 하고 나면 햄스트링 통증이 생길 때도 있어 조심해야 했다. 이 운동의 목적은 본격적인 달리기에 앞서 최대한 긴장을 풀고, 선수들이 자연스럽게 하나로 움직일 수 있도록 서로 호흡을 맞추는 데 있었다. 이로써 1시간에 걸친 워밍업을 마치고, 우리는 레이싱화로 갈아 신었다. 첫 5킬로미터는 16분, 두 번째 5킬로미터는 15분 45초, 세 번째 5킬로미터는 15분 30초에 달려 15킬로미터를 47분 15초에 통과해야 했다. 이후 체닷과 아탈레이의 주도에 따라 15~20킬로미터 구간을 15분 15초의 페이스로 달린 뒤, 마지막 5킬로미터에서는 마음껏 질주할 예정이었다. 나는 도저히 버틸 수 없는 속도였기 때문에 메세렛은 나에게 여자 그룹과 남자 그룹 사이에서 출발해 중간에서 달리는 게 좋겠다고 제안했다.

하지만 연구를 하고 글을 쓰려는 내 목적에는 썩 이상적인 방안이 아니었기에 나는 가능한 한 오래 남자 그룹을 따라가다 10킬로미터 지점에서 버스를 타고 남은 훈련을 지켜보기로 했다. 우리는 아디스에서 25킬로미터 떨어진 지점임을 알려주는 흰색 이정표 옆에 대열을 맞춰 섰고, 그러자 메세렛이 입을 열었다. "오늘 우리는 서로 협력해야 해요. 한 가지만 말씀드리겠습니다. 선두에 서지 못하면 절대 승자가 될 수 없습니다. 하지만 남을 따라가는 법을 몰라도 역시 승자가 될 수 없습니다." 선두와 따라가는 것 사이의 균형을 찾는 게 성공의 핵심이라는 이 개념을 이해하고 정리할 시간은 겨우 1분 남짓뿐이었다. 그 이후엔 숨이 턱까지 차서 첫 1킬로미터 만에 뒤처지지 않는 것 외에는 아무 생각도 할 수 없었다.

 속도가 크게 빠르게 느껴지진 않았지만, 이내 나는 계속 달리다 보면 마치 공기가 아닌 더 강한 저항을 헤치며 달리는 듯한 감각이 밀려올 거라는 걸 깨달았다. 그래서 나는 5킬로미터 지점까지만 그룹과 함께 갈 수 있다면 만족해야겠다고 생각했다. 우리는 '팀 타임 트라이얼team time trial'○을 하는 사이클 선수들처럼 일렬로 길게 늘어서 있었고, 테클레마리암과 파실이 번갈아 선두를 맡았다. 나는 맨 뒤에 있었다. 우리의 발걸음은 출발하자마자 하나로 맞춰졌고, 꼭 우리 다리가 긴 기차의 피스톤처럼 일정한 리듬으로 움직이는 것 같았다. 앞뒤 주자들이 보이지 않는 실로 서로 연결된 게 아닐까 하는 착각마저 들었다. 그리고 맨 뒤에서 달리는 나는 페이스 조절에 기여하기는커녕 팀이 빠르게 달리는 데 방해만 되는 건 아닐까 자꾸만 신경이 쓰였다.

○ 팀 최단 기록을 목표로 팀원들이 한 줄로 늘어서서 교대로 선두를 맡으며 달리는 사이클 경기 방식.

나는 내 바로 앞의 후네그나우를 따라가는 데 집중하는 한편, 앞쪽의 도로 상황도 살폈다. 우리는 왼쪽에 나타난 커다란 말이 끄는 수레를 피한 뒤, 이번에는 갓길로 역주행해 오는 삼륜 택시 바자즈를 잇달아 피했다. 이런 도로를 달리는 건 장애물 없는 빈 도로를 달리는 것보다 훨씬 더 힘들다는 게 실감됐다. 우리는 완만한 오르막을 향해 나아가고 있었고, 작은 마을을 지나쳤다. 길가에 늘어선 바와 카페에서 사람들이 응원의 말을 외치거나, 그저 반사적으로 '파렌지!' 하고 외쳤다. 나는 첫 5킬로미터 동안 가까스로 그룹을 놓치지 않고 달렸다. 테클레마리암과 파실은 정확히 16분 만에 우리를 목표 지점에 데려다놓으며 페이스메이커로서의 임무를 훌륭히 완수했다. 곧바로 안두알룸과 틸라훈이 선두로 치고 나서며 속도를 높였고, 그러자 순식간에 내 앞으로 간격이 벌어졌다.

이제 내 머릿속은 한 가지 생각뿐이었다. 메세렛과 하일리에가 타고 있는 버스가 나 때문에 속도를 늦추지 않도록 더 이상 뒤처지지 않는 것. 그래서 나는 고개를 숙이고 있는 힘껏 달렸다. 이 도로는 버스 안에서 보면 잔잔하게 기복을 이루는 것처럼 보이지만, 막상 달리면 긴 오르막이 지난하게 이어진 뒤 짧은 내리막이 잠깐씩 나올 뿐이었다. 그런데 오늘은 경사만 조금씩 달라질 뿐, 계속 오르막만 오르고 있는 듯한 기분이었다. 에든버러의 포토벨로 해안을 따라 왕복으로 달리던 기억이 떠올랐다. 인근 해안 도시인 머슬버러를 지나 달릴 때 종종 이런 생각을 했다. '지금은 맞바람을 맞으며 달려서 힘들지만, 돌아갈 땐 이 바람을 등에 업고 달릴 수 있겠지.' 그런데 정작 돌아서 달리면 어쩐 일인지 여전히 맞바람이 나를 향해 불어왔다. 센다파의 언덕길도 딱 그런 느낌이었다. 다만 바람 대신 언덕이 끊이지 않았다.

나는 엄청난 안도감 속에서 10킬로미터 지점에 도착했고, 훈련을 지연시키고 싶지 않다는 생각 덕분이었는지 에티오피아에 온 이래 가장 좋은 10킬로미터 기록을 냈다. 32분을 약간 넘긴 기록이었다. 나는 버스의 가죽 시트에 몸을 던지듯 쓰러져 앉아 땀을 뚝뚝 흘리며 숨을 돌렸다. 잠시 후 정신을 가다듬은 나는 버스 안에서 남은 훈련을 지켜보기로 했다. 그리고 그때부터 꽤나 예상치 못한 전개가 펼쳐졌다.

나는 버스 맨 앞에 있는 메세렛 옆으로 갔다. 메세렛은 선수들의 지난 훈련 구간 기록이 빼곡히 적힌 노트를 한 손에 말아 쥐고, 다른 손에는 남자 그룹용과 여자 그룹용 스톱워치를 들고 있었다. 나는 버스 앞 유리창 안쪽에서 펜듈럼처럼 흔들리고 있는 커다란 나무 십자가에 가끔 머리를 맞았다. 버스는 15킬로미터 지점의 선수들을 따라잡기 위해 속력을 냈다. 하지만 몇 킬로미터쯤 지나, 운전기사 비르하누가 도로변에 서 있는 여성 선수 물루를 발견했다. 물루는 팔을 흔들어 우리에게 신호를 보내다 비르하누가 속도를 줄이자 도로 가장자리 풀숲의 뭔가를 에워싸고 모여 있는 사람들을 가리켰다.

"민덴 나우?" 메세렛이 다급히 외쳤다. "무슨 일이에요?" 물루는 암하라어가 아닌 아판 오로모어로 상황을 전했다. 그래서 나는 여전히 무슨 일이 생긴 건지 감을 잡을 수 없었지만, 메세렛은 고개를 끄덕이더니 재빨리 대시보드 수납함에서 성경과 물병을 꺼내 들었다. 그러고는 버스에서 뛰어내려 사람들 사이를 헤치고 들어갔다. 우리 그룹의 또 다른 여성 선수인 비르한이 바닥에 쓰러져 몸부림치고 있었다. 내가 보기에 방언을 하는 것 같았다. 메세렛은 성경을 손에 든 채 몸을 숙이며 비르한의 머리 위로 물을 부었다. 비르한이 더 이상 몸부림치지 못하도록 하려는 것 같았다. 나는 사람들 뒤쪽에 있어 두 사람의 모습을 완전히 볼 순 없었지만, "도와주세요!" 하는 소리와 함께 점차 비르한이 암하라어로 말하기 시작했다는 걸 알 수 있었다. 비르한은 같은 말을 계속 반복했다. "메브락, 메브락, 메브락!" '번개, 번개, 번개!'

조금 지나 비르한이 조용해지자 메세렛은 그를 선뜻 안아서 버스로 옮겼고, 좌석 두 개에 걸쳐 눕혔다. 비르한은 여전히 반쯤 의식이 흐릿해 보였다. 메세렛은 비르하누에게 "출발하죠"라고 말했다. 한편 물루는 다시 달리기 시작했지만, 다른 선수들을 따라잡기에는 이미 너무 멀리 떨어져 있었다. 메세렛은 방금 벌어진 일에 대해 그다지 걱정하지 않는 듯, 버스 앞쪽으로 돌아가 다시 스톱워치를 손에 들었다. "무슨 일이었어요?" 나는 조심스럽게 물었다. "누군가 자기한테 주술을 걸었다는 것 같아요." 메세렛이 대수롭지 않게 대답했다. 나는 하일리에와 이 주제로 이야기를 나눈 적이 있긴 했지만, 주술이 이렇게 강렬한 형태로 드러나는 걸 직접 목격한 것은 처음이었다. 에티오피아 러너들 사이에는 '메타트'라는 주술로 서로의 에너지를 훔칠 수 있다는 믿음이 널리 퍼져 있었다. 땀에 젖은 양말 같은 소지품을 일종의 주술

사라고 할 수 있는 데브테라에게 가져가면, 이 물건을 이용해 주인의 에너지를 빼앗아 다른 사람에게 넘겨줄 수 있다는 것이었다. 하일리에는 이렇게 말했다. "이 방식으로 한 선수가 여섯 명이나 일곱 명, 여덟 명의 선수한테서 힘을 빼앗아 와요. 그러면 하이에나처럼 강한 힘으로 달릴 수 있대요." 그리고 만약 대회에서 승리하면 소나 양을 잡아 데브테라에게 보답한다고 했다.

또 이전에 메세렛과 이야기를 나눴을 때, 그는 메타트를 선수들의 심리적 위축과 연관 지어 설명했다. "우리가 항상 최상의 몸 상태를 유지할 수는 없잖아요. 어떤 때는 몸 상태가 나빠졌다가, 또 어떤 때는 좋아지죠. 컨디션이라는 건 왔다 갔다 하는 법이니까요. 그런데 컨디션이 좀 많이 떨어지면 '아, 메타트 때문이야'라고 생각하면서 경기를 포기하는 사람도 있어요." 메타트를 두려워하는 선수들은 수백 마일 떨어진 곳에 있는 수도원까지 가서 성수를 마시고, 그곳 사제가 정한 기간 동안 극도로 제한된 식사(대개 하루에 한두 줌의 병아리콩)를 하며 지내다 결국 기진맥진한 상태로 훈련에 복귀하곤 했다. 석사 학위가 있는 코치로서 메세렛은 메타트를 '교육 부족'과 '심리적 취약함'의 문제로 해석했다.

하지만 비르한은 실재하는 듯한 무언가에 의해 누가 봐도 고통스러워하고 있었다. 이런 현상을 '믿든', 혹은 단순히 스포츠 내 치열한 경쟁과 불신의 반영이라고 여기든, 영적인 것에 대한 믿음이 현실에서 일정한 역할을 한다는 점은 부정할 수 없다. 사실 메세렛의 대처는 오히려 사제가 할 법한 것이었다. 그는 이런 상황을 대비해 버스에 성수와 성경을 비치해두고 있었고, 또 선수들에게 익숙한 개념을 바탕으로 이 상황을 설명할 수도 있었다. 그는 "악령은 고된 일을 싫어하거든요"라며, 그 때문에 선수들이, 특히 그런 존재들로부터 영향을 받기 쉬운 것이라고 했다. 성수는 비르한이 훈련을 이어가도록 돕기 위한 것이었고, 실제로 비르한은 정신이 들자마자 버스에서 내려 다시 달리게 해달라고 했다. 악령이 고된 일을 싫어한다는 믿음은 노력이라는 개념에 뚜렷한 도덕적 차원을 부여했다. 그 결과 별다른 노력을 들이지 않고 성과를 얻은 것처럼 보이거나 갑작스럽게 실력이 급상승한 사람들은 종종 의심의 대상이 되기도 했다. 그리고 이 같은 시선은 여러 인류학자들의 연구 결과와도 맞닿아 있다. 그들은 '땀 흘리지 않고 무언가를 성취하는 것', 즉 겉보기에 뚜렷한 수고 없이 신비롭게 부를 축적한 듯 보이는 경우는 세계 여러 지역에서 의심스러운 일로 간주되는 경향이 있다고 분석했다.

네덜란드의 인류학자 페터르 헤시러Peter Geschiere는 자신의 저서 《주술, 친밀감 그리고 신뢰Witchcraft, Intimacy and Trust》에서 이렇게 말했다. "오늘날에도 우리의 일상은 가까운 사람들과의 친밀감이 오히려 자신에게 위험한 지배력을 행사할 수 있다는 두려움과, 협력을 위해 그들과 최소한의 신뢰를 구축해야 할 필요성 사이에서 끝없는 긴장에 시달리고 있다." 이 문장은 달리기 선수들이 어떤 긴장에 직면해 있는지 명확하게 보여준다. 선수들은 성공을 위해 협력해야 한다는 걸 알지만, 결국엔 개인 대 개인으로서 경쟁해야 하며, 따라서 가능한 한 다른 선수들보다 우위를 점해야 한다는 것도 알고 있었다. 이는 장 자크 루소가 사슴 사냥 이야기를 통해 지적한 문제의 또 다른 형태라고 할 수 있었다. 큰 사냥감을 노릴 때, 즉 루소의 예의 경우 사슴을 노릴 때 모든 사냥꾼이 협력해야 성공할 수 있다. 그런데 웬 토끼 한 마리가 그중 한 사냥꾼 앞에 나타난다. 그러면 그는 선택의 기로에 놓일 것이다. 토끼를 쫓아가 사슴 사냥의 성공 가능성을 망치면서 자신의 이득을 취할 것인가? 아니면 토끼를 무시하고 계속해서 무리와 협력할 것인가?

팀 내의 선수들 간에 신뢰가 구축되려면 페이스메이커 역할이든 음식이든 배려든, 책임과 자원을 공평하게 나누는 일이 필수적이었다. 평소의 대화를 통해 나와 함께 지내는 선수들도 이 부분을 도덕적으로 중요하게 생각하고 있다는 걸 알 수 있었다. 다시 버스 이야기로 돌아가면, 우리는 15킬로미터 지점에서 후네그나우와 또 다른 선수인 고잠을 태웠다. 두 사람은 도로변의 콘크리트 더미 위에 앉아 있었다. 고잠은 버스에 올라 자리에 앉자마자 사납게 기침을 토했다. "오늘은 내가 네 대신 선두에서 뛴 거야." 고잠이 후네그나우에게 말했다. "진짜 죽는 줄 알았어." 간신히 말을 내뱉은 고잠은 또다시 기침을 했다. "선두는 진짜 힘들어. 다른 사람 짐까지 짊어지고 뛰는 거나 마찬가지야." 고잠도 오늘 자신이 베푼 일이 언젠가 되돌아올 거라고 믿고 있듯, 팀원들을 위해 에너지를 내주는 일은 결코 헛수고가 아니었다. 다른 사람을 위해 애쓰는 건 단순한 수고를 넘어 더욱 깊은 의미였다. 메세렛은 이를 무척 강조했다. "도덕적으로 올바른 사람이라면 친구 사이에 망설이거나 주저할 이유가 없어요. 제가 선두에 서야 한다면, 당연히 그렇게 할 거예요. 친구가 선두에서 뛰고 있다면, 저는 자연스럽게 그 역할을 이어받을 거고요. 친구가 도움을 요청하지 않더라도, 도덕적인 사람이라면 그렇게 할 때 하느님으로부터 보상이 따른다는 걸 알기 때문이에요. 논쟁할 것도 없고, 남을 탓할 것도 없어요. 도덕적으로 올바른 사람은 뭐가 옳고 그른지 이미 알고 있고, 스스로 분별할 수 있어요."

 메세렛은 함께 최선을 다하는 데 강한 상징적 가치가 있으며, 결코 흔들려선 안 된다고 생각했다. 그러나 오늘, 그 질서가 심히 위태로워지고 있었다. 선수들이 마시고 던진 물병을 타데세가 도로변에서 모두 수거한 뒤, 우리는 15~20킬로미터 구간을 달리고 있을 선수들을 따라잡기 위해 서둘러 출발했다. 그런데 도착해보니, 체닷이 그룹 선두가 아니라 맨 뒤에 있었고, 원래 그와 함께 선두를 맡기로 한 아탈레이가 혼자 선두에서 달리고 있었다. 메세렛이 창밖으로 체닷에게 무슨 문제가 있는지 소리쳐 물었지만, 체닷은 앞서 달리는 선수에게 시선을 고정한 채 아무런 대꾸도 하지 않았다. 20킬로미터 반환점이 가까워질 때까지 이 상태가 이어졌다. 그 지점을 지나면 마지막 5킬로미터의 내리막길을 달리는 것으로 훈련이 끝나게 돼 있었다. 반환점에 다다르자 체닷은 그룹 바깥쪽으로 움직이며 점점 앞으로 나아갔다. 아탈레이의 옆까지 따라붙은 그는 그룹이 반환점을 도는 순간 선두로 치고 나오며 속도를 급격히 끌어올렸.

 체닷은 순식간에 그룹과 간격을 벌렸고, 마지막 5킬로미터에서 확실히 뭔가를 보여주려는 듯했다. "재미있네요." 하일리에가 나를 보며 말했다. "뭔가가 체닷을 제대로 건드렸나 봐요." 체닷의 달리기는 효율적인 주법의 정석 같았다. 그의 움직임에는 위쪽으로 불필요하게 낭비되는 에너지가 거의 없었다. 머리는 지면으로부터 일정한 높이를 유지한 채 부드럽게 앞으로 나아갔다. 나는 워치로 체닷의 케이던스cadence°를 측정해보려 했지만, 속도가 너무 빨라 도저히 따라잡을 수 없었다. 체닷은 이곳이 해발 2800미터임에도 20~21킬로미터 구간을 2분 53초에 주파했다. 그가 발을 내디딜 때마다 다른 선수들과의 격차는 점점 더 벌어졌고, 철저히 정돈된 모습이던 그룹도 이제 완전히 흐트러져 있었다.

  우리 버스는 18킬로미터 지점에서 체닷과 나란히 달렸고, 그때 하일리에가 창밖으로 외쳤다. "베르타!" '힘내요!' 체닷은 우리를 돌아보며 활짝 웃었다. 그러고는 재빨리 시계를 확인하더니, 다시 매서운 페이스로 질주했다. 우리는 뒤따르는 차량의 흐름을 방해하지 않기 위해 속력을 높였고, 아디스에서 40킬로미터 떨어진 곳임을 알려주는 도로 이정표 옆에 버스를 세웠다. 체닷이 점점 가까워졌고, 다른 선수들은 거의 보이지도 않았다. 하일리에는 고개를 저으며 말했다. "체닷이 원래 가끔 이래요." 체닷은 마지막 5킬로미터를 14분 23초에 주파한 뒤, 시계를 멈췄다. 그리고 한 번도 뒤를 돌아보지 않은 채 천천히 조깅을 하며 왔다. 체닷은 자신이 방금 벌인 일이 어떤 파장을 일으킬지 잘 알고 있었다.

○ 일정 시간 동안의 발걸음 수.

선수들은 이날 또 한 번 현지 농부들에게 화제의 중심이 됐다. 체닷과 아탈레이가 훈련 중 뭐가 잘못됐는지를 두고 언성을 높이자, 점점 더 많은 사람이 구경을 하려고 몰려들었다. 메세렛이 쏜살같이 달려와 우리 모두에게 버스로 올라가 '평화롭게' 이야기하라고 지시했다. 언제나 한결같던 선수들의 고요한 모습이 깨진 광경을 흥미롭게 지켜보던 농부들에게는 몹시 아쉬운 순간이었다. 버스로 돌아오자, 창문에 서서히 김이 서렸다. 메세렛은 후네그나우에게 무슨 일이 있었는지 말해보라고 했다.

"음, 아탈레이가 페이스를 조금 과하게 끌고 갔던 것 같아요." 후네그나우가 조심스럽게 말을 시작했다. "체닷은 그 페이스에 맞춰주고 싶지 않았던 것 같고요. 그래서 아탈레이가 짜증을 냈고, 체닷은 그냥 맨 뒤로 빠졌어요. 하지만 체닷은 충분히 선두에서 뛸 수 있지 않았나 싶어요. 마지막 구간에서 보여준 걸 보면요…."

"아탈레이는 오르막길에서 1킬로미터에 2분 58초 페이스로 달리고 있었어요." 체닷이 끼어들었다. "너무 무리한 속도였어요. 뒤를 보니 후네그나우만 간신히 따라올 수 있을 것 같았어요. 그래서 아탈레이한테 속도를 줄이라고 했는데, 전혀 안 듣더라고요. 그래서 저는 그냥 혼자 달리기로 한 거예요."

"아, 그래. 대단한 영웅 나셨네." 아탈레이가 비아냥거렸다.

"나는 내 영웅이 맞지. 그리고 넌 우리가 달리기로 한 속도가 아니라, 너만 편한 속도로 달렸어." 체닷이 맞받아쳤다.

"어쨌든 1등은 네가 했잖아, 참 영웅답다." 아탈레이가 다시 비꼬았다.

"그래, 나 영웅 맞다니까? 다음번엔 나 혼자 처음부터 끝까지 리드할 테니까, 그때 내가 어떤 사람인지 똑똑히 보라고."

에티오피아에서 1년 넘게 머무는 동안 '페이스를 깨뜨렸다'거나 개인적 욕심이 팀워크보다 우선시됐다는 이유로 이렇게 심각한 언쟁이 벌어지는 걸 본 건 이때 한 번뿐이었다. 하지만 엘리트 마라톤의 극심한 경쟁으로 선수들 사이에 개인주의적 태도가 자리 잡지 않도록 관리하는 일은 분명 중요한 과제인 듯했다. 메세렛은 오늘날 에티오피아의 경쟁적 사회 분위기가 선수들의 이기적인 행동을 더욱 부추기고 있다고 생각했다. 메세렛이 선수들에게 말했다. "문제는 요즘 사람들이 점점 더 자기밖에 모른다는 거예요. 남을 위해 애쓰는 건 꺼리면서 남의 노력에 기대어 이득은 보려고 하죠." 메세렛은 이것이 에티오피아 사회 곳곳에서 나타나고 있는 현상이라고 했다. 안정적인 일자리를 구하기가 갈수록 어려워지고 있으며, 대학 학위를 가진 사람들조차 취업난을 겪고 있기 때문이었다.

코테베로 돌아오는 버스 안엔 당연히 무거운 침묵만이 감돌았다. 맨 앞자리에 홀로 앉은 체닷은 여전히 화가 가라앉지 않은 듯했다. 훈련 중 벌어진 일이나 다른 선수들의 반응이 못마땅한 기색이었다. 나는 하일리에 옆에 앉아 메세렛의 진단에 대해 어떻게 생각하는지 물었다. "코치의 말도 일리가 있죠." 하일리에가 조용히 대답했다. "하지만 저는 그 못지않게 육상이라는 활동 자체가 선수들의 태도를 바꾸고 있는 것 같아요. 우리는 원래 농부였어요. 서로 도와가며 농사를 짓고, 수확을 하고, 곡식을 모으고, 함께 집을 지으며 살았단 말이에요. 그런데 육상은 본질적으로 경쟁이잖아요. 훈련하는 것도 결국 대회에 나가려고 하는 거고. 대회에 나가면요? 경쟁에서 이겨야죠. 결국 육상에 발을 들이는 순간, 삶이 경쟁이 되는 거예요. 어떻게 해서든 옆에 있는 선수보다 잘하고 싶은 마음이 드는 게 당연하고요."

거액의 상금과 그 불균등한 분배 구조는 육상을 더욱더 승자독식과 적자생존의 세계로 만들었다. 하지만 인류학자들의 연구를 살펴보면, 이 같은 사고방식은 에티오피아에 육상이 도입되기 훨씬 이전부터 암하라정교회 문화 속에 뿌리내리고 있었음을 알 수 있다. 에든버러에서 박사 과정을 밟던 중 이 주제에 대한 전문가인 디에고 말라라Diego Malara 그리고 톰 보일스턴Tom Boylston과 함께할 기회가 있었다. 톰은 자신의 저서 《잔치 속 이방인The Stranger at the Feast》에서 이렇게 설명했다. "에티오피아정교회 신자들은 인간이 본래 개인주의적이며, 어쩌면 근본적으로 이기적인 존재라고 여긴다. 하지만 그렇다고 해서 이를 긍정적인 것으로 보지는 않는다. 오히려 개인주의적 욕구는 사회적, 도덕적 규범을 통해 항상 제한되어야 하는 것으로 바라본다." 그리고 톰에 따르면, 이들이 이 같은 조율을 실현하는 가장 주된 방법은 함께 식사하고 음료를 나눠 마시는 것으로, 그는 이 행위가 '개개인이 자신의 목표만을 좇아 흩어지려 하는 원심적 움직임을 상쇄하는 역할을 한다'고 분석했다.

메세렛은 평소처럼 버스 안을 돌아다니며 선수 개개인의

상태를 점검한 뒤, 우리 곁에 와서 앉았다. 그러더니 씩 미소를 지었다. 선수들의 강한 자아를 적절히 다루고 협력을 이끌어내는 일은 메세렛이 가장 보람 있게 생각하는 업무 중 하나였다. 선수들의 기량을 극대화하려면 그들의 경쟁심을 효과적으로 활용해야 했다. "페이스메이킹 시스템은 선수들이 서로를 신경 쓰지 않으면 제대로 작동할 수 없어요. 그래서 코치로서 제 역할은 먼저 선수들이 서로에 대한 신뢰를 쌓고, 그 신뢰를 바탕으로 자신감을 키울 수 있도록 돕는 거예요. 오늘은 바나나를 이용해서 그 신뢰를 다시 다져볼까 해요." 내가 미처 무슨 뜻인지 묻기도 전에, 메세렛은 버스 앞에 서서 선수들에게 이렇게 알렸다. 체닷과 아탈레이가 '실수'를 만회하기 위해 곧 내려, 선수들이 나눠 먹을 바나나 10킬로그램을 사올 거라고. 톰이 말한 것과 같은, 함께 음식을 나눠 먹는 일이 팀의 균열을 회복하는 데 도움이 될 거라는 믿음이었다. 체닷과 아탈레이는 투덜대는가 싶더니 파실과 함께 버스에서 내렸다. 파실이 두 사람을 도와 바나나가 가득 든 봉지를 버스 안으로 날랐다. 바나나는 모든 사람에게 공평하게 돌아가도록 세심하게 배분됐고, 금세 분위기가 풀리기 시작했다. 다시 음악이 흘러나왔고, 여기저기 바나나 껍질이 날아다녔다.

 운전기사 비르하누 역시 버스 안에 감도는 긴장감을 알아차리고 있었고, 그 나름의 해결책을 강구한 듯했다. 코테베로 향하던 중 그는 갑자기 길가의 바 앞에 버스를 세우더니, 모두에게 술을 한 잔씩 사겠다며 버스에서 내렸다. 하일리에가 눈을 동그랗게 뜨며 어깨를 으쓱했다. 분명 흔치 않은 일인 듯했다. 우리는 커다란 바 안으로 들어섰다. 바닥에는 나뭇잎이 어지럽게 널려 있고, 의자들은 전날 밤 정리한 그대로 테이블 위에 올려져 있었다. 비르하누는 술을 가져다줄 사람을 찾으러 재빨리 사라졌다. 오전 9시밖에 되지 않았지만, 적잖은 선수들이 하베샤 맥주를 시키기에 나도 따라서 주문했다. 나처럼 다른 선수들도 비르하누가 갑자기 버스를 멈춘 이유가 궁금한 눈치였다. "제가 잠시 한 말씀 드려도 될까요?" 이윽고 모두 자리에 앉자, 비르하누가 일어나 입을 열었다.

"제가 드리고 싶은 말씀은, 우리가 가끔 이렇게 모일 수 있으면 좋겠다는 겁니다. 저는 이런 모임을 많이 경험해봤어요. 사람들과 함께 슬픔을 나누는 것도 아름다운 일이고, 사람들과 함께 행복을 나누는 것도 아름다운 일이에요. 그래서 같이 모여 먹고 마시는 게 중요하다고 생각해요. 여러분의 행복은 저의 행복이기도 합니다. 그러니 종종 이렇게 함께 시간을 보내면서 서로 우정을 나누고, 우리의 유대를 더 굳건히 할 수 있으면 좋겠네요. 자, 건배!" 비르하누가 암보 탄산수 병을 번쩍 들자, 모두가 박수를 쳤다. 이번에는 하일리에가 자리에서 일어나며 말했다. "우리가 평소에 허심탄회하게 이야기를 나눌 기회가 많진 않았던 것 같네요. 이참에 우리 그룹이 각자에게 어떤 의미인지, 그리고 앞으로 이루고 싶은 목표가 뭔지, 돌아가면서 한마디씩 나눠보면 어떨까요?" 나는 인류학자로서 이런 기회를 얻다니, 정말 행운이라고 느끼며 황급히 노트를 꺼냈다. "테클레마리암, 먼저 이야기해볼래요? 제 생각에 테클레마리암의 머리숱이 줄어든 건 머리에 짐을 많이 져서 그런 게 아니라, 지식이 너무 많아서 그런 거예요."

테클레마리암이 살짝 긴장한 듯 웃으며 자리에서 일어났다. "고마워요, 비르하누." 그가 말을 시작했다. "저희는 비르하누 씨를 진심으로 좋아하고 존경하고 있습니다. 언제나 애정을 담아 맡은 바 역할을 다해주고 계신다는 걸 여기 있는 모두가 잘 압니다. 물론 지금도 전속력으로 달려서 저희에게 물을 건네주실 만큼 정정하시지만, 저희에게 비르하누 씨는 아버지 같은 존재입니다. 그리고 하일리에. 하일리에는 단순히 우리의 대표가 아니라 우리의 형제예요. 저는 우리 그룹이 앞으로도 서로 이해하고, 돕고, 나누며, 배우는 그런 그룹이 될 수 있기를 바라요. 또 매주 조금씩 돈을 모아서, 1년에 두세 번쯤 다 같이 수도원이나 유적지 같은 곳으로 여행을 갈 수 있으면 어떨까 싶습니다. 함께 생각해봤으면 좋겠고, 하느님께서 우리에게 그 기회를 허락해주시기를 바랍니다." 그가 자리에 앉자, 누군가 체닷의 이름을 외쳤다. 체닷은 일어나려다 다시 앉으며 말했다. "저도 같은 생각입니다." 체닷은 갑자기 수줍어하고 있었다. 계속해서 선수들의 이야기가 이어졌고, 대부분 그룹의 소중함과 협력의 중요성을 강조했다.

다음으로 이제 막 그룹에 합류한 메카샤가 선수들의 격려와 함께 자리에서 일어섰다. "저는 어린 시절 오랫동안 수도원에서 살았습니다." 그가 이야기를 시작했다. "정원 일을 돕는 조건으로 수녀님들이 저를 받아주셨고, 그러면서 저는 달리기에 집중할 수 있게 됐습니다. 이렇게 함께 모이는 것도 교회에 가는 것과 비숫한 의미가 있지 않나 싶어요. 3년 전에 저는 아디스로 와 프로 그룹에 합류하려고 했습니다. 하지만 당시에는 훈련을 감당할 수 있을 만큼 강하지 못했고, 결국 다시 고향으로 돌아갔습니다. 그리고 이번에 저는 다시 모든 걸 뒤로하고 아디스로 왔습니다. 때로는 무언가를 얻으려면 무언가를 포기해야 합니다. 두 가지를 다 가질 순 없어도, 저는 달리기를 통해 하나는 얻을 수 있다고 생각합니다. 돈이 없더라도 건강은 지킬 수 있고, 돈이 없더라도 목표는 가질 수 있으니까요. 그리고 내일은 또 다른 무언가를 얻을 수 있다는 희망도 있습니다. 어른들이 하시는 말씀 중에 '임신한 소는 우유를 찾지 않는다'는 말도 있고요. 어릴 때 수도원에서 읽었던 책이 떠오르는데, 그 책에는 인간의 마음이 농지와 같다고 쓰여 있었습니다. 뭐든 심으면 그대로 자라기 때문에 곡식과 쭉정이를 잘 구별하고 좋은 것에 집중해야 한다는 내용이었어요."

그는 잠시 말을 멈추고 생각에 잠긴 듯 발을 이리저리 움직였다. 낡은 분홍색 아식스 운동화를 신고 있었다. "복음서에도 이렇게 나와 있잖아요. '배는 음식으로 채우되, 마음은 말씀으로 채워라.' 그래서 우리가 이렇게 가끔씩 모여 서로를 북돋아주는 게 중요합니다. 운동선수는 머리가 아니라 다리로 생각한다고 말하는 사람들도 있죠. 우리가 머리로 생각하고, 폐로 숨을 쉬고, 스스로의 판단으로 나아간다는 걸 우리 그룹이 보여줍시다." 선수들이 동의를 표하느라 작게 웅성거리고 여기저기서 고개를 끄덕였지만, 분명 따르기란 쉽지 않은 일이었다. 메카샤는 이 스포츠의 냉정한 현실을 짚어냈다. 기량이 부족하면 결국 집으로 돌아가야 하고, 수년간 노력해도 남는 게 건강뿐일 수도 있다. 하지만 역시 이 그룹이 서로를 북돋아주고, 다시 용기 내 달릴 수 있도록 힘이 되어주는 존재라는 점만큼은 과소평가될 수 없는 사실이었다.

메세렛은 선수들이 무리하지 않으며 함께 성장할 수 있도록 소속감과 단결력을 키워주는 일이 자신의 중대한 역할이라고 여겼다. 핵심은 선수들이 함께 달리고, 이를 통해 모두가 같은 조건에서 훈련하고 있으며 누군가 부당한 이득을 취하는 일은 없다는 걸 자연스럽게 확인할 수 있도록 하는 것이었다. 그렇기 때문에 메세렛은 모든 선수가 빠짐없이 그룹 훈련에 참여하는 걸 상당히 중요하게 생각했다. 아디스 외곽에서 벌어진 시위로 이틀 동안 훈련이 취소됐다 재개됐을 때, 선수들은 저마다 다른 수준의 피로감을 안고 나타났다. 그날은 평소처럼 하나의 무리를 이루지 못한 채 제각각 도로를 따라 길게 흩어져 달렸다. 메세렛은 선수들이 그룹 훈련이 없는 기간을 개인적으로 강도 높은 훈련을 하며 기량을 끌어올린 뒤 복귀할 기회로 여겼기 때문에 이런 상황이 생겼다고 봤다. 팀으로 움직이는 것은 선수 개개인의 체력, 생계 그리고 꿈을 보호하는 데 분명한 의의가 있었다.

그러나 함께 훈련하고 성장하는 것이 아무리 강조된다 해도, 그 근저에는 결국 모든 선수가 개인으로서 경쟁해야 한다는 현실이 자리한다. 젊은 선수들에게 해외 첫 경기는 무엇보다도 중요했다. 해외 무대에 서기 위한 경쟁이 치열한 만큼 처음 출전한 해외 대회에서 저조한 성적을 거두면 그 경기가 마지막이 될 수도 있고, 다시 그 무대에서 뛸 자격이 있음을 입증하기 위해 길고 긴 과정을 거쳐야 할 수도 있었다. 이 같은 상황에서 처음 비행기를 타는 건 어떤 기분일지, 그리고 평생 해발 2000미터 이하로 내려가 본 적 없는 선수가 해수면 높이에서 달리는 건 어떤 느낌일지 궁금했다. 그래서 셀라미훈과 보갈레가 튀르키예의 이스탄불 하프 마라톤에 나간다고 했을 때 나도 이들과 함께 출전하기로 했다. 보갈레의 표현을 빌리면, 그는 한 번도 '바깥세상'에 나가 본 적이 없었다.

II

그만한 가치가 있는 일

그만한 가치가 있는 일

대형 마라톤 대회에 출전하는 엘리트 선수를 위한 호텔은 마치 기면증 환자를 위한 기숙학교 같다. 하루 일과가 철저히 정해져 있고, 대회 관계자들이 언제, 어디에서, 무엇을 해야 하는지 일일이 관리한다. 식사는 단체로 하고, 조깅할 때를 제외하면 호텔 밖으로 나가는 일도 거의 없다. 그리고 지시에 따라 일정을 수행하거나 조깅을 하고 있지 않다면, 대부분 잠을 자고 있을 가능성이 크다. 이스탄불 하프 마라톤 대회에서 나는 해외 대회 출전이 이번이 두 번째인 우간다의 젊은 선수, 벤 소미쿼와 함께 방을 썼다. 방에 도착해 문을 열고 들어가자 모든 불이 환하게 켜져 있고, 휴대전화에서 나이지리아 가스펠 음악이 크게 흘러나오고 있었다. 하지만 벤은 아무렇지도 않은 듯 잠들어 있었다. 나는 조용히 내 침대에 앉았다. 잠시 뒤 벤이 눈을 비비며 깨어났다. "아, 안녕하세요?" 벤이 말했다. "7시 30분 됐나요?" 나는 약 30분 뒤라고 말해줬고, 벤은 고개를 끄덕이더니 몸을 돌려 다시 곧바로 잠들었다. 7시 30분이 저녁 식사 시간이겠구나 싶었다.

일요일 아침 경기의 총성이 울리기 전, 그 반대의 경기가 먼저 펼쳐졌다. 목표는 최대한 덜 움직이고 에너지를 아끼는 것이었다. 누가 가장 계단을 피해 다닐 수 있는지, 누가 가장 오래 자고 가장 적게 걱정할 수 있는지를 두고 경쟁이 벌어졌다. 벤은 이 경기의 압도적 챔피언이 틀림없었다.

나는 에티오피아의 전설적인 마라토너, 하일레 게브르셀라시에를 처음 만났던 순간을 떠올렸다. 장소는 스코틀랜드 글래스고 조지스퀘어에 있는 밀레니엄 호텔 회의실이었다. 그 호텔은 전체가 그레이트 스코틀랜드 런 대회를 위해 사용되고 있었고, 나는 다른 스코틀랜드 선수들과 함께 긴장한 채 앉아 있었다. 동아프리카 최고의 선수들도 함께 자리하고 있어 나는 다소 위축된 기분이었다. 우리는 경기를 앞둔 선수들이 으레 주고받을 법한 이야기를 나눴다. 저마다 감기에 걸렸다거나, 작은 통증이 있다거나, 경기 준비 과정에 차질이 있었다거나. 몇몇은 스트레칭을 했고, 몇몇은 안전핀을 만지작거렸다. 한 스페인 선수는 긴 고무 밴드로 아침이라 굳은 햄스트링을 풀어보려고 했다.

그리고 그때, 하일레가 들어왔다. 얼굴 만면에 미소가 가득했고, 폐활량이 좋은 데다 자부심도 넘쳐서인지 척 보기에도 가슴이 두툼하고 활짝 펴져 있었다. 방 안은 순식간에 조용해졌다. 황제가 도착한 순간이었다. 나는 그의 미소와 주변 선수들의 긴장된 얼굴이 만들어내던 대비가 또렷이 기억난다. 하일레는 조심스럽게 가방을 벽에 기대어 놓고 적당한 거리에 의자를 놓더니, 가방을 베개 삼아 머리를 기대고 발을 그 의자 위로 올렸다. 그러더니 깍지 낀 두 손을 가슴 위에 올린 채, 아침부터 정원을 돌보다 살짝 피곤해진 사람이 쪽잠을 자듯 20분간 낮잠을 잤다.

출발선으로 가는 길에는 사진을 찍고 싶어 하는 이들의 요청을 모두 들어줬고, 다른 선수들에게 행운을 빌어줬다. 어느 아버지의 아이폰 카메라 앞에서 아이를 번쩍 들어 올려주기도 했다. 마치 정치인처럼 하일레의 미소는 한순간도 흐트러지지 않았다. 하지만 정치인과 달리 그의 미소는 진심이었고, 보는 사람까지도 미소 짓게 만들었다. 마치 지금 이 순간보다 더 좋을 순 없다는 듯한 모습이었다. 경기를 앞둔 지금, 나도 그와 같은 평정을 찾고 싶었다. 나는 내가 원해서 지금 이곳에 있으며, 이 순간을 즐기기 위해 왔다는 사실을 다시 한 번 되뇌었다. 하지만 러너라면 누구나 알 것이다. 막상 긴장이 되기 시작하면 마음을 진정하기가 생각만큼 쉽지 않다는 걸. 더군다나 경기를 앞두고 경쟁자들과 이틀 동안 같은 호텔에서 지내다 보면, 그런 긴장감을 피하기란 사실상 불가능했다.

나는 셀라미훈과 보갈레의 방을 찾아가 노크를 했다. 문을 열어준 셀라미훈의 손에는 연한 갈색 가루가 담긴 통이 들려 있었다. "오, 마이클! 베소 시간에 딱 맞춰 왔네요!" 경기 전까지 하루 세 번, 이렇게 베소를 먹는 시간이 있었다. 두 사람은 볶은 보릿가루, 베소를 각자 2킬로그램씩 기내 수하물로 챙겨 왔다. 베소는 물에 타 마시는 에티오피아식 에너지 드링크였다. 자고 있던 보갈레가 침대에서 벌떡 일어나며 외쳤다. "에즈 와다 라이!" '손 들어!' 최근 그가 가장 즐겨 하는 말이었다. 국군 육상 클럽에서 의무 군사 훈련을 받을 때 익힌 구호라고 했다. 에티오피아에서는 한 번도 내비친 적 없는 불안감이 이런 과장된 행동으로 드러나고 있는 것 같았다. 보갈레는 평소의 쾌활한 모습은 온데간데없이, 대부분의 시간을 조용하고 움츠러든 상태로 보냈다. 그러면서 몇 분마다 '에즈 와다 라이!'를 마치 만트라라도 되는 것처럼 반복해서 외쳤다. "심지어 누나한테서 전화가 왔을 때도 '에즈 와다 라이!'가 튀어나왔어요. 다 괜찮다고 안심시켜주고 싶었거든요." 하지만 내가 보기에, 그 말은 오히려 자신을 다독이기 위한 것이었다. 보갈레는 경기 전까지 어떻게든 스스로에게 자신감을 불어넣으려 애쓰고 있었다.

저녁을 먹을 때 두 사람은 이렇게 불쑥 터져 나오는 말이나 들뜬 행동이 실은 자신들의 피로를 감추기 위한 것이기도 하다고 말했다. 두 사람은 이번 주 초, 이스탄불에서 몇백 킬로미터 떨어진 도시 부르사에서 열린 대회에 출전하러 다녀온 참이었다. 그래서 줄곧 '주르', 즉 트랙 밖에서의 불필요한 활동을 피할 수 없었고, 그 때문에 제대로 된 휴식을 취할 수 없었다는 것이다. 두 사람은 일주일 전 이스탄불로 날아온 뒤, 부르사로 가서 15킬로미터 경기에 출전했다. 그리고 44분이 조금 넘는 기록으로 각각 2위와 3위를 차지했다. 경기 구간의 상당 부분이 셀라미훈이 '세라믹'이라고 표현한 단단한 타일로 덮여 있어 다리에 상당한 충격을 받았다고 했다. 이후 둘은 9시간 동안 버스를 타고 남쪽의 데니즐리로 이동해 튀르키예의 모요스포츠 협력 에이전트인 칼리드 아자의 집에 머물렀다. 그리고 다시 9시간에 걸쳐 버스를 타고 이스탄불로 돌아왔고, 그게 바로 어젯밤이었다. 셀라미훈과 보갈레는 아직 국제 무대에서 인지도를 쌓지 못한 '신예' 선수들인 만큼 먼저 비교적 작은 규모의 부르사 대회에 출전한 뒤, 보다 규모가 크고 경쟁이 치열한 이스탄불 대회에 나가 경험을 쌓는다는 계획이었다.

칼리드의 역할은 단순한 협력 에이전트 이상이었다. 선수들을 보살피고, 훈련 파트너가 돼줬으며, 필요할 때마다 힘이 되는 말을 딱딱 건네줬다. 게다가 지칠 줄 모르는 사람이었다. 모로코 출신으로 한때 육상에 전념하기도 했던 그는, 지금은 튀르키예에 정착해 살고 있으며, 튀르키예어도 유창하게 구사했다. 칼리드는 부르사에서 열린 대회에서 두 사람과 함께 뛰었으며, 긴 버스 여행을 마친 다음 날인 월요일 아침에는 출근도 했다. 그는 국제 무역업에 종사하며 풀타임으로 일하는 와중에도 아침저녁으로 두 사람과 훈련을 함께했다. 오늘도 퇴근 후 곧바로 비행기를 타고 데니즐리에서 이스탄불로 온 그는 활기찬 모습으로 식당에 들어왔다.

우리는 식사가 나오기를 기다리며, 경쟁 상대들을 살폈다. 케냐 선수들이 소리도 없이 조용히 돌아다니는 모습을 보자니, 저들이 그렇게 빠른 속도를 낼 수 있다는 게 믿기지 않았다. 레너드 패트릭 코몬 선수는 호텔 슬리퍼에 농구 반바지 그리고 거기에 어울리지 않는 큼지막한 검은색 가죽 재킷을 입고 있었다. 그는 마치 걸음마다 바닥이 자신의 체중을 지탱할 수 있는지 조심스레 살피며 걷는 것 같았다. "저 선수 보여요?" 칼리드가 셀라미훈에게 물었다. "도로 경주에서 10킬로미터를 26분 만에 뛴 선수예요." 이 기록은 2010년 네덜란드 위트레흐트 마라톤에서 나온 것으로, 코몬은 그날 10킬로미터를 26분 44초라는 믿기 어려운 속도로 주파하며 세계 기록을 세웠다. 셀라미훈은 평소 매우 느긋하고 태평한 성격이었다(셀라미훈이라는 이름도 '평화가 깃들기를'이라는 뜻이다). 그러나 이 순간 셀라미훈은 갑자기 불안한 듯했고, 열아홉 살이지만 자신의 나이보다 훨씬 어려 보였다. "도로에서요?" 그가 말했다. "말도 안 돼요."

칼리드가 굳이 이 이야기를 하지 않았더라면, 싶었다. 아디스에서 메세렛 코치는 에티오피아 선수들에게 '심리적으로 취약한 면'이 있다며, 체력도 체력이지만 자신감을 키우는 것도 큰 과제라고 이야기하곤 했다. 에티오피아에서 선수들이 몸 상태를 말할 때 쓰는 '컨디션'이라는 영어 단어는 이제 단순히 체력 수준을 나타내는 것을 넘어, 더 포괄적인 용어로 통용되고 있었다. 경기를 앞둔 동료가 너무 자신만만하거나 방심하는 것처럼 보이면 에티오피아 선수들은 '오버 컨디션' 상태라고 표현했는데, 이때 '컨디션'이 신체적 상태뿐 아니라 심리적 상태까지 반영하는 개념이라는 게 잘 드러났다.

스포츠 과학 석사 학위가 있는 메세렛은 많은 에티오피아 선수들이 나무나 태양에서 에너지를 얻을 수 있다고 믿고, 경기의 승패는 결국 신의 뜻에 달렸다고 생각하는 현실을 개탄했다. 하지만 이런 믿음이 선수들의 자신감을 키우는 데 상당한 영향을 미친다는 건 부정할 수 없었다. 선수들이 점점 더 높은 곳으로 가서 훈련하는 것은 손에 넣기 어려운 '컨디션'을 좇기 때문이었다. 그래서 훈련 고도에 대한 선수들의 말은 대개 실제보다 부풀려져 있었다. 심리적 상태이자 신체적 상태인 '컨디션'은 변덕스럽고 신비로우며, 아무런 징후 없이 '찾아왔다가 사라지곤' 하는 것이었다. 따라서 꾸준히 흔들림 없는 주의를 기울여야 하며, 한두 마디 잘못된 말이 선수에게 치명적인 영향을 초래할 수도 있었다.

셀라미훈은 고도가 주는 힘을 확고히 믿었지만, 그 믿음의 연금술은 반대로 작용할 수도 있었다. 셀라미훈은 그 힘이 잠시 머물다 한순간 증발해버릴 수도 있는 것이라고 여겼다. 그가 해수면 높이의 지역으로 내려온 건 이번 튀르키예행이 두 번째였다. 내 생각에 이 변화는 반대로 높은 지대로 이동하는 것만큼이나 쉽지 않은 적응 과정을 거쳐야 하는 일이다. 내 경우에도 항상 공기 중의 산소가 더 풍부하다는 사실과 내 다리가 자연스럽게 더 빨리 달리려 하는 감각을 받아들이고 신뢰하기까지 시간이 걸렸다. 하물며 평생을 해발 2500미터 이상의 고지대에서 살아온 사람은 오죽할까 하는 생각이었다.

나는 해발 2700미터의 센다파에서 셀라미훈이 15킬로미터를 44분 만에 달리는 걸 본 적이 있었다. 심지어 첫 10킬로미터는 오르막 구간이었다. 그렇다 보니, 오히려 그가 일주일 전 부르사에서 더 좋은 기록을 내지 못했다는 사실이 믿기지 않았다. 나는 해수면 높이에서 15킬로미터를 46분대에 뛸 수 있었는데, 센다파에서는 15킬로미터를 52분 이내로 완주할 수만 있대도 날아갈 듯 기쁠 것 같았다. 그만큼 고지대에서의 달리기는 훨씬 더 어려웠다. 일요일에 나는 셀라미훈에게 자신의 감각을 신뢰하면 좋겠다는 조언을 건넸다. 하지만 그는 눈에 띄게 자신감이 사그라지고 있었다. "컨디션이 점점 떨어지는 게 느껴져요. 에티오피아를 너무 오래 떠나 있었어요." 셀라미훈이 말했다. "이제 고작 엿새 됐을 뿐인걸요?" 나는 일부러 더 가볍게 웃으며 말했다. "치게르 옐룸." '문제될 거 하나도 없어요.'

가만히 앉아 경기를 고민할 시간이 많았던 것이 되레 독이 된 듯했다. 노먼 메일러는 자신의 저서 《싸움The Fight》에서 1974년 자이르(현 콩고민주공화국)의 수도 킨샤사에서 열린 무하마드 알리와 조지 포먼의 세계 헤비급 챔피언 타이틀전°을 다루며 '너무 이른 긴장을 피하려 애쓰는 남자들이 겪는 담담한 권태'에 대해 썼다. 긴장을 다스리는 능력을 기르기란 결코 쉽지 않다. 하지만 그 능력이 없으면 신체적으로도 상당한 타격을 입을 수 있었다. 나는 저녁을 먹은 뒤 셀라미훈, 보갈레를 따라 베소를 마셨다. "베소는 변함이 없어요, 마이클. 제 컨디션만 문제죠." 이윽고 둘의 방을 나서려는 내게 셀라미훈이 말했다. "걱정 말아요, 마이클. 사람이 병으로 죽지, 겁 좀 난다고 죽나요." 이 마음가짐을 그가 일요일 아침까지 지켜낼 수 있길 바랄 뿐이었다.

다음 날 오전 6시 30분에는 예정된 훈련이 있었다. 호텔이 꽤 번잡한 도심에 위치한 탓에 셔틀버스를 타고 보다 달리기 좋

○ 노장 알리와 전성기의 포먼이 맞붙었던 세계적 권투 경기로, 알리가 모두의 예상을 깨고 승리하며 세기의 명승부로 남았다.

은 장소로 이동하기로 돼 있었다. 저녁 9시가 되자 다들 잠자리에 들었지만, 나는 전혀 졸리지 않았다. 그래서 사람들 눈을 피해 살짝 밖으로 나가 맥주를 마셨다. 정말로 기숙학교 생활을 하는 듯한 기분이었다. 스물여덟 살이나 됐는데, 금요일 밤 맥주 한 잔에 이렇게 죄책감을 느낄 일인가 싶었다. 방으로 돌아와서도 도무지 잠이 오지 않았다. 불은 환하게 켜져 있고, TV에서는 과하게 폭력적인 한국 드라마가 흘러나오고 있는데도 벤은 아기처럼 깊이 잠들어 있었다. 내가 들어와도 미동도 없이 코를 골며 자는 모습이 괜히 얄미웠다. 답답하고 낯선 호텔 방에서, 그것도 방금 만난 사람과 같은 방을 쓰면서도 곧장 잠들 수 있는 능력은 장거리 선수에게 진정한 축복이 아닐까 싶었다. 나는 새벽 2시가 넘어서야 겨우 잠들었고, 알람을 끄고 잤다. 지금 내 몸에 필요한 건 조깅이 아니라 수면이라는 꽤 합리적인 결론에 도달했기 때문이다.

갑자기 문이 부서져라 두드리는 요란한 소리가 나기 시작했다. 셀라미훈이었다. "마이클, 훈련이에요!" 건너편 침대를 봤더니, 벤은 어젯밤과 똑같은 자세로 자고 있었다. 이 난리에도 전혀 잠에 지장을 받지 않는 듯했다. 나는 비몽사몽 중에 문 쪽으로 발을 옮겼다. 셀라미훈이 반짝이는 눈으로 황당하다는 듯 나를 봤다. "마이클, 민덴 나우? 리베스, 리베스!" '마이클, 뭐 하는 거예요? 옷 갈아입어요, 옷!' 내가 '너무 고맙지만, 사실 지금 조깅 나갈 상태가 아니다'라고 말할 틈도 없이, 셀라미훈이 내 손에 트레이닝복 상의를 쥐어줬다. 게다가 거기서 멈추지 않고 "훈련이에요, 훈련!"을 외치며 벤을 흔들어 깨우는 데도 성공했다. 벤은 아무래도 전날 밤 훈련에 대해 듣지 못한 듯했다. 하지만 당황한 기색 없이 고개를 끄덕이며 이 상황을 받아들였고, 침대 가장자리에 걸터앉아 기지개를 켜더니 "감사합니다, 예수님!" 하고 말했다. 벤이 꽤 자주 하는 말이었다. 벤은 진심으로 감사해하는 모습이었다.

 어느새 우리는 엘리베이터를 탔고, 안내를 받아 버스로 갔다. 이미 많은 선수가 차분히 앉아 훈련 떠날 준비를 하고 있었다. 몇 시간 만에 또다시 말썽꾸러기 남학생이 된 듯한 기분이 들었다. 우리는 곧 풀과 흙으로 들쭉날쭉한, 400×50미터 정도 돼 보이는 공터에 내렸다. 튀르키예 선수들이 먼저 버스에서 내렸고, 우리 모두 조심스럽게 달리기 시작했다. 튀르키예 선수들이 계속 뒤를 힐끔거렸다. 세계적으로 빠른 선수들이 왜 꼭 조깅을 처음 해보는 사람들처럼 달리는지 명백히 의아해하고 있었다. 우리는 첫 1킬로미터를 뛰는 데 6분 30초가 걸렸다.

 그러나 예상대로 페이스는 점점 올라갔다. 처음에는 1킬로미터에 4분이었지만, 곧 그보다 훨씬 빠른 속도로 달리고 있었다. 겨우 4시간 자고 일어나 아침 7시부터 이렇게 달리는 건 영 내키지 않는 일이었다. 옆을 보니 레너드 패트릭 코몬이 입을 다문 채 거의 떠다니는 것처럼 부드럽게 달리고 있었다. 반면 나는 다른 이들과 전혀 다른 공간에서 달리고 있는 듯한 기분이었다. 감기 기운도 스멀스멀 도는 것 같았다. 목이 칼칼하고 다리도 무겁고 내 마음대로 따라주지 않았다. 마침내 페이스가 더 올라가자 일부 선수들은 무리에서 이탈해 자신만의 경기 전 루틴에 따라 각자 여러 가지 운동과 스트레칭을 하기 시작했다. "이제 배부를 때 되지 않았어요?" 내가 조깅을 하며 지나치는데, 태연하게 나무에 기대어 서 있던 보갈레가 암하라어로 물었다. "아직 아침도 안 먹었잖아요?" 내가 대답했다. "아니, 달리는 거요. 이제 충분하지 않아요?" 그가 말했다. "이제 그만 뛰어요, 내일 경기잖아요."

오후로 접어들자, 확실히 감기에 걸린 것 같았다. 로비에 내려가 보니, 케냐 선수 대부분과 전 하프 마라톤 세계 기록 보유자인 에리트레아 출신 제르세나이 타데세가 차를 마시고 있었다. 타데세 옆에 앉자, 그가 차에 설탕을 넣으며 자신을 소개했다. 어느새 그는 다섯 번째로 설탕을 떠 넣었고, 나는 나 때문에 주의가 흐트러져 무심결에 넣고 있는 게 아닐까 싶어 컵을 가리켰다. 작은 찻잔이 넘칠 지경이었다. 하지만 타데세는 설탕을 한 스푼 더 넣고 나서야 조심스럽게 젓기 시작했다. 작은 찻잔의 절반이 설탕이었다. 경기를 앞둔 기분을 묻자, 그는 어깨를 으쓱할 뿐이었다. 그리고 예상 기록을 물으니, 멋쩍게 웃으며 "지금으로선 모르죠"라고 대답했다.

나는 타데세가 2010년 포르투갈 리스본 마라톤에서 58분 23초의 기록으로 하프 마라톤을 완주한 영상을 봤다. 그는 대부분의 구간을 혼자 달리면서도 놀라운 페이스를 한순간도 잃지 않았다. 한 치의 에너지 낭비도 없는 듯 보였다. 물리 법칙을 초월한 듯, 위로 들썩이는 움직임조차 거의 없이 질주했다. 그 모습을 넋

놓고 바라봤던 기억이 났다. "리스본에서 뛴 날은, 기분이 어땠어요? 어떻게 한 시간도 안 되는 짧은 시간 동안 그렇게 엄청난 속도와 에너지를 쏟아낼 수 있었던 거예요?" 10킬로미터를 28분 이내로 주파하고, 또 한 번 그 속도로 달리는 느낌이 어떤 건지 궁금했다. "그날 몸 상태가 정말 좋았어요." 타데세가 대답했다. "한계라는 게 느껴지지 않았어요." 나는 그 이전이나 이후에도 그런 기분을 다시 느껴본 적이 있는지 물었다. "한두 번 정도 있는 것 같아요."

어떤 선수가 한 시간 동안 1킬로미터에 3분 미만의 속도로 달릴 수 있는 신체적, 정신적 상태에 도달하는 건 매우 드문 일이었다. 그보다 더 빨리 달리는 건 더욱 희귀하며, 리스본 대회에서의 타데세처럼 초월적인 순간을 경험하는 건 선수 생활 내내 한두 번 찾아올까 말까 한 일이었다. 올해 초 나는 아디스에서 미국 하프 마라톤 기록 보유자인 라이언 홀과 이런 경험에 대한 이야기를 나눌 기회가 있었다. 그는 2007년 휴스턴 마라톤에서 59분 43초로 미국 신기록을 세웠다. 그는 그날을 '선수 경력에서 단 한 번 있을 법한 날'이었다고 말하며, 경기 내내 혼자 달렸지만 '모든 것이 가능할 것 같았다'고 회상했다. 돌이켜보면 그때의 그 감각을 믿고 더 강하게 밀어붙였어야 했다며 아쉽다고도 했다.

에티오피아에서 만났을 당시 라이언은 몇 년 동안 원인을 알 수 없는 체력 저하와 부진한 경기력으로 고전한 끝에 선수 생활의 마지막을 준비하는 과정에 있었다. 그는 다시 한 번 그런 날을 맞이할 수 있기를 바라며 지난 10년간 끊임없이 몸을 단련해

왔다고 했다. 그 한 시간의 초월적 질주는 셀 수 없이 많은 훈련 시간이 집약된 결과였다. "그 60분으로 제가 쏟아온 모든 노력에 대한 보상을 받았죠." 그 순간 그는 자신이 바로 그 일을 위해 태어났다고 느꼈다.

하지만 그 감각이 과연 말로 설명될 수 있는 것일까? 당연히 아니다. 내가 읽은 그 어느 작가보다도 스포츠에서 발휘되는 천재성에 대해 탁월한 통찰을 보여준 데이비드 포스터 월리스 David Foster Wallace도 이렇게 말했다. "최고의 선수들이 지닌 천재성의 비밀은 난해하고도 자명하며, 지루하면서도 심오한 침묵과 같은 것일지 모른다." 만일 운동선수 당사자들에게조차 그 비밀이 수수께끼 같은 것이라면, 우리 같은 보통 사람이 그걸 언어로 풀어내기란 더욱 어려울 수밖에 없다. 라이언에게 달리기에서 가장 답답한 점이 무엇인지 묻자, 그는 부진의 원인을 '단 하나의 요인으로 특정할 수 없는 것'이라고 답했다. 라이언은 훈련을 할 때마다 작은 부분이라도 바꿔보거나 개선할 점이 없는지 고민하곤 했다. 잠을 조금이라도 더 잘 수 있는 방법이 있을까? 이미 철저히 조절된 식단이지만, 보완할 점은 없을까? 이미 세밀하게 계획된 훈련 스케줄을 '또다시' 손봐야 할까? 라이언이 깨달은 건 가끔 왠지 모르게 몸 상태가 놀랍도록 좋을 때가 있는데, 그 원인을 정확히 파악할 방법이 없다는 것이었다. 어쩌면 이 불가사의함이야말로 사람들이 달리기에 매료되는 까닭일지 몰랐다. 나와 함께 지낸 에티오피아 선수들에게 달리기는 확실히 과학이라기보다 예술에 가까웠다. 하지만 이상하리만치 몸이 가벼운 날이 있는 만큼, 도무지 이유를 알 수 없는 최악의 날도 있게 마련이며, 이를 받아들이는 것 또한 달리기 선수로 살아가는 데 중요한 부분이었다.

　대회 당일 아침 오전 5시 20분이 되자 벤의 알람이 울렸다. 그는 몸을 뒤척이며 "좋아, 일어나자"라고 중얼거리더니 곧바로 다시 잠들었고, 6시에 내 알람이 울리고 나서야 일어났다. 우리는 각자의 침대에서 다리를 내밀고 앉아 마주 봤다. "이제⋯." 벤이 나를 보며 말했다. "이제, 뭐요?" 내가 눈을 비비며 물었다. "이제 우리, 출발합시다!" 벤이 큰 소리로 외쳤다. 나는 끝내 본격적인 감기를 앓고 있었지만, 벤이 내 몫까지 기운차 보여 다소 위안이 됐다. 아침을 먹은 뒤, 우리는 다시 버스에 실려 해안가 출발 지점으로 향했다. 전날 밤 하일리에로부터 행운을 비는 메시지가 왔고, 나는 감기에 걸려 몸 상태가 엉망이라고 답장을 보낸 후 잠들었다. 이동 중인 버스 안에서 그의 답장을 확인해보니 "걱정하지 마세요, 마이클"이라는 메시지가 와 있었다. 그런데 이어서 이렇게 적혀 있었다. "군판 컨디션 나우." 감기는 오히려 컨디션이 좋다는 신호라는 뜻이었다.

　장거리 선수에게 최상의 몸 상태와 몸이 망가지는 건 종이 한 장 차이였다. 그 선을 넘지 않으면서도 최대한 가까이 접근해야 했다. 감기가 몸이 잘 준비됐다는 신호라는 말은 처음 듣는 얘기였지만, (애써 스스로를 설득해보자면) 어느 정도 일리가 있을 수도 있었다. 셀라미훈, 보갈레와 함께 몸을 풀며 나는 아드레날린이 돌기 시작하면 괜찮아질 거라고 마음속으로 되뇌었다. "오늘 어떻게 뛸 계획이에요?" 두 명의 세계 기록 보유자가 60분 이내 완주를 노리고 있는 상황이니만큼 나는 셀라미훈에게 선두 그룹보다 조금 천천히 출발할 생각인지 어떤지 물어봤다. "아니죠, 당연히 갈 수 있는 데까지 선두 그룹이랑 같이 가야죠"라는 대답이 곧장 돌아왔다.

코스는 해안을 따라 길게 뻗은 왕복 코스였다. 나는 10분 동안 2마일(약 3.2킬로미터)을 달렸고, 몸 상태가 최악이었다. 아직은 선두 그룹이 시야에 들어왔고, 보갈레와 셀라미훈이 이를 악물고 따라붙고 있었다. 나는 두 사람이 계속 버틸 수 있기를 바라며 속으로 응원했다. 나는 이미 속도가 많이 떨어지고 있었고, 5킬로미터쯤 달렸을 때 오늘은 날이 아니라는 사실을 받아들였다. 반환점이 가까워질 때쯤 보니 타데세가 선두 그룹 맨 앞에서 거침없이 질주하고 있었고, 셀라미훈은 필사적으로 그룹 맨 뒤에서 버티고 있었다. 보갈레는 이미 100미터 정도 뒤처져, 나처럼 오늘 경기는 끝났다고 체념한 듯 보였다. 반환점에 도착했을 때 나는 더 이상 버틸 힘이 없었고, 여자 경기 지원 차량이 지나가면 올라탈 수 있기를 바라며 속도를 늦춰 걷기 시작했다. 하지만 차는 한 대도 나타나지 않았다. 현실적으로 출발 지점으로 돌아갈 방법은 계속 뛰는 것뿐이라는 걸 깨달은 나는 슬며시 다시 달리기 시작했다.

처음엔 선두 여자 그룹이 쏜살같이 내 옆을 스쳐 지나갔다. 발걸음은 가볍고 호흡 소리도 거의 들리지 않았다. 그다음으로 만만찮은 페이스의 튀르키예 선수 여러 명과, 오랜 대회 경험을 통해 다듬은 자신만의 호흡법과 주법이 돋보이는 베테랑 선수들이 지나갔다. 이들은 나에게 눈길 한 번 주지 않고 오로지 앞을 응시하며 자신의 경기에 집중했다. 10~15분가량 더 달리자 나를 스쳐 지나가는 선수들의 수가 급격히 많아졌고, 어느 순간 내 주위는 알록달록한 티셔츠를 입은 사람들로 가득 찼다.° 문득 이렇게 수많은 사람들 틈에서 달리는 건 처음이라는 생각이 들었다. 사람들은 서로 대화를 나누고 있었다. 내 상태를 살피며 괜찮은지 묻는 이들도 있었다. 모두가 웃고 있었다. 셀카봉을 든 사람도 있고, 길가에 멈춰 친구들과 기념사진을 찍는 사람도 있었다. 거대한 인파 속에서 함께 달리는 것이 이렇게 즐거운 일인 줄 몰랐다. 모두가 같은 목표를 향해 달리는 그 집단적 에너지가 나에게도 전해지면서 내 기분은 완전히 달라졌다.

　나는 호텔로 돌아올 때까지 셀라미훈과 보갈레를 따라잡지 못했다. 셀라미훈은 마지막 8킬로미터를 달리는 동안 페이스가 급격히 무너져, 64분이 조금 넘는 기록으로 경기를 마쳤다. 보갈레는 66분을 넘겨 결승선을 통과했는데, 내 하프 마라톤 최고 기록보다도 느린 기록이었다. 나는 센다파에서 보갈레가 훨씬 더 빠르게 달리는 걸 봤다. 그곳은 다른 지역보다 공기 중 산소가 30퍼센트나 적고, 커다란 언덕을 연이어 넘어야 하는 곳이었다. 두 사람에게 이번 대회의 부담이 예상보다 훨씬 컸던 게 분명했고, 두

○　이스탄불 마라톤은 일반인도 참가하는 대회로, 선수들이 먼저 출발한 후 시차를 두고 일반 참가자들이 출발한다.

사람도 낙담해 있을 것 같았다. 그러나 호텔에 도착하니, 둘은 이미 이번 경기에서 부진했다는 걸 받아들이고, 벌써 다음 도전에 대해 생각하고 있었다.

"오늘은 제 날이 아니었어요." 셀라미훈은 담담하게 말했다. "그러니까, 어쩌면 지금은 제가 좋은 성적을 거둘 시기가 아니었던 걸 수도 있어요. 만약 오늘 우승해서 큰 상금을 받았다면요? 그러면 차를 샀다가 교통사고로 생을 마감했을지도 모르는 거예요. 하느님께서는 제가 큰돈을 감당할 준비가 됐을 때 비로소 그 기회를 열어주실 거예요." 이러한 사고방식은 앞서 이야기한 이 딜에 대한 믿음과 닿아 있었다. 이딜, 즉 '기회'를 만들어내는 최선의 방법은 도덕적으로 바르게 살고, 성실히 훈련하며, 무엇보다도 인내하는 태도였다. 모든 일이 결국 하느님의 뜻대로 이루어진다고 믿는다는 건, 아무리 열심히 훈련하고 최선을 다한대도 지금은 자신의 때가 아닐 수 있음을 겸허히 받아들일 수 있다는 의미였다. 훈련과 경기의 결과에 연연하지 않고 올바른 마음가짐으로 달리기에 임하면 결국 모든 게 잘 풀릴 것이라는 이 믿음은 성공과 실패 앞에서 마음의 평정을 유지하는 데도 도움이 됐다.

칼리드 역시 만족스럽지 않은 경기를 치렀고, 모로코에서 튀르키예로 온 뒤로 훈련에 대한 의욕이 떨어졌다고 솔직하게 털어놨다. "튀르키예 시민권을 따고 나면 다시 제대로 훈련할 생각이에요. 그러면 국가대표도 될 수 있을 테니까요. 그렇게만 된다면 고생이 무슨 고생이겠어요." 우리가 계속 달리는 이유는 어쩌면 우리 자신에 대해 스스로 써내려가는 이야기 덕분일지 모른다는 생각이 들었다. 그리고 무엇보다도, 그 이야기들은 언제나 미래를 향해 나아갔다. 프랑스의 사회학자 피에르 부르디외Pierre Bourdieu의 '일루지오illusio' 개념을 빌려 이를 생각해볼 수 있는데, 일루지오는 사람들이 자신의 활동과 행위에 의미를 부여하는 과정을 의미했다. 게임을 뜻하는 라틴어 '루두스ludus'와 연관된 이 개념은 의미를 만들어가는 놀이적 행위로 이해될 수 있으며, 이때 상상된 미래가 중요한 역할을 했다. 특히 미국의 인류학자 로버트 데자를레Robert Desjarlais에 따르면, 일루지오는 '미래 지향적 성격으로, 한 사람이 앞으로 하고자 하는 일 및 그에 쏟으려는 헌신과 긴밀히 연결돼 있는 것'이었다. 장거리 달리기만큼 이 말이 잘 맞아떨어지는 예도 없을 것 같았다.

 선수가 되기로 결심한 에티오피아 선수들은 달리기를 통해 '자신의 삶을 바꾸겠다'는 의식적 선택을 한 것이다. 그리고 이는 구체적이고 명확한 미래의 목표에 맞춰 삶을 재구성하는 걸 의미했다. 그들은 달리기가, 부르디외가 인용한 프랑스 속담처럼 '촛불을 태울 만큼 가치 있는 게임'◦이라는 믿음, 즉 그만한 희생을 치를 가치가 있는 일이라는 믿음을 스스로 확립해야 했다. 대다수 에티오피아 선수들에게는 희생이 더 클 수 있지만, 이는 선수라면 누구나 크든 작든 감당해야 하는 일이기도 했다. 우리는 모두 이 게임이 촛불을 태울 만큼 가치 있다고 믿을 방법을 찾아내야 한다. 달리기는 우리로 하여금 미래를 바라보며 거기에 초점

◦ 양초가 귀했던 시절에 나온 표현이다.

을 맞추도록 이끌었고, 그 덕분에 실패를 극복하는 과정도 한결 수월해졌다. 몇 시간 뒤 우리 넷은 모두 다음 경기를 계획하고 있었다.

"포기하기 전에 마라톤은 한번 뛰어보고 싶어요." 칼리드가 말했다. "제가 경험해보고 싶은 건, 뭐라고 표현하죠? 벽을 만나는 거요. 언젠가 제 한계에 도전해보고 싶어요." 이스탄불 대회를 치르기 약 일주일 전, 나는 내가 2:19:39를 기록했던 2015년 맨체스터 마라톤 코스가 공식 마라톤 풀코스 거리보다 수백 미터 짧았다는 사실을 알게 됐다. 줄곧 스스로를 2시간 20분 미만을 기록한 선수라고 생각했는데, 갑자기 마라톤을 완주한 적도 없는 것처럼 느껴졌다. 칼리드처럼 나도 2시간 20분 기록을 정말로 달성하기 전까지는 진지하게 달리는 걸 포기하고 싶지 않았다. 셀라 미훈은 이미 복귀 계획을 세우고 있었다. "저는 절대 안 쉴 거예요." 그가 말했다. "클럽으로 돌아가서 더 열심히 훈련하고, 강해져서 다시 올 거예요." 몇 시간 만에 우리는 모두 낙담을 떨쳐내고 새로운 목표를 향한 의지를 다지게 됐다. 목표를 정하고 미래를 생각하며 우리는 저마다 스스로에게 작은 마법을 걸었고, 계속해서 앞으로 나아갈 힘을 얻었다.

12

숨고르기

숨 고르기

이스탄불에서 돌아온 지 며칠 후, 셀라미훈이 전화로 나에게 한 가지 제안을 했다. 셀라미훈은 자신의 소속 클럽인 곤다르 인근의 암하라 수자원건설공사(이하 AWWCE) 클럽으로 돌아갔고, 아디스의 숙소에서 600킬로미터 떨어진 곳이다 보니 그의 목소리가 계속 끊어졌다. "고산 훈련이라고, 아세요?" 셀라미훈이 물었다. 나는 당연히 안다고 대답했다. "저 지금 고산 훈련 하러 에티오피아에 와 있는 거잖아요." 그랬더니 셀라미훈이 고개를 젓는 모습이 눈에 그려지는 듯했다. "아뇨, 아뇨, 그거 말고요, 마이클. 아디스에 사는 사람들을 위한 고산 훈련이요." 셀라미훈의 클럽은 해발 3100미터의 고산 지대 외딴 곳에 있었다. 듣기만 해도 힘들 것 같았다. 하지만 그가 선수 생활을 시작한 곳이 어떤 곳인지 알고 싶어졌고, 나는 셀라미훈이 있는 곳으로 일주일간 여행을 떠나기로 했다.

그렇게 떠난 길의 마지막 구간, 내가 갖고 있는 정보라곤 서쪽으로 가는 버스를 타야 한다는 것뿐이었다. 아베레와 비르하누 역시 마라톤을 마친 뒤 회복 중이라 그 클럽에서 지내고 있었다. 아베레는 자신이 전화를 걸 테니, 내가 어디에 내려야 하는지 알려줄 수 있도록 꼭 운전기사에게 내 휴대전화를 건네라고 했다. 전화 네트워크의 불안정성을 감안하면 이보다 더 허술한 계획도 없을 것 같았다. 그러나 정말로, 버스를 탄 지 한 시간쯤 지나자 아베레로부터 전화가 왔고, 운전기사를 바꿔달라고 했다. 그리고 운전기사는 나에게 걱정하지 말라고 말해줬다. 버스는 가장 가까운 번화가인 데브레타보르를 떠난 이후 계속해서 오르고 있었고, 기온이 확연히 낮아졌다.

버스가 점차 속도를 줄이다 숲이 우거진 산그늘 속에 멈춰 섰다. 운전기사가 나를 돌아보며 도착했다고 말했다. 건물이라곤 작물을 베고 난 들판 한가운데의 병영 같은 건물 몇 채뿐이었다. 가시철조망도 둘러져 있었다. 다른 승객들이 기대에 찬 눈빛으로 나를 봤다. 여기가 정말 저 '파렌지'가 가려는 곳이라고? 나도 같은 생각을 하느라 버스에서 내릴지 말지 망설이고 있었다. 그런데 그때 가장 가까운 건물에서 셀라미훈이 후닥닥 뛰어나왔다. 그리고 그 뒤를 따라 다 같이 파란색 트레이닝복을 맞춰 입은 선수들이 호기심을 감추지 않은 채 줄줄이 따라왔다. 비로소 마음이 놓인 나는 얼른 버스에서 내렸고, 셀라미훈은 내 가방을 자기 어깨에 메더니 곧바로 투어부터 하자고 했다.

우리는 데살레인 코치와 함께 캠프를 구경했다. 그는 35세로, 코치로는 상대적으로 젊은 축에 속했다. 파란색 트레이닝복 상의를 하의에 넣어 입고 있었고, 헤어라인이 많이 후퇴한 모습이었다. 또 클럽의 선수 대표이자 AWWCE의 홍보 담당 같은 게브레도 함께였다. "저희 회사는 지금 진행 중인 프로젝트가 74개나 돼요. 도로 건설, 수자원 공급을 담당하고 있죠." 그러면서 AWWCE에서 생산하는 생수 한 병을 건네줬는데, 근처 산의 이름을 딴 '구나' 생수라고 했다. 이곳 선수들이 종종 클럽을 간단히 '구나'라고만 부르는 걸 보면, 그 산이 꽤 중요한 산인 것 같았다. 먼저 식당을 돌아봤다. 벽에 붙은 식단표를 보니, 일주일 중 이틀은 아침으로 파스타가 나오고, 전체적으로 탄수화물과 채소가 풍부한 식단인 듯했다.

이 클럽은 에티오피아 육상연맹의 지원으로 설립된 클럽 중 하나로, 에티오피아에는 정부와 AWWCE 같은 기업 그리고 지자체의 공동 후원을 통해 운영한다는 취지로 설립된 비슷한 클럽이 많았다. 그런데 새로 설립된 클럽들의 운영 상황은 제각각이었고, 일부는 재원 및 자원 부족으로 지속적으로 어려움을 겪고 있었다. 이 같은 현실은 상을 받기도 한 2012년 다큐멘터리 〈베코지의 달리는 아이들Town of Runners〉에서도 다뤄졌다. 베코지 출신의 두 선수가 각기 다른 클럽에서 겪는 상반된 경험을 조명한 작품이었다. 셀라미훈의 클럽은 시설이 잘 갖춰져 있었으며, 선수들에게 급여가 안정적으로 지급됐고, 구내식당에서 하루 세 끼 식사를 제공했다. 이 지역에서만도 수백 명의 선수가 여러 클럽을 통해 이러한 지원을 받으며 활동하고 있었고, 그만큼 지역 내 경쟁이 치열해져 아디스에 진출할 수 있을 만큼 좋은 성적을 거두기란 점점 더 어려워지고 있었다.

데살레인 코치는 자신이 맡고 있는 선수들의 성공을 간절히 바랐지만, 모든 선수가 육상 선수로서 경력을 이어갈 순 없다는 사실을 잘 알고 있었다. 그렇다 보니 많은 선수가 오전에는 학교에 나가고 오후에는 훈련을 하거나, 아니면 그 반대로 일정을 소화하면서 두 가지 선택지를 모두 열어두고 있었다. 하지만 그로 인해 학교에 다니는 기간은 길어질 수밖에 없어, 20대 중반이지만 여전히 학교에 다니는 선수들도 있었다. 클럽에서 받는 급여 덕분에 그러한 생활이 가능한 것 같았다. 이번엔 내가 묵을 방에 들렀다. 싱글 침대 세 개가 놓여 있고, 벽에는 초상화 두 개가 걸려 있었다. 하나는 성모마리아의 초상이었고, 다른 하나는 에티오피아의 고故 멜레스 제나위 전 총리의 초상이었다. 이곳은 모든 방이 공용이었는데, 데살레인은 선수들이 계속해서 희망을 갖고 훈련하도록 하기 위해서는 가능한 한 혼자 시간을 보내지 않는 게 아주 중요하다고 믿었다. "혼자 있으면 생각을 너무 많이 하게 돼서 안 돼요."

이는 부상이나 질병으로 한동안 달릴 수 없는 선수들에게 특히 더 의미가 있었는데, 데살레인은 신체 활동과 정신 건강의 상호 관계를 절대 간과해선 안 된다고 강조했다. "달릴 수 있을 때는 괜찮아요. 오후 늦게 미래가 걱정돼서 기분이 가라앉더라도, 한 바퀴 뛰고 오면 불안한 마음도 가시고 기분도 한결 밝아지니까요." 나도 수년 동안 달리기로 하루를 편안히 마무리해왔기 때문에 확실히 공감이 가는 내용이었다. "그 기분, 아시죠? 거의 중독 같다니까요." 다음으로 체육관을 구경했다. 체육관에는 이곳에서 직접 만든 바벨이 있었는데, 나무 막대를 액체 상태의 시멘트 통에 담가서 만든 것이었다. "완벽하게 만들진 못했어요." 데살레인이 말했다. "그래서 균형을 맞추려면 열 번 반복하고 난 뒤에, 반대로 들고 다시 열 번 해줘야 해요." 그가 시범을 보이며 말했다. "어쨌든, 바벨이 중요한 건 아니고요. 저희 클럽에서 보셔야 할 건 트랙이죠."

그는 건물 밖의 풀밭으로 난 희미한 길을 따라 올라갔다. 언덕을 오르던 중 농부 한 명이 우리와 함께 걷기 시작했다. 그러면서 길 양옆으로 슬쩍슬쩍 씨를 뿌렸는데, 선수들이 마무리 운동을 할 때 하는 동작과 별반 다르지 않았다. 그런데 걱정스럽게도 이 고도에서는 그저 걷기만 해도 대화를 이어가기가 힘든 것 같았다. 나는 농부에게 달리기 선수들에 대해 어떻게 생각하는지, 선수들이 그의 들에서 뛰어다니는 게 불편하진 않은지 물었다. 그는 선수들이 달리는 모습을 보는 게 좋다며, '어떻게든 돕고 싶다'고 했다. 그때 뒤에서 따라오던 선수 한 명이 웃으며 말했다. "감자요. 감자로 큰 도움을 주고 계시잖아요." 데살레인에 따르면 이 지역 농부들이 원래부터 협조적인 건 아니었다. 처음 캠프를 열 때는, 주변 농부들 중 아베베 비킬라나 하일레 게브르셀라시에의 업적에 대해 들어본 사람조차 아무도 없었기 때문이다. "저희 선수들이 달리고 있으면 '멈춰, 멈춰! 말도 그렇게는 못 뛰어! 그러다 심장 터져 죽어!' 하면서 소리치는 분들이 많았죠. 저희가 미쳤다고 생각하시더라고요."

우리는 마침내 언덕 꼭대기에 올랐고, 그곳 들판에는 아무리 숨이 턱끝까지 차올라도 꿋꿋이 달렸을 선수들의 발걸음으로 새겨진 선명한 트랙이 있었다. 데살레인은 처음에는 돌로 트랙을 표시했지만, 점차 안쪽 레인이 지워지지 않을 정도로 자리를 잡으면서 돌을 치워버렸다고 했다. "여기는 사방이 다 트여 있어요." 그가 손으로 가리키며 말했다. 트랙은 어느 쪽을 보나 바깥으로 내리막이 펼쳐져 있는 우뚝 솟은 작은 고원이었다. 그는 한 경사면을 가리켰다. "저 아래로 구름 보이시죠?" 그러면서 그는 트랙의 위치가 해발 3100미터라는 점을 다시 짚었다. "스포츠 과학자들은 이곳이 너무 높다고 하더라고요. 너무 높아서, 여기서 훈련하는 게 바람직하지 않대요." 데살레인은 잠시 생각에 잠긴 듯 보였다. "코치님은 어떻게 생각하시는데요?" 내가 조심스럽게 물었다. "바람직하죠. 다른 곳에 가면 쉽게 이길 수 있잖아요." 짧고 덤덤한 대답이었다.

트랙이 있는 작은 마을의 이름은 '키미르 딩가이'였고, 이는 '돌 더미'라는 뜻이었다. 이곳에 딱 맞는 이름이라는 생각이 들었는데, 훈련 캠프 외에는 정말 아무것도 없었기 때문이다. 하지만 그런 환경이 오히려 훈련 목적에 부합하기 때문에 캠프가 이곳에 세워졌을 것이다. "여기는 개발이 안 된 땅이에요." 데살레인이 말했다. "자연 그대로라서 공기가 특별하죠." 이곳은 젊은 선수들에게 '변화를 가져다줄 수 있는' 장소였다. 수많은 세계 정상급 선수를 발굴한 센타예후 코치가, 다음 세대 에티오피아 선수들은 베코지가 아닌, 달리기에 대한 고정관념이 덜한 다른 고산 지대에서 나오지 않을까 예상했던 게 떠올랐다. 이름이 '열정적'이라는 뜻인 데살레인은 자신의 캠프가 고지대에 위치한다는 데 대한 자부심이 상당했고, 내 휴대전화의 고도 측정 앱으로 키미르 딩가이의 고도를 확인한 뒤 자신이 아는 다른 캠프들이 있는 마을의 고도와도 비교해보자고 청했다. 그 마을들 역시 만만찮게 신비로운 이름이어서 나는 꼭 《반지의 제왕》의 세계에 들어온 기분이 들었다. "페라스 벳('말들의 터')이 꽤 높긴 한데, 키미르 딩가이만큼은 아니네요." 그때 한 선수가 "네파스 마우차('바람이 불어오는 곳')가 제일 높다고 들었어요"라며 끼어들자, 데살레인은 격렬히 고개를 저었다.

그에 따르면 키미르 딩가이는 18세기 중반부터 19세기 중반까지 지역 군주와 봉건 영주들이 에티오피아 각 지역을 다스리던 시대에 지어진 이름이었다. 이곳 사람들은 전쟁에 나가기 전 돌 더미에 각자 하나씩 돌을 올려야 했고, 얼마나 많은 이들이 전사했는지 셀 수 있도록 전투에서 무사히 돌아온 사람들은 자신이 놓은 돌을 다른 돌 더미로 옮겨야 했다. "달리기 선수들에게 돌을 쌓으라고 한다면, 목표를 달성한 선수들 쪽과 그렇지 못한 선수들 쪽 돌 더미 중 어느 게 더 클까요?" 내가 물었다. '목표를 이루지 못한 선수 쪽 돌 더미는 산을 이룰 것'이라는 대답이 돌아왔다. 미국의 유명 육상 코치 잭 대니얼스의 농담이 떠올랐다. 그는 많은 선수들이 무지막지하게 열심히 훈련하다 보면 그중 일부는 성공하기도 하는데, 그 확률은 벽에 달걀을 한 바구니 던져 운이 좋으면 하나쯤 깨지지 않을 정도라고 했다. 하지만 나는 곧 캠프 생활의 중점이 단순히 열심히 훈련하는 것보다는 할 일을 제대로 한 뒤 점진적인 진전을 기다리는 데 있음을 알게 됐다.

세 명의 모요스포츠 선수가 자신들이 이 클럽으로 돌아온 이유를 설명했다. "저희도 버스 타고 왔어요. 2주 동안 여기서 훈련하면서 컨디션을 끌어올린 다음, 그걸 고스란히 가방에 담아서 아디스로 가져갈 거예요." 셀라미훈이 장난스럽게 말했다. 셀라미훈은 이스탄불 대회를 겪으며 자신의 부족함을 느끼고, 이곳으로 왔다. 비르하누와 아베레는 마라톤을 하느라 다리에 입은 타격을 회복하기 위해 온 거였는데, 여기서는 더 느린 페이스로 달려도 비슷한 유산소적 효과를 얻을 수 있기 때문이었다. "키미르 딩가이에서는 1킬로미터에 6분으로만 달려도 체력을 유지할 수 있어요." 비르하누가 장담했다. 그 말을 들으니 이번 주엔 이 친구들과 나란히 달릴 수 있을지도 모르겠다는 생각이 잠시 들었다. 세 사람은 이 훈련이 '산책'을 하며 바람이나 쐬는 수준이라고 느긋하게 말했다. 하지만 나는 실제로는 그럴 리가 없다는 걸 알았다.

에티오피아의 달리기 선수라면 누구나 환경을 이용한 훈련 방식을 따르지만, 이곳 구나 캠프처럼 높은 지대까지 올라오는 건 그중에서도 극단적인 예였다. 기력을 회복하고 에너지를 비축해야 할 때는 자연스럽게 천천히 달릴 수밖에 없는 지대를 찾아 그곳에서 훈련을 한다. 우리는 흔히 동아프리카 선수들이 단순히 더 열심히 훈련하고 다른 나라 선수들보다 빠르게 달리기 위해 스스로를 더 강하게 몰아붙인다고 생각한다. 물론 어느 정도는 사실이라고 할 수 있다. 그러나 이들이 중요하게 여기는 건 단순한 노력이 아니라 '영리하게 훈련하는 것', 즉 힘을 쏟아야 할 때와 빼야 할 때를 아는 감각이었다. 에티오피아 선수들은 빠른 속도에서만 탁월한 게 아니라, 느린 속도에서도 그들만의 노하우가 있었다.

다음 날 새벽 우리는 5시 50분에 눈을 떴다. 기온이 거의 영하에 가까웠다. 셀라미훈은 재빨리 트레이닝복 두 벌을 겹쳐 입더니, 잠시라도 더 온기를 느끼려고 이불 속으로 다시 들어갔다. 복도에서 이 문 저 문 두드리는 소리가 계속 들려왔다. 이 캠프에서는 늦잠을 자거나 훈련에 빠지는 일이 아예 불가능할 것 같았다. 30명 정도 되는 무리에 섞여 터덜터덜 밖으로 나가니, 두꺼운 트레이닝복을 입은 데살레인 코치가 기다리고 있었다. 어제처럼 윗옷은 바지 안에 집어넣은 채 스톱워치를 목에 걸고 있었다. 몇 백 미터쯤 걸어 숲 가장자리에 이르자, 데살레인이 오늘은 자신이 직접 선두에서 훈련을 이끌겠다고 했고, 나는 놀랐다. 아디스에서는 코치가 이렇게 직접 나서는 모습은 상상하기 어려웠기 때문이다. 우리는 곧 두 줄로 서서 천천히 뛰기 시작했다. 데살레인은 고지에서 10킬로미터를 30분 5초, 5킬로미터는 14분 34초로 달린 기록이 있지만, 결국 선수로서 성공할 정도의 재능은 없다는 결론에 이르렀다고 했다. 내 10킬로미터 기록이 그의 기록보다 2초 늦다고 말하자, 데살레인은 내가 그 기록을 낸 게 어느 고도였는지 물었다. 나는 리즈(잉글랜드의 도시)의 정확한 고도는 모르지만, 아마 해발 50미터쯤 될 거라고 답했다.

"여기에서 훈련하면 정말 큰 도움이 될 거예요." 데살레인이 말했다. 우리는 오르막을 달려 숲으로 진입하는 길이었다. "일단 공기가 맑고 깨끗하잖아요. 공해가 전혀 없어요." '그리고 산소도 없죠.' 나는 내 폐가 버텨주길 바라며 속으로 생각했다. 이제 지그재그로 완만한 경사를 따라 오르기 시작했고, 데살레인은 캠프에 실력 있는 선수들이 남아 있도록 만드는 게 얼마나 어려운 일인지 이야기했다. 도로 경기에 훨씬 큰 상금이 걸려 있는 데다, 트랙으로는 국제 무대에 설 기회도 제한적이라 점점 더 문제가 심각해지고 있다고 했다. 그에 따르면 셀라미훈도 5000미터 경기에 적합한 선수였다. 그는 셀라미훈이 지금도 고지대에서 5000미터를 14분 이내에 뛴다며, 몇 년 안에 13분 30초까지 기록을 단축할 수 있을 거라고 내다봤다. "이 기록이면 에티오피아 밖에서는 12분 50초 정도 될 거예요. 하지만 요즘 선수들은 트랙 경기에는 별로 관심이 없어요. 선수들로서는 자기 생활을 안정시키는 게 우선이고, 그러려면 도로 경기를 선택할 수밖에 없는 거죠." 이런 이야기가 나오면 나는 본능적으로 매니저들을 탓하고 싶어졌다. 나는 셀라미훈이 정말 원해서 이렇게 이른 시기에 마라톤을 시작한 것인지 물었다. "셀라미훈의 결정이었느냐고요? 도로 경기 말이죠. 셀라미훈은 타고나길 트랙에서 더 잘 뛸 선수지만, 트랙은 아무리 많은 경기에 나가도 돈이 안 되니까요."

몇 년 전 셀라미훈은 불과 열일곱의 나이로 암하라 지역 5000미터 대회에서 우승했다. 그때까지 그는 한 번도 아스팔트

위를 달려본 적이 없었고, 가장 길게 뛰어본 것도 숲에서 1시간 반 동안 '조깅'을 한 게 전부였다. 그 경기를 본 한 매니저가 셀라미훈을 찾아와 중국에서 열리는 마라톤 대회에 나가볼 생각이 있느냐고 물었다. 셀라미훈은 곧바로 그 제안을 받아들였다. "그때는 진짜 어린 소년이었어요. 몸무게도 겨우 49킬로그램이었고요." 데살레인이 말했다. 나는 셀라미훈에게서 그 첫 마라톤 이야기를 들은 적이 있었다. 15킬로미터쯤 달리자 딱딱한 도로에서 오는 충격으로 '다리가 말을 듣지 않았다'고 했다. 그럼에도 어찌 된 일인지 그는 2시간 15분을 기록하며 5위로 결승선을 통과했다. 하지만 지금까지도 셀라미훈은 그 첫 번째 경기에서 받았어야 할 상금을 한 푼도 보지 못했다. 셀라미훈은 매니저가 생겼으니 이제 아디스에서 훈련할 수 있을 거라고 생각하며 잠시 아디스로 이주도 했지만, 그 매니저는 셀라미훈뿐만 아니라 1위와 2위 선수들의 돈까지 모두 들고 사라진 뒤였다. 데살레인이 말했다. "누군지는 몰라도, 어떻게 인간이 그럴 수 있나 싶어요. 정말 증오스럽다니까요." 나도 마찬가지였다. 셀라미훈은 결국 클럽으로 돌아올 수밖에 없었다. 그가 속한 클럽뿐 아니라 내가 찾은 다른 클럽들에도 비슷한 경험을 한 선수가 한둘이 아니었다. 비양심적인 무허가 에이전트들은 시골 지역의 선수들에게 직접 접근했고, 마땅한 선택지가 없는 선수들은 기회를 잡기 위해 그들을 믿을 수밖에 없었다. 에티오피아의 선수들은 지방 클럽에서 아디스의 클럽으로, 그리고 매니지먼트 그룹과의 계약을 거쳐 국제 무대로 나아가는 직선적 경로를 밟는 것이 아니라, 오르락내리락

하며 좌절이 반복되는 순환적 과정을 겪고 있었다.

당시 셀라미훈의 5000미터 훈련 코치였던 데살레인은, 그가 첫 마라톤에서 부상을 입지 않은 것에 안도했다. 그리고 셀라미훈이 하프 마라톤에서 60분 이내로 달릴 수 있을 거라고 확신했다. "육상은 이곳 지형이랑 비슷해요, 기복이 많죠." 파실과 똑같은 말이었다. 나는 아베레, 비르하누, 셀라미훈이 캠프로 돌아온 걸 어떻게 생각하는지 물었다. "아디스로 간 선수들은 다들 다시 돌아오고 싶어 해요. 여긴 모든 게 더 단순하니까요." 우리는 몇 분 동안 아무 말 없이 달렸다. 두 줄로 늘어선 선수들 또한 고개를 숙인 채 힘겨운 훈련을 견디고 있었다. 마침내 우리는 안개 속을 벗어났고, 우리가 따라가던 좁은 길도 끝이 났다. 나무들이 듬성듬성해지자, 데살레인은 그 사이를 이리저리 달리기 시작했다. 지금까지 몇백 미터는 올라왔으니, 우리가 있는 곳은 해발 3300미터쯤 될 것 같았다. 나는 이제 대화는커녕 스르르 대열 뒤쪽으로 처졌다.

오늘 함께 훈련하는 선수들은 800미터부터 10000미터까지 다양한 종목에서 활동하는 선수들이었고, 심지어 창던지기 선수도 한 명 있었다. 탁 트인 벌판이 나오자, 데살레인은 여러 종목 선수들이 함께 뛰는 점을 감안해 속도를 올리면서도 완만한 곡선을 그리며 달렸다. 그리고 나를 포함한 뒤처진 선수들이 다시 그룹에 합류할 수 있도록 자주 방향을 틀었다. 훈련에 앞서 일부 선수들은 50분, 또 다른 일부는 60분, 그리고 또 다른 선수들은 70분 동안 달리라는 지시를 받았기 때문에 점차 한 무리씩 대열에서 벗어나 기본기 연습과 가속 질주 훈련을 하기 시작했다. 서로 재능과 종목이 다른 선수들이 어떻게 그룹 훈련의 이점을 활용하며 효과적으로 훈련할 수 있는지 잘 보여주는 예라는 생각이 들었다.

나는 한 시간쯤 달린 후 데살레인과 함께 서서 선수들이 150미터 구간 스프린트 훈련을 왕복으로 하는 모습을 지켜봤다. 그는 모든 훈련이 이렇게 마무리된다고 말했다. "아무리 지구력이 좋아도 결국 가장 중요한 건 순수한 스피드예요. 경기에서 막판 스퍼트를 낼 수 있으려면, 반드시 이렇게 함께 뛰는 연습이 필요해요." 곧 폴란드에서 열리는 세계 주니어 선수권대회 1500미터에 출전하는 아스레스가 번개처럼 달리는 무리 속에서 살짝 뒤처졌다. "아스레스, 가바 템포!" 직역하면 '템포에 맞춰 들어가!'라는 말이었다. 이곳은 서로 '함께' 성장해야 한다는 믿음이 놀라울 정도로 강했다. 스피드도 따로 만들어지는 게 아니라, 다른 사람들과 보조를 맞춰 달리는 과정에서 자연스럽게 생겨나는 것이었다. 그때 아베레가 지나갔고, 데살레인은 가볍게 고개를 저었다. "아스팔트에서 너무 많이 뛰면 몸이 굳어요. 지금 아베레가 그래요. 몸이 잔뜩 움츠러져 있죠. 심지어 손까지 긴장돼 있어요. 그런 상태가 회복에도 영향을 미칠 수밖에 없고요." 내가 아는 한, 아베레는 늘 이렇게 구부정한 자세로 달렸다. 마치 보이지 않는 몸속의 에너지 주머니에서 마지막 한 방울까지 쥐어짜내려는 듯한 자세였다. "하지만 아베레는 마라톤을 2시간 8분에 완주했잖아요." 내가 짚었다. 그 달리기 폼이 아베레에게는 제법 효과가 있는 것 같았다. "솔직히 아베레는 2시간 6분은 뛰어야 해요." 데살레인이 말했다.

어린 선수들이 너무 일찍 해외로 나가는 걸 탐탁지 않게 여기는 그였지만, 또 다른 선수가 옆을 지나가자 소리쳤다. "텔라훈, 도대체 뭐 하는 거야? 네 친구는 튀르키예까지 가서 뛰고 왔는데, 넌 여기서 빈둥거리기나 하고 있잖아!" 그는 도로 경기에 나가 벌 수 있는 돈이 선수들에게 가장 확실한 동기 부여가 된다는 걸 잘 알고 있었다. 훈련이 끝난 뒤 선수들이 한자리에 모였다. 농장 아이들은 이리저리 뛰어다니며 앉을 만한 돌을 찾더니 적당히 떨어진 곳에 머물며 진지한 눈빛으로 우리를 지켜봤다. 곧 우리는 모두 손을 맞잡고 박자에 맞춰 발을 굴렀다. 그리고 클럽을 수도 회사보다는 산과 더 연결 짓고 싶은 마음을 담아 '우리 팀, 구나!'라는 구호를 반복해 외쳤다.

다음 날 아침 우리는 에티오피아에서 두 번째로 높은 산인 구나산의 숲을 달렸다. 숲 언저리에 다다를 즈음엔 모두 심하게 몸을 떨고 있었다. 기온이 다시 영하 가까이 떨어진 데다 얼음처럼 차가운 비가 쏟아지고 있었다. 우리는 데살레인을 선두로 일렬로 길게 줄지어 달렸다. 데살레인은 내일부터 '강도 높은' 인터벌 훈련이 시작되니, 오늘은 최대한 천천히 달리는 게 목표라고 했다. 하지만 내가 겪은 바에 따르면, 이런 경우 코치들은 일부러 달리기 힘들고 까다로운 지형을 선택하곤 했다. 몸 상태가 좋은 선수들이 자기도 모르게 속도를 올리는 걸 막기 위해서였다. 눈앞의 산을 올려다보니 이 접근법의 정석을 곧 경험하게 되리라는 직감이 들었다.

우리는 아주 천천히 출발했다. 데살레인은 가파른 산비탈을 따라 좁고 미끄러운 진흙길을 달렸고, 나는 넘어지지 않으려고 균형을 잡는 것만으로도 온 신경을 쏟아야 했다. 이따금 달리기에 최적화된 듯한 트레일을 지나기도 했다. 폭이 2미터 정도에 잔돌이 깔려 있었다. 하지만 그 길을 만끽할 새도 없이 우리는 다시 숲으로 뛰어들었다. 얼마 지나지 않아 높이 150센티미터쯤 되는 돌담이 나타났다. 데살레인은 손으로 붙잡고 무릎으로 짚으며 담을 넘었고, 뒤이어 선수들도 차례로 돌담을 넘었다. 몇몇은 서로 도와가며 넘었다. 이 정도면 달리기 훈련이 아니라 거의 군사 훈련이 아닐까 싶었다. "코치님은 가끔 보면 진짜 미친 것 같다니까요." 비르하누가 나를 담 위로 밀어 올려주며 작게 속삭였다.

이후 20분 동안은 경사가 너무 가팔라 뛰기보다 걷는 시간이 더 길었다. 우리는 나무뿌리를 붙잡고 몸을 끌어올려야 했고, 안개 속에서 서로를 부르며 소리를 질렀다. 이때쯤엔 안개가 너무 짙어 한 치 앞도 제대로 가늠하기 어려운 수준이었다. 결코 과장이 아니었다. 나는 이대로 이 산에서 영영 길을 잃게 되는 것은 아닐까 두려웠다. 적어도 우리가 속도를 내지 못하게 하려던 데살레인의 목표만큼은 확실히 달성되고 있었다. 이윽고 경사면 꼭대기에 올라서자, 깊게 갈아엎은 밭이 펼쳐졌다. 그곳에서는 달리기 비슷한 동작이라도 하려면 보폭을 최대한 크게 내디디며 고랑을 하나씩 건너뛰어야 했다. 우리는 마치 플라이오메트릭 운동이라도 하듯, 근육을 늘렸다가 빠르게 수축시키는 독특한 방식으로 10분간 달렸고, 그 후 출발 지점으로 구불구불하게 걸어 내려왔다. 총 1시간 10분의 훈련이 끝났을 때 내 손은 군데군데 경사면을 기어오를 때 생긴 긁힌 자국에 온통 진흙투성이였다. 달리기를 한 게 아니라, 다섯 시간 동안 등산이라도 하고 온 것 같은 기분이었다.

캠프로 돌아오자, 모두 반바지만 남기고 옷을 벗고 야외에서 찬물 샤워를 하기 시작했다. 기온은 3도도 채 안 되는 것 같았다. 나는 이 고행 같은 의식은 도저히 따라 할 수 없어 그냥 건너뛰기로 했다. "비르하누, 안 추워요?" 그는 양동이의 물을 머리 위로 무자비하게 쏟아 부으며 거칠게 숨을 몰아쉬고 있었다. "아니요, 더워요!" 그가 영어로 외쳤다. "전 위험한 남자니까요!"

오후에 아베레가 자기 가족을 만나러 가자고 했다. 아베레의 농장은 바자즈를 타면 금방 닿는 거리에 있었다. 바자즈에서 내린 우리는 이웃집 개들이 달려드는 걸 피해 테프 밭을 헤치며 가까스로 아베레의 집에 도착했다. 마당에서 아베레의 할머니가 맨발로 커다란 장작더미 위에 앉아 나무를 고르고 계셨다. "올해 여든셋이 되셨는데도 여전히 힘이 넘치세요." 아베레가 말했다. 우리를 본 할머니는 장작더미에서 내려와 다양한 음식과 음료를 한 상 가득 차리기 시작하셨다. 커피, 보리로 만든 베소, 현지 맥주, 갓 구운 팬케이크 같은 인제라와 따뜻한 버터, 빵 그리고 콜로(병아리콩, 보리, 해바라기씨 등을 볶아 만든 전통 스낵)까지, 어느 것부터 먹어야 할지 모를 정도였다. 우리는 전통 맥주인 텔라부터 마시기로 했다. 잔이 넘치기 일보 직전이었다. 할머니는 내가 마시는 모습을 유심히 보시더니, 한 번에 잔을 비우지 못하자 아베레에게 나직이 물으셨다. "이 친구, 무슨 문제 있어?"

아베레는 엘리트 마라톤 선수다운 체형을 갖고 있었다. 평소 체중은 55킬로그램 정도였지만, 최근 취리히 마라톤을 치른 뒤 그보다 더 야윈 모습이었다. 아베레는 악천후 속에서도 2:13:08를 기록하며 2위를 차지했다. 경기 중에 눈이 내렸는데, 그는 아디스로 돌아올 때까지도 몸이 녹지 않았다고 했다. 아베레는 일본 선수 가와우치 유키에 대한 깊은 존경심을 안고 돌아왔다. 39킬로미터 지점에서 자신을 따돌리고 우승을 거머쥔 선수였다. "그 선수는 지치지도 않고 밀어붙이고, 밀어붙이고, 또 밀어붙였어요." 아베레는 할머니에게 사진 한 장을 보여줬다. 사진 속에는 결승선에서 기다리던 가와우치가, 함께 용맹한 경기를 펼친 상대를 향한 인정과 존경의 표시로 직접 아베레에게 꽃다발을 건네는 모습이 담겨 있었다. 한편 시상대 사진 속 아베레는 여전히 러닝쇼츠 차림이었고, 누군가 빌려준 듯한 울 스웨터가 걸쳐져 있었지만, 추위에 몸을 잔뜩 움츠리고 있었다. 그로부터 일주일이 지났지만, 아베레는 할머니의 보살핌을 받으며 몸을 좀 더 회복해야 할 듯싶었다.

얼마 뒤 다른 가족이 속속 도착했고, 또다시 푸짐한 음식이 우리 앞에 차려졌다. 그리고 아베레는 아디스에서 먹는 음식에 대한 질문 세례를 받았다. "이쪽 지방에서 나는 식재료야?" 가족들이 물었다. "신선하긴 해?" 아베레는 시장에서 사 먹기 때문에 잘 모른다고 대답했다. 그러자 가족들은 고개를 저었다. 우리가 대화를 나누는 동안 할머니는 그날 아침에 직접 빻은 테프 가루로 인제라를 굽고 계셨다. "바로 저기 저 밭에서 난 테프로 만든 거예요." 할머니가 말했다. 불과 10미터 떨어진 곳이 밭이니 이보다 더 신선할 순 없었다. 식구들이 인제라를, 따뜻하게 녹인 버터와 향신료 베르베레를 곁들여 내왔다. 물론 이 버터도 바로 바깥에서 한가로이 풀을 뜯고 있는 소에게서 얻은 것이고, 향신료도 직접 재배한 고추를 혼합해 만든 것이다. "포장된 음식은 멀리해야 해." 아베레의 고모가 충고하듯 말했다. 일리 있는 조언이었다. "외국산 바나나도 먹지 마. 화학 물질 덩어리야." 그러더니 다른 사람들처럼 나에게 베소의 중요성을 설파하기 시작했다. 이미 선수들에게서 귀에 못이 박히도록 들은 내용이었다. 아베레는 베소를 '에티오피아 문화가 집약된 음료'라고 부르며, 그 효능을 절대적으로 신뢰하고 있었다. 농부들은 하루 종일 들에서 일하면서도 베소와 텔라 맥주만으로 버텼다. 둘 다 직접 수확한 곡물로 만드는 액상 탄수화물이었다.

인제라는 커다란 철판 위에서 땔감으로 피운 불에 익고 있었고, 곧 방 안이 연기로 가득 찼다. "저 친구 괜찮을라나?" 할머니가 아베레에게 물었다. "저 친구네 나라에도 이렇게 연기 날 일이 있긴 한가?" 나는 눈물이 그렁그렁한 채로 있다고 대답했지만, 할머니는 믿지 않는 표정이었다. "아마 현대식 연기겠지." 할머니는 그렇게 결론 내렸다. 그때 아이들이 우르르 뛰어와 인제라를 한 움큼씩 집어 들더니, 나를 가리키며 까르르 웃곤 다시 들판으로 달려 나갔다. 도널드 러빈은 암하라족에 대한 민족지적 연구를 수행하며, 농부들에게 그들의 삶의 목표가 무엇인지 물었다. 그러자 많은 농부가 '사르토 메블랏', 즉 '일을 하고, 먹는 것'이라고 답했다고 한다. 어쩌면 너무 단순한 삶의 철학처럼 보일 수 있지만, 우리가 달리는 양을 생각하면 그 말이 꽤 와닿는다. 우리는 배가 너무 불러 말 한마디 하기조차 힘든 상태로 캠프에 돌아왔다.

우리가 오자마자 데살레인 코치는 열흘 뒤 열리는 암하라 지역 육상 선수권대회를 대비하기 위해, 가장 가까운 소도시인 데브레타보르로 이동해 '컨디션 조절 기간'을 가질 것이라고 발표했다. 셀라미훈, 아베레, 비르하누는 출전하지 않지만, 그들처럼 아디스로 진출하기를 꿈꾸는 클럽 내 다른 선수들에게는 자신의 실력을 보여줄 기회였다. 고도가 낮은 바히르다르에서 대회가 열리는 만큼 데살레인은 '강도 높은 달리기'가 가능한 곳에서 선수들을 준비시키고자 했다. 사실 데브레타보르는 지금 캠프가 있는 곳보다 고도가 불과 몇백 미터 낮을 뿐으로, 여전히 아디스보다 높은 곳이었다. 하지만 해발 2700미터만 돼도 해발 3100미터에서보다 달리기가 훨씬 덜 힘들었다.

우리는 시끄러운 하숙집에서 하룻밤을 보냈고, 나는 경기를 며칠 앞둔 선수들을 굳이 익숙한 (그리고 조용한) 환경에서 벗어나게 하는 게 과연 합리적인 선택인지 의문이 들었다. 물론 낮은 고도에서도 훈련은 필요했지만, 캠프에서 차로 한 시간밖에 떨어지지 않은 곳에 있는 트랙이라면 굳이 숙소를 옮길 것 없이 매일 차로 왔다 갔다 하는 편이 나을 것 같았다. 데살레인이 선수들을 대회 출전에 따르는 이동 스트레스에 미리 적응시키려는 걸 수도 있겠다 싶었다. 하지만 선수들에게 물어보니, 이곳에 온 가장 큰 이유는 다름 아닌 주스였다. 캠프에서는 주스를 구할 수 없지만, 이곳에서는 선수들이 하루 200비르(6파운드)의 지원금을 받아 경기 전 특별식을 챙길 수 있었다. 선수들은 이 돈의 대부분을 고기와 아보카도 주스에 썼는데, 이 두 가지는 '컨디션'을 높이는 데 필수적인 음식으로 여겨지고 있었다.

비르하누, 아베베, 셀라미훈, 텔라훈과 함께 저녁을 먹으러 '세가 벳', 즉 '고깃집'에 갔다. 벽에는 노란색과 빨간색의 강렬한 조르지스 맥주 광고 포스터가 빼곡히 붙어 있었다. 포스터에는 조르지스 맥주의 심벌인 용을 무찌르는 세인트 조지의 이미지가 실물 크기로 담겨 있었다. 고깃집 바로 옆 정육점에는 큼지막한 쇠고기 덩어리들이 매달려 있었고, 입구의 붉은 페인트로 그린 커다란 십자가가 눈에 띄었다. 고기는 킬로그램 단위로 주문을 받았고, 비르하누가 우리 네 사람 몫으로 2킬로그램을 시켰다. 우리는 작은 종이 티켓을 받아 들고 자리로 가 앉았다. 주변을 둘러보니, 이 식당에서 맥주를 마시지 않는 사람은 우리뿐인 것 같았다. 곧 고기가 나왔고, 1킬로그램은 육회, 나머지 1킬로그램은 마늘과 고추를 넣어 익혀 먹기 좋은 크기로 썬 고기였다. 우리는 인제라를 뜯어 고기를 올린 뒤 고춧가루와 겨자를 섞은 새빨간 소스에 찍어 먹었다. 한 입 먹자마자 매운맛이 머리를 강타했다. 그리고 겨우 눈물이 가라앉았을 즈음엔 고기가 거의 다 사라져 있었다. 이 친구들과 보조를 맞추려면 여러모로 빨라져야 할 부분이 많다는 사실을 다시금 깨달았다. 비르하누가 추가 주문을 하러 갔고, 그와 아베레가 형편이 더 나은 편이라 두 사람이 자연스럽게 계산을 했다. 육회는 맛있었지만, 속이 괜찮을지 살짝 걱정스러웠다. 그때 비르하누가 작은 술잔을 들고 테이블로 돌아왔다. 도수가 70도가 넘기도 하는 에티오피아 전통주 '아레케'로, 일종의 수제 보드카였다. 그는 잔을 내 앞에 밀어놓으며 말했다. "육회가 익숙하지 않으면, 이거 한 잔 드시는 게 좋을 거예요."

남은 고기를 다 먹을 즈음 세 사람은 기분이 한껏 고조돼 있었다. 그리고 아레케 덕분인지 나도 마찬가지였다. "그리고 마지막 한 바퀴!" 텔라훈이 한 조각 남은 인제라로 원을 그리듯 마지막 고기를 싹 집어 올렸다. "55초!" 아마도 주말 경기에서 마지막 바퀴를 55초에 주파하는 자신의 모습을 상상하고 있는 듯했다. 역시 음식과 운동 능력은 떼려야 뗄 수 없는 관계였다. "텔라훈이 왜 잘 뛰는지 알아요?" 셀라미훈은 텔라훈의 볼록한 볼을 쿡 찌른 뒤 그의 배를 가리키며 말했다. "다른 사람들은 위장이 여기에서 끝나는데, 텔라훈은 다리까지 내려와 있어서 그래요." 나는 영어에도 '할로 레그hollow leg'°라는 비슷한 표현이 있다는 걸 알려줬다. 텔라훈은 체중이 겨우 48킬로그램이었다. 비르하누는 배가 잔뜩 부른지 몸을 뒤로 기댔다. 그러더니 달리기 성공 공식은 간단하

○ '속이 빈 다리'라는 뜻으로, 아무리 먹어도 배가 쉽게 차지 않는 사람을 가리키는 말.

다고 말했다. "루차, 세가, 비르." 즉 '달리기, 고기, 돈'이라는 말이었다.

🌳

우리는 시내 하숙집에서 하룻밤 더 묵었다. 대회에 참가하려는 다른 팀도 하나둘 도착하며 숙소가 점차 붐비기 시작했다. 하숙집 건물은 아직 공사가 덜 끝난 상태인지 방 안의 벽은 삭막하고 마감도 안 된 거친 콘크리트 그대로였다. 우리 층에는 30명 남짓한 선수들이 묵었지만, 화장실이 단 하나뿐이었다. 세면대에서 빤 트레이닝복이 마당의 빨랫줄에 빼곡히 걸렸다.

다음 날 아침 우리는 임시로 조성된 또 다른 잔디 트랙이 있는 옛 공항 부지로 향했다. 농지를 가로질러 40분을 걸어가면 나오는 곳이었는데, 경비견을 따돌리고 농부들이 권하는 음식과 텔라를 사양하며 가느라 이 과정은 예상보다 더 오래 걸렸다. 에티오피아 시골에서는 음식을 거절하는 것이 상당히 예의에 어긋나는 일이었기 때문이다. 바짝 마른 강둑을 따라 걷다 보니, 마침내 탁 트인 고원 지대가 나왔다. 활주로는 없었지만, 1970년대 중반부터 1980년대 후반까지 에티오피아를 통치했던 데르그 군사 정권이 과거 이곳을 공항으로 사용한 이유가 어렵지 않게 짐작이 갔다. 지형도 훈련 캠프에 있는 트랙 지형보다 훨씬 평탄했다. 공항의 흔적이라곤 작은 오두막 하나뿐이었다. "예전엔 공항 같은 게 있었어요. 그런데 지금은 없어졌죠." 아베레가 영어로 알려줬다.

나는 비르하누와 함께 벌판의 경계를 따라 달렸다. 우리는 비르하누의 표현대로 '대각선을 활용'하며 너무 빨리 달리지 않게 속도를 조절했다. 비르하누는 몇 주 전 로마 마라톤을 끝낸 뒤 아직 회복 중이었기 때문에 다리에 무리를 주지 않으면서 유산소 운동 능력을 유지할 수 있는 방향으로 훈련하고 있었다. 이 말은 비탈면을 따라 달리되 1킬로미터에 5분 이상의 페이스로는 달리지 않겠다는 뜻이었는데, 나에게는 이것도 충분히 빠른 속도였다. 비르하누와 대화를 이어가려고 했지만, 늘 그렇듯 산소 부족으로 머리가 흐려지니 암하라어 단어는 더욱이 잘 떠오르지 않았다.

우리는 적당한 시간에 트랙으로 돌아와 그룹 훈련을 지켜봤다. 확실히 속도 조절을 배우는 데 도움이 될 것 같은 훈련이었다. 선수들은 10000미터 경기의 실제 경주 속도에 가까운 페이스로 '랩 트레이닝(트랙을 도는 훈련)'을 하고 있었다. 데살레인 코치에 따르면, 이곳에 와서 늘어난 산소량 덕분에 한 바퀴 기록이 3초가량 단축되고 있었다. 캠프에서 한 바퀴를 72초에 달리던 텔라훈, 셀라미훈, 아베레는 이곳에서 69초를 기록하고 있었는데, 특히 텔라훈은 너무 빨라서 다른 선수들이 힘들어하고 있었다. 작년에는 셀라미훈이 암하라 대회 10000미터 경기에서 그를 제치고 금메달을 땄고, 그 전년도 우승자는 아베레였다. 텔라훈은 이번 대회에서 반드시 우승해 아디스로 나가, 해외 대회에도 출전하겠다는 계획이었다.

선수들은 이 페이스로 열여섯 바퀴를 달려야 했다. 아베레는 여덟 바퀴 만에 멈췄다. 취리히 마라톤의 여파로 아직 다리가 성치 않았기 때문이다. "호흡이…" 아베레는 말을 하려다 말고, 재빨리 손가락을 들어 보이고는 몸을 돌려 조용히 풀밭에 토했다. "호흡이 진짜 힘들어요, 여기는. 아디스랑 차원이 달라요." 셀라미훈은 열두 바퀴까지 버티다 멈췄다. 이 훈련의 규칙은 페이스를 따라가지 못하면 그만 달려야 한다는 것이었다. 에티오피아의 명망 있는 육상 코치였던 월데메스켈 코스트레가 개발했으며, 케네니사와 하일레 덕분에 유명해진 훈련법이었다.

"텔라훈은 컨디션이 완벽해요." 셀라미훈이 헐떡이며 말했다. "아디스에 간 뒤로는 텔라훈이랑 경쟁이 불가능해요." 텔라훈은 지난 한 해 동안 캠프에서 훈련했으니, 이번 훈련을 더 잘 버틸 수 있었다. 데브레타보르에서의 '완벽한 컨디션'은 아디스에서의 '완벽한 컨디션'과 달랐다. 이 캠프에서는 낮은 고도에서는 채울 수 없는 높이까지 컨디션을 채울 수 있었다. 데살레인이 69초에 호루라기를 불자, 저 멀리 농부가 소 떼를 모느라 채찍을 휘두르는 소리가 메아리처럼 뒤따랐다. 텔라훈은 유일하게 열다섯 바퀴까지 뛰었고, 그가 마지막인 열여섯 번째 바퀴의 시작점에 도달하자 데살레인이 외쳤다. "좋아, 텔라훈, 네 실력을 보여줘! 겁내지 마!" 그리고 텔라훈은 마지막 바퀴를 59초 만에 돌파했다.

다음 날 텔라훈은 더욱 놀라운 모습을 보여줬다. 그는 고도에 잘 적응했을 뿐 아니라, 이제 비르하누, 아베레, 셀라미훈보다 더 빨랐다. 세 사람은 그동안 마라톤 훈련에 집중하다 보니 속도가 둔화된 상태였다. 선수들은 1킬로미터 반복 훈련을 하며 세트마다 3분간 회복 시간을 가졌다. 그때마다 아베레가 와서 불평을 늘어놨다. "2분 45초, 46초는 쉬워요. 하루 종일 할 수도 있어요. 그런데 2분 38초, 39초는 정말 끔찍해요." 오전 내내 선수들은 이 반복 훈련에서 1등을 한 사람에겐 '상금'이 있을 거라며 농담을 주고받았다. 그 상금은 땀에 젖은 이마에 1비르짜리 동전을 붙여주는 것이었다.

이번에도 아베레는 훈련을 일찍 중단했다. 추리히 대회가 불과 2주 전이었으니, 이 속도에 맞춰 다리를 움직일 수가 없었던 것이다. 마지막 1킬로미터를 앞두고 텔라훈은 2분 35초 이하로 달리겠다고 장담했고, 데살레인은 자신이 지도한 선수 중 누구도 이 고도에서 그 정도 기록을 세운 사람은 없다고 말했다. "그럼 제가 성공하면 상금이 얼마나 되나요?" 텔라훈이 농담 삼아 말했다. 그런데 아베레가 100비르를 주겠다고 했고, 텔라훈은 얼른 달려가 아베레와 악수를 했다. 농담과 웃음은 선수들이 출발선 앞에 설 때까지 계속됐고, 텔라훈은 순식간에 성호를 그은 뒤 빠르게 출발했다. 텔라훈은 첫 200미터를 28초 만에 달렸다. 눈빛에서 강한 의지가 엿보였다. 응원 소리가 고원에 울려 퍼졌다. 100비르는 작은 금액이 아니었다. 그 돈이면 일주일 내내 외식을 할 수 있었다. 텔라훈은 400미터를 59초, 800미터를 2분에 주파했고, 마지막 직선 구간에서 모든 힘을 쏟아 2분 34초를 기록한 뒤, 완전히 지쳐 쓰러졌다. 아베레는 놀라움을 금치 못했고, 고개를 끄덕이며 말했다. "정말 장난 아니네요." 텔라훈은 등을 대고 누워 손을 내미는 동료들과 힘없이 하이 파이브를 하고 있었다.

텔라훈의 사례는 돈이 캠프 선수의 달리기 방식에 직접 영향을 준, 손에 꼽을 만한 경우였지만, 현실을 꽤 잘 보여주고 있었다. 데살레인에 따르면, 트랙 선수들은 캠프에 남을지 아니면 도시로 갈지를 두고 어려운 선택을 해야 한다. 점점 더 많은 선수가 더욱 어린 나이에 도로 경주와 마라톤으로 전향하는 이유는 돈의 유혹이 너무 강하기 때문이었다. 아베레는 두바이 마라톤 8위를 차지해 받은 상금으로 이곳 선수들이 이용하는 훈련장이 내려다보이는 위치에 건물을 여러 채 새로 지었고, 앞으로 임대할 예정이었다. 이는 트랙을 떠나 도로로 나설 때 얻을 수 있는 잠재적 부를 선수들에게 끊임없이 상기시킬 터였다.

구불구불한 농지에 자리한 이 캠프들은 주위의 논밭에서 자란 식재료와 에티오피아를 자랑스럽게 만들겠다는 열망으로 유지되고 있었다. 이 외딴 캠프들을 돌아보기로 한 덕에 나는 아디스를 떠나 한숨 돌리며 기분 전환을 할 수 있었다. 마치 육상 역사에서 더 순수했던 시절로 시간 여행을 떠난 것 같은 느낌이었다. 셀라미훈과 함께 돌아갈 가방을 꾸리며, 부디 그가 말했던 '컨디션'을 우리가 챙겨가고 있기를 바랐다. 한 번쯤은 달리기가 수월했으면 좋겠다는 생각이 드는 건 어쩔 수 없었다.

당연히. 서로 죽자고 뛰어야죠

나와 함께 훈련한 많은 선수들이 가장 신경 쓰는 건 에너지를 보호하는 일이었다. 체계적이고 통제된 방식으로 함께 훈련하는 건 이들에게 과도한 훈련으로 인한 '에너지 소진' 상태를 피하는 최선의 방책이었다. 그러나 때때로 이 원칙은 과감하게 깨지기도 했다. 한밤중에 2시간 반 동안 달리기를 하거나, 일부러 터무니없이 험난한 코스를 선택하는 식이었다. 하지만 기본적으로 이들은 '함께' 성장하는 것, 그리고 그룹이 하나의 결속된 단위로서 조화롭게 기능하는 것에 상당한 중점을 뒀다. 이 목적을 위해 메세렛 코치는 달리기 속도를 조절하고, 뒤처진 선수들이 대열을 따라잡을 수 있도록 지그재그 달리기 방식을 활용하기도 했다.

그러나 선수들이 아무리 같이 훈련한다 해도 달리기는 본질적으로 혼자 겨뤄야 하는 스포츠이며, 이러한 구조적 현실에서 오는 긴장은 결코 완전히 사라지지 않았다. 늦든 빠르든 모든 선수는 대부분의 경기에서 승패를 가르는 요인은 순수한 스피드라는 사실을 깨달았다. 티루네시 디바바나 케네니사 베켈레 같은 선수들이 주요 대회에서 마지막 한 바퀴 동안 경이로운 스퍼트를 펼치는 장면을 수없이 보게 되기에, 알 수밖에 없는 것이었다. 우리 그룹은 스피드 훈련을 매주 수요일에 집중적으로 했지만, 사실 거의 매일 하는 거나 다름없었다. 대부분의 훈련이 점차 속도를 올려 질주하는 것으로 마무리됐는데, 거기에는 선수들에게 속도는 '쓰지 않으면 잃어버린다'는 감각을 심어주려는 의도도 담겨 있는 것 같았다.

실제로 에티오피아와 영국의 달리기 스타일을 비교할 때 가장 두드러진 차이 중 하나는 훈련 세션에 포함된 속도와 움직임의 다양성이었다. 에든버러에서 나는 늘 집을 나서자마자 달리기를 시작했고, 매 킬로미터를 4분 정도에 주파했다. 그리고 내키면 집 앞에서 간단히 스트레칭을 하기도 했다. 에티오피아에서는 같은 달리기를 해도 첫 1킬로미터는 8분 동안 달리고, 마지막 1킬로미터는 4분보다 훨씬 빨리 달리는 방식으로 진행되는 경우가 많았다. 달리기가 끝난 후에는 스프린트로 마무리되는 가속 질주 훈련과 점점 강도가 세지는 플라이오메트릭 운동이 이어졌다. 처음 여기 와서 이 훈련을 하고 난 뒤 며칠을 햄스트링 통증에 시달렸는지 모른다.

선수들에게 이 질주 훈련을 매일 해야 하는 이유를 물으면, 대부분 설명을 어려워하며 말을 하는 대신 손가락을 빠르게 연신 튕겼다. 다리의 회전 속도와 반응성을 기르고, 장거리를 달릴 때도 다리가 둔해지지 않도록 하기 위한 것이라는 의미였다. 우리는 가능한 한 짧은 보폭으로 최대한 빨리 달리거나, 다리를 앞으로 번갈아 차올리며 달렸다. 파실은 가끔 일부러 보폭을 크게 하며 전속력으로 뒤로 달려, 주위 사람들을 위험하게 만들기도 했다.

하지만 대체로 그날의 몫을 달린 뒤 실시되는 가속 질주 훈련은 다리를 스트레칭하고 달리기 폼을 교정하는 데 목적이 있었다. 우리는 화요일 저녁에도 그 훈련을 했는데, 하일리에에 따르면 이는 수요일 아침의 스피드 훈련을 대비해 '다리가 미리 다가오는 훈련에 익숙해지도록' 하려는 목적이었다. 특히 하일리에는 긴 보폭으로 달리는 내 주법에 문제가 있다며, 짧은 보폭으로 최대한 빠르게 발을 움직이는 연습을 더 많이 하라고 권하기도 했다. "마이클은 다리가 공중에 잠깐 머무는 것처럼 보여요. 보폭을 좀 줄이면 속도를 더 낼 수 있을 거예요." 다른 많은 훈련에서처럼 우리는 서로 발을 맞춰 달렸다. 하지만 수요일 아침의 스피드 훈련은 대개 경쟁심을 키우고 각자의 기량을 시험해볼 기회로 받아들여졌다. 이 훈련은 대부분 다리에 충격이 적은 부드러운 지면에서 진행됐다. 그래서 우리는 수요일이면 아디스 북쪽의 센다파나 술룰타의 풀밭, 레게타포의 흙 트랙, 혹은 아카키의 코로콘치로 향했다. 트랙을 찾는 날을 제외하면, 이 세션들은 비교적 단순한 편이었다. 1~6분간 정해진 거리 없이 반복적으로 달리는 방식으로 이루어졌으며, 선수들이 정해진 페이스나 기록에 대한 압박에서 벗어나 '마음껏' 질주하도록 유도하는 데 초점이 맞춰져 있었다.

오늘 아침 우리는 아디스에서 정확히 북쪽으로 20킬로미터 거리에 있는 술룰타의 새틀라이트에서 훈련했다. 모 파라가 에티오피아에 올 때면 즐겨 찾는 장소로, 들판 한쪽 구석에 거대한 위성 접시가 있어 이런 이름을 얻게 된 곳이었다. 나는 오늘 달리기에 참여하지 않았다. 탄자니아의 잔지바르에 글도 쓸 겸 쉬러 갔다가, 성게를 밟는 바람에 다쳤기 때문이다. 하지만 하일리에, 메세렛과 함께 훈련이 진행되는 모습을 지켜볼 수 있는 좋은 기회였다. 오늘 훈련은 구성이 단순했다. 2분간 빠르게 달린 뒤 1분간 짧게 회복 시간을 갖는 패턴을 14회 반복하는 인터벌 훈련이었다. 세션 중반에는 5분간의 긴 휴식 시간이 주어졌다.

 영국에서 이런 훈련을 할 때는 항상 미리 정한 코스를 따라 달렸다. 그러나 여기 새틀라이트에서 우리가 달리는 들판은 몇 킬로미터에 걸쳐 펼쳐져 있었고, 우기에 마차가 지나가며 남긴 깊게 팬 자국 몇 군데 외에는 딱히 기준점이라고 할 만한 게 없었다. 메세렛은 달릴 방향이나 선두도 지시하지 않았다. 훈련이 진행되는 과정에서 자연스럽게 형성될 수 있도록 따로 정하지 않은 것이다. 선수들은 지금부터 2분 동안 전력으로 달려야 할 텐데, 이곳은 해발 2800미터의 고지대였다. 워밍업을 마친 선수들이 한데 모여들기 시작할 때 셀라미훈과 눈이 마주쳤다. "셀람 나우?" '안녕하죠?' 내가 물었다. "여기 안녕한 사람 아무도 없을걸요." 그가 웃으며 대답했다.

 메세렛이 출발 신호를 주자, 선수들이 일제히 들판 가장자리를 따라 달리기 시작했다. 처음에는 테클레마리암이 선두를 이끌었다. 하일리에, 메세렛 그리고 나는 가볍게 조깅을 하며 들판 중앙으로 이동했다. 운전기사 비르하누도 얼른 뒤따라왔다. 비르하누는 처음에는 달리기에 대해 전혀 몰랐지만, 우리 그룹 버스를 운전하며 선수들을 태우고 다니다 보니 훈련을 지켜보는 게 점점 재밌어졌고, 특히 수요일 훈련을 기다린다고 했다. 선수들은 계속 가장자리를 따라 달리기보다 선두를 따라가는 방식으로 달렸다. 누구든 앞서 나가는 사람이 방향을 정하고, 다른 선수들은 자연스럽게 뒤따르는 것이었다. 체닷이 대각선 방향으로 질주하며 치고 나가자, 다른 선수들이 매끄럽게 방향을 틀어 그를 쫓았다. "하하!" 선수들이 쏜살같이 우리 앞을 지나갈 때 비르하누가 신이 나서 외쳤다. "오늘 제대로 한판 붙겠네!"

세 번째 세트가 끝나자 선수들 사이에 간격이 벌어지기 시작했고, 회복 시간이 끝날 때마다 다시 정렬하는 데도 시간이 걸렸다. 네 번째 달리기에서 또다시 선두를 차지한 체닷은 들판을 가로지르며 몇 번이나 급격히 방향을 틀었다. "저 꼬마가 들판을 휘젓고 다니네." 비르하누가 못 말리겠다는 듯 말했다.

"인터벌 훈련을 할 때는 이렇게 해야 해요." 메세렛이 말했다. "이렇게 서로 돌아가면서 에너지를 쏟아내야 하죠. 몇 분 지나면 체닷도 지칠 테고, 그러면 또 다른 선수가 선두로 나설 거예요. 체닷은 그런 상황에서 어떻게 반응해야 할지를 배워야 하고요." 그 순간 체닷이 선두를 내주고 무리 속으로 섞였다. "가바!" 메세렛이 외쳤다. '페이스 잃지 마!' 체닷이 흐름을 놓치지 않고 따라가길 바라는 격려의 말이었다.

나는 이 훈련이 다른 요일에 하는 훈련들과 확연히 다르게 느껴진다고 이야기했다. 평소에 메세렛은 속도 조절과 에너지 절약을 우선시했기 때문이다. 메세렛이 웃으며 이젠 간신히 그룹 맨 뒤에서 버티고만 있는 체댓을 가리켰다.

"이런 훈련은 에너지 소모가 어마어마하긴 해요. 하지만 경기 운영 전술을 배우려면 이런 훈련도 필요하니까요." 이런 유형의 훈련은 경험 많은 선수들에겐 거부감을 줄 수도 있었다. 그들의 입장에서는 선두에 서지 않고 뒤쪽에서만 달리며 제 몫을 다하지 않는 선수들도 있다고 느끼기 때문이었다. "보세요, 쭉 선두 뒤에서 따라가기만 하는 선수들도 있고, 아예 대열에서 완전히 처져서 달리는 선수들도 있어요." 메세렛은 50미터쯤 뒤에 있는 파실을 콕 집었다. "그러다가 몸이 좀 풀리면 갑자기 선두가 되겠다고 나서면서 기존 선두들의 한계를 넘는 속도로 치고 올라와버려요. 그런 일 때문에 비르하누나 메쿠안트는 불만을 갖기도 하죠. 저한테 와서 '그런 선수들은 좀 통제할 필요가 있어요!'라고 해요. 그러면 제가 말하죠. '저는 통제할 생각이 없어요. 그런 선수들이 나타났을 때 적절히 대응할 줄 알아야 경기를 효율적으로 운영할 수 있으니까요.' 케네니사는 아주 효율적인 선수예요. 왜일까요? 어떤 상황이 와도 유연하게 대처할 수 있기 때문이에요. 그러다 마지막 400미터가 남잖아요?" 메세렛은 두 팔을 활짝 벌렸다. "'차오!' 한마디를 남기고 순식간에 결승선으로 사라지죠."

5분간의 휴식 시간이 되자 선수들이 휘청거리며 우리 쪽으로 물을 마시러 왔다. 후네그나우는 격하게 토했다. 그러고 나서 다가오더니, 갈라지고 잠긴 목소리로 "파렌지!" 하고 나를 보며 인사했다. 턱에서는 땀과 침이 뚝뚝 떨어졌다. 후네그나우는 이마에 짙푸른 십자가 문신이 있었고, 장거리 선수로서는 보기 드물게 위압적인 분위기를 풍겼다. 그리고 계속해서 나를 '외국인'이라고 부르는 유일한 선수였다. 나는 늘 그렇듯 "하베샤!" 하고 받아쳤다. "저 친구들, 오늘 서로 죽일 듯이 뛰어요." 후네그나우가 말했다. "그야 스피드 훈련이니까요." 하일리에가 웃으며 대답했다. "당연히 서로 죽자고 뛰어야죠."

후네그나우는 더 쉬고 싶어 했지만 5분간의 휴식 시간은 금세 끝났고, 선수들은 다시 출발했다. 이리저리 들판을 누비는 동안 몇백 미터마다 선두가 바뀌었다. "메쿠안트가 다시 나서려나 봐요!" 비르하누가 신난 목소리로 외쳤다. 메쿠안트가 무리 바깥쪽으로 치고 나오고 있었다. 우리는 계속 들판 한가운데에서 선수들을 바라보며 뒤처진 선수들이 다시 따라붙을 수 있게 격려했다. 메세렛은 선수들이 서로 '싸우는' 모습을 매우 흐뭇하게 지켜보고 있었다. 마지막 세트를 달릴 때 파실이 갑자기 단거리 선수처럼 앞으로 돌진했다. 그러자 메세렛이 외쳤다. "아, 오늘 진짜 기분 최고네요!" 그는 말아 쥔 노트로 손바닥을 탁 쳤다. "100퍼센트 만족이에요! 한 선수가 치고 나간다 싶으면, 바로 다른 선수가 치고 나오고, 그러면 또 다른 선수가 득달같이 튀어나와서 선두를 차지하고, 이렇게 계속 끝없이 이어지는 거! 이게 바로 스피드 세션이라는 거죠. 속도를 키우려면 자기 한계를 넘어 끝까지 밀어붙이는 수밖에 없어요."

선수들은 느릿느릿 걷는 속도로 정리 운동을 한 뒤 옷을 갈아입으러 버스로 향했다. 메세렛은 선수들에게 버스에 타기 전한데 모이라고 했다. "다 같이 원을 만들어 서주세요." 그가 말했다. "오늘 훈련에서 '뒤로 밀려나는' 경험을 한 선수들을 격려해줍시다. 코로콘치에서는 편하게 달릴 수 있고, 아스팔트에서는 제가 정해준 속도에 맞춰 달리면 되죠. 하지만 스피드 훈련에서는 누구나 자기 실력을 보여주려고 하는 게 당연한 일이에요. 그리고 선두가 바뀌면, 그게 누구든 새로운 선두를 따라 계속 달려야 합니다." 메세렛은 가장 경험이 적은 두 선수 파실과 테클레마리암을 불러서 어깨를 감싸 안더니, 다시 모든 선수들을 향해 말했다. "서로를 두려워하면 안 돼요. 서로를 두려워하면 변화는 절대 일어나지 않아요. 그러니 누군가 앞장서서 속도를 올리면, 그를 인정하고 함께 나아가세요. 오늘 파실은 영웅이었어요. 여기 있는 선수 전원을 제치고 앞으로 나갔죠. 테클레마리암도 마찬가지고요."

　이 세션은 일주일 중 가장 치열한 훈련이었다. 메세렛은 선수들에게 '서로를 뒤로 밀어내라'고 지시했는데, 이는 곧 다른 선수들을 따돌리고 나아가라는 의미였다. 하지만 메세렛의 시각에서는 경쟁과 협력이 분리돼 있지 않았다. 장기적으로 보면, 앞선 선수가 속도를 올릴 때마다 뒤따르는 선수들도 성장할 기회를 얻는 것이었기 때문이다. 메세렛은 젤레케에게 버스에서 휴대전화를 가져와 달라고 했다. 올해 우리 그룹이 거둔 가장 큰 성과 중 하나는 젤레케의 푸저우 마라톤 준우승이었다. 젤레케는 이 대회에서 받은 상금 1만 5000달러로 지금 고향 데브레비르한에 집을 짓는 중이었다. 젤레케가 휴대전화를 가지고 나오자, 메세렛은 푸저우 마라톤에서 촬영된 그의 마지막 몇백 미터 영상을 보여 달라고 했다. 우리는 작은 화면을 둘러싸고 모였다. 다섯 명의 에티오피아 선수가 텅 빈 6차선 고속도로 위를 전력 질주하고 있었고, 영상은 선수들 앞을 달리는 오토바이에서 정면으로 촬영된 것이었다. 화면 왼편에 비친 젤레케는 카메라를 향해 몸을 숙이며 폭발적인 스퍼트를 시작했다. 화질이 떨어지는 휴대전화 화면으로도 그의 눈에 힘이 잔뜩 들어가 있다는 것과 그가 결승선에 먼저 도착하기 위해 사력을 다하고 있다는 걸 분명히 알 수 있었다.

화면에 점차 결승선이 나타났다. 젤레케는 정신없이 팔을 흔들며 마지막 몇 미터를 달렸고, 완전히 지친 상태로 다른 선수와 함께 테이프를 가르며 결승선을 통과했다. 그리고 그들 바로 뒤로 세 명의 선수가 거세게 따라 들어왔다. "와아아." 아세파는 이 영상을 여러 번 봤으면서도 볼 때마다 감탄했다. "우리 모두 1초 차이였어요. 그 1초 차이로 상금이 크게 갈렸죠." 젤레케가 고개를 저으며 말했다. 이게 바로 선수들이 훈련에서 서로 죽자고 뛰는 법을 배워야 하는 이유였다. 그래야만 실전에서 상대 선수들의 기습적인 스퍼트에 '휘말리지 않고', 자신의 막판 스퍼트를 완벽한 시점에 터뜨릴 수 있기 때문이다.

메세렛은 마치 더 빨리 달릴 수 있다고 마음먹으면 실제로 그렇게 될 수 있다는 듯, 이를 신체 능력이 아닌 정신력의 영역으로 설명하곤 했다. 빠르게 수축하며 강한 힘을 내는 속근섬유보다 강한 의지가 더 중요한 요소라는 뜻이었다. 그가 가장 좋아하는 이야기 중 하나도 하일레 게브르셀라시에가 1996년 애틀랜타 올림픽 10000미터에서 우승한 일화였다. "하일레는 애틀랜타로 떠나기 전 이렇게 말했대요. '내가 금메달을 못 따면 약혼녀랑 결혼을 안 하겠다!' 그게 바로 하일레가 한 다짐이었어요. 하일레는 경기에서 우승한 직후에 운동화를 벗었어요. 그러니까 트랙 위로 피가 뚝뚝 떨어지는 거 아니겠어요? '부상을 입은 겁니까?' 사람들이 물었죠. '아프지 않았나요? 왜 멈추지 않고 계속 달렸습니까?' 하일레는 딱 한마디로 대답했어요. '이겨야 했으니까요.' 이게 바로 사람이 스스로 세운 다짐의 힘이에요." 하일레의 피앙세(현재의 아내)가 이 말을 듣고 어땠을지는 모르지만, 삶에서든 경기에서든 한 치의 타협 없이 모든 것을 거는 태도가 일반적으로 높이 평가받는다는 건 분명했다.

스피드 훈련의 결과는 수치를 통해 객관적으로 드러났다. 마치 불 속에 손을 넣은 듯한 그 훈련의 고통을 누구보다 오래 견뎌낸 선수들은 결국 압도적 속도를 체화하고 신화적 존재가 됐다. 그리고 나는 그 위상이 마치 종교적 신념처럼 굳건히 지켜진다는 느낌도 받았다. 너나없이 누구나 스피드와 정신력을 모두 갖춘 선수의 전형으로 케네니사를 꼽았고, 그의 이름은 언제나 깊은 존경과 함께 언급됐다. 에티오피아에 온 지 얼마 되지 않았을 때 함께 숲 훈련을 마치고 돌아가는 중이던 젊은 선수에게 케네니사에 대해 물은 적이 있다. "진짜 무서운 선수예요. 케네니사랑 뛰었던 케냐 선수들은 전부 박살이 났어요. 케냐에서 온 친구가 하나 있는데, 그 친구가 그러더라고요. 지난 10년 동안 케네니사랑 맞붙었던 선수들은 지금 하나같이 선수 생활을 그만뒀대요.

완전히 망가졌다나 뭐라나. 케네니사는… 인간이 아니에요."

　인간인지 아닌지는 모르겠지만, 인터뷰는 도무지 불가능했다. 수차례 연락을 시도하고 그가 머무는 호텔을 찾아가 보기도 했지만, 허사였다. 그래도 마침내 그의 코치인 메르샤와는 이야기할 기회를 얻을 수 있었다. 우리는 아랏킬로의 시끌벅적한 바에서 만났고, 몰타를 주문했다. 맥아를 원료로 맥주와 비슷한 방식으로 제조되는 무알코올 음료였다. 맛은 탄산을 가미한 홀릭스와 액체로 만든 몰티저스의 중간쯤 되는데, 그간 몰타가 달리기를 할 때 마시면 아주 훌륭한 에너지원이 된다는 것도 알 수 있었다. 내가 케네니사를 직접 만나보려 애쓴 이야기를 하자, 메르샤는 웃음을 터뜨렸다. "케네니사는 지금 훈련에 전념하고 있어요. 이런 때에 인터뷰하려면 마이클이 세계 기록을 깰 정도로 빨리 달려야 할걸요?"

　적절한 환경에서 인내심을 갖고 훈련에 임하면 누구나 엘리트 선수가 될 수 있다는 게 에티오피아 사람들의 일반적 시각이었는데, 뜻밖에도 메르샤는 케네니사가 특별한 재능을 지니고 있음을 상당히 강조했다. "케네니사는 달라요." 메르샤는 잔잔히 고개를 끄덕이며 말했다. "정말 달라요. 그건 그냥 타고난 능력이에요. 어떤 동작이든 한 번만 보면 처음부터 완벽하게 해내죠. 머리도 좋고, 정신력도 엄청나요. 누굴 만나도 두려워하는 법이 없어요. 사실 어린 선수들이 열두세 살쯤엔 '나도 저런 선수가 되고 싶어, 나도 저렇게 될 거야'라고 생각하지만, 실제로 그걸 해낼 수 있는 사람은 극소수죠. 케네니사가 바로 그런 사람이고요."

그는 케네니사의 훈련 프로그램을 고안하는 과정에서 케냐의 정상급 선수들을 다수 지도한 이탈리아 출신 코치 레나토 카노바의 도움을 얻기도 했다고 말했다. 나는 그게 구체적으로 어떤 프로그램인지 더 듣고 싶었다. "오, 안 돼요. 명색이 전문가라, 해가 될 수 있는 걸 함부로 말씀드릴 순 없어요. 케네니사도 언젠가 이 프로그램을 공개할 생각이 있긴 하지만, 다른 사람들이 그대로 따라 하는 건 위험하다고 했어요. 실제로 케네니사의 몸은 좀 많이 다르거든요. 보통 선수들은 오히려 케네니사보다 강한 훈련을 더 오래 하고, 근력 운동도 더 자주 해야 할 거예요. 훈련은 결국 코치가 선수에 맞게 조정해줘야 돼요." 나는 이 이야기가 무척 흥미로웠다. 대부분의 선수들에게 케네니사의 프로그램이 버거울 거라고 할 줄 알았지, 되레 부족할 거라고 할 줄은 전혀 예상하지 못했기 때문이다.

그는 케네니사를 마라톤 선수로 전향시키는 과정에서 맞닥뜨린 가장 큰 난관이 그의 속도를 낮추는 것이었다고 했다. 두 사람이 처음 함께 진행한 마라톤 대비 훈련은 400미터 트랙 달리기를 1분의 회복 시간과 함께 20회 반복하는 것이었다. "그 훈련의 요점은 힘을 너무 들이지 않고 달리는 법을 배우고, 젖산 내성을 키우는 거였어요. 그런데 첫 번째 세트에서 케네니사는 61초 만에 돌아왔어요. 케네니사는 그렇게 느리게 달리는 건 내켜하지 않았어요." 세트를 서너 번 반복한 후에야 메르샤는 간신히 그를 설득해 63초라는 '느린' 페이스로 달리게 만들 수 있었다고 한다. "그런데 겨우 30초 쉬고 다시 출발선으로 가더니, '준비됐어요, 코치님'이라고 하는 거예요. 이 페이스로는 케네니사의 몸에서 젖산이 거의 생성되지 않으니까, 그게 또 문제였죠. 그래서 이번에는 회복 시간을 더 짧게 조정해야 했어요." 그는 또 케네니사가 긴 마라톤 훈련에 싫증을 느끼지 않도록 훈련을 보다 생동감 있게 만들기 위해 노력했다고 말했다. "그래서 예를 들자면, 장거리 훈련을 마칠 때 1분짜리 인터벌 달리기를 몇 번 추가하기도 하고 그랬죠." 훈련을 최대한 흥미롭고 열정을 북돋우는 방식으로 구성하는 것은 언제나 핵심이었다.

"케네니사는 단순히 이기기 위해서가 아니라, 기록을 깨기 위해 달리는 선수예요. 케네니사나 티루네시 디바바 같은 선수를 우승하도록 지도하는 건 일도 아니에요. 그 이상을, 기록 경신을 바라봐야 하죠. 국가 기록, 코스 기록, 세계 기록, 이런 것들을 깨는 게 진짜 목표니까요. 그저 우승만이 목표라면 굳이 코치가 없어도 될 정도예요." 나는 케네니사가 2:06:36로 3위를 기록했던 2016년 런던 마라톤에 대해 물어봤다. 케네니사가 부상으로 한동안 고생하다 대회 직전 단 6주 동안 훈련한 뒤 출전한 경기였다는 기사를 읽은 적이 있는데, 메르샤에게 그때 상황을 직접 듣고 싶었다. "맞아요. 보통 대회를 준비하려면 최소한 13주는 필요하다고 보죠. 선수나 개개인의 상태에 따라 다르긴 하지만, 케네니사는 그 대회 6주 전만 해도 아직 재활 단계에 있었어요. 그때 케네니사한테 단계적으로 적응할 시간을 충분히 주지 못하고, 곧바로 마라톤 대비 훈련에 투입했죠. 시간이 부족했기 때문에 위험을 감수할 수밖에 없었어요. 경기 전에 제가 몸 상태가 어떠냐고 물었더니, 케네니사는 '문제없어요' 하고 짧게 대답했던 것 같아요."

런던 마라톤에서는 두 개의 그룹이 각각 페이스메이커와 함께 뛰었는데, 엘리우드 킵초게는 경기 전반부를 어마어마하게 빠른 속도로 운영하려 했다. 반면 두 번째 그룹은 좀 더 안정적인 페이스로 달려 63~64분 정도에 중간 지점을 통과할 계획이었다. 케냐의 코치 레나토 카노바는 메르샤에게 연락해 케네니사의 준비 기간이 짧았던 점을 감안해 두 번째 그룹에서 뛰는 게 좋겠다고 조언했고, 이 말은 케네니사의 귀에도 들어갔다. 메르샤는 이 이야기를 들려주며 어이가 없었다는 듯 두 손을 들어 보였다. "제가 그랬죠, '그게 말이 된다고 생각해요?' 케네니사는 워낙 흔들림이 없는 선수라 당연히 무시했어요. 솔직히 일고의 가치도 없는 얘기였으니까요. 그때 케네니사는 제게 영웅 같은 존재였는걸요." 선두 그룹은 첫 1마일을 4분 30초에 주파했고, 중간 지점을 61분 24초에 통과했다. 불과 6주 훈련한 케네니사가 그런 엄청난 페이스를 소화하고, 2시간 6분의 기록까지 냈다는 건 정말이지 경이로운 일이었다.

하일리에는 선수들의 정신력에 실망할 때면 케네니사를 예로 들며 노골적으로 비교하곤 했다. 한번은 훈련을 마치고 버스에 앉아 출발을 기다리고 있는데, 이런 이야기를 꺼냈다. "'달리기에 온전히 자신을 바치고 더 큰 목표를 바라보지 않으면 원하는 걸 이룰 수 없다. 그래야만 변할 수 있기 때문이다.' 이것이 바로 케네니사가 내린 결정이었어요. 아시다시피, 케네니사의 아내는 숲에서 달리던 중 쓰러졌고, 심장마비로 세상을 떠났어요. 가슴

아픈 일이었지요. 케네니사는 아내를 잃고 깊은 슬픔에 잠겨 있던 시기에 이렇게 스스로 다짐했다고 해요. '달리기가 사람을 죽일 수도 있는 거라면, 나도 달리다 죽겠다.' 그는 이미 전년도에 세운 5000미터와 10000미터 세계 기록을 갖고 있었어요.○ 그때부터 케네니사가 한 훈련은 상상만으로도 고통스러울 정도예요. 아디스아바바 스타디움에서 61초 페이스로 열여섯 바퀴를 돌 수 있는 사람이 있을까요? 케네니사는 해냈어요. 그리고 열일곱 번째 바퀴를 다 돌았을 때 63초가 찍히자 트랙에서 걸어 나왔어요. 그때 그는 자신의 기록을 다시 한 번 갈아치울 수 있겠다고 직감한 겁니다."●

사실 이미 여러 번 들은 이야기였다. 그 훈련 역시 멀리 곤다르에서 텔라훈과 비르하누를 비롯한 선수들이 하고 있는 걸 직접 본 적도 있다. "열여섯 바퀴 훈련법은 월데메스켈 코스트레 코치가 고안한 거죠. 그리고 하일레 게브르셀라시에도 이 훈련을 했어요." 하일리에가 말을 이었다. "이 훈련의 핵심은 매 바퀴 빠르게 달리며 경쟁자들을 따돌릴 수 있는 능력을 기르는 거예요." 아디스아바바 스타디움의 위치가 해발 2500미터라는 걸 고려하면, 하일리에가 언급한 훈련 기록은 현실적으로 불가능해 보인다.

○ 케네니사는 2004년 5월 네덜란드 헹엘로에서 열린 FBK 게임스에서 5000미터, 2004년 6월 체코 오스트라바에서 개최된 골든 스파이크 대회에서 10000미터 세계 기록을 세웠다.
● 실제로 케네니사는 2005년 8월 벨기에 브뤼셀에서 열린 메모리얼 반 담 육상대회에서 2004년 자신이 세운 10000미터 세계 기록을 또다시 경신했다.

하지만 에티오피아 선수들은 케네니사가 해냈다고 굳게 믿고 있었고, 그를 향한 존경심이 워낙 절대적이라 나도 왠지 정말 그랬을 것만 같았다. 하일리에는 단순하지만 강한 정신력이 요구되는 훈련이야말로 가장 효과적이라고 확신했다. 월데메스켈 코스트레 코치는 하일레 게브르셀라시에와 케네니사가 트랙 경기에서 세계 기록을 세우도록 이끌었으며, 하일리에에겐 그의 지도법이 단연 최고였다. "요즘 젊은 코치들은 과학이니 뭐니 떠들어대지만, 정작 성과는 그만큼 못 내고 있어요."

결국 케네니사를 만나려고 신기록을 세우는 일은 없었지만, 에티오피아 생활이 끝나갈 무렵, 2018년 발렌시아 마라톤에서 하프 마라톤을 58분 33초에 주파하며 에티오피아 신기록을 세우게 될 젊은 선수와 많은 시간을 함께할 수 있었다. 우리 그룹에는 재능 있는 선수가 많았다. 예를 들어 후네그나우는 59분 42초의 하프 마라톤 기록을 갖고 있었으며, 2시간 10분 이내의 마라톤 완주 기록이 있는 선수도 여럿이었다. 그런데 그중에서도 하일리에가 특별히 주목한 선수가 있었다. 하일리에는 제말 이메르가 마라톤보다 짧은 장거리나 하프 마라톤에서 남다른 재능을 발휘할 수 있을 것 같다며, 제말이 데뷔하기 두 해 전부터 이미 그의 잠재력을 높이 평가하고 있었다.

메게나그나 회전 교차로 근처의 한 카페에서 처음 만났을 때, 제말은 국가대표 팀 조끼에 트레이닝복 상의를 걸치고 빛바랜 청바지를 입고 있었다. 아침에 한 트랙 훈련의 여파인지 걸음걸이가 다소 무거워 보였다. 제말은 이제 막 첫 국제 대회에서 인상적인 데뷔전을 치르고 아디스로 돌아온 참이었다. 그는 남아프리카공화국 더반에서 열린 아프리카 선수권대회 10000미터에서 4위를 차지했고, 하일리에는 제말을 만나 경기를 복기하고 앞으로의 훈련 계획을 상의하고자 했다. 나는 그가 4위라는 성적을 어느 정도 긍정적으로 받아들이고 있을 거라고 생각했는데, 예상과 달리 제말의 얼굴에는 실망감이 가득했다.

"준비를 정말 철저히 했거든요. 다섯 바퀴가 남았을 때 미리 세운 전략대로 치고 나갈 타이밍이었어요. 그런데 코치님이 아직 기다리라고 하시는 바람에, 결국 마지막 스퍼트 싸움에서 밀려버렸어요. 솔직히 화가 많이 났어요. 전술적인 판단 미스로 지는 건 정말 용납이 안 돼요." 제말이 소속된 암하라 교도소 클럽 캠프에서는 선수들의 정신 무장에 특히 비중을 뒀다. 대회가 열리는 경기장으로 이동하기 전, 선수들은 특별한 커피 의식을 치르기도 했다. 모든 선수가 모이면 종목별로 조를 이룬 뒤, 각 조는 일어서서 자신들이 무슨 훈련을 했고, 이번 경기에서 어떤 결과를 기대하며, 불안한 점이 있다면 무엇인지 차례로 공유하는 것이었다. "예를 들어서 어떤 선수가 막판 스퍼트가 부족할까 봐 걱정된다고 털어놓잖아요?" 제말이 말했다. "그러면 동료들이, 우리가 그 부분을 대비해 훈련한 내용을 그 친구가 기억해내고 자신감을 되찾을 수 있도록 도와주는 거예요. 그런 식으로 최대한 불안감을 떨치고 경기장으로 가는 거죠."

더반 대회는 제말이 10년 동안 이어온 여정이 처음 결실을 본 순간이었다. 그의 또래 선수들이 으레 그렇듯, 제말은 케네니사의 경주를 보고 달리기에 대한 꿈을 키웠다. 일곱 남매 중 넷째인 제말은 어린 시절 가족 농장에서 소를 돌봐야 했다. 어느 날 그가 몰래 경기를 보러 간 사이, 소들이 이웃 농가 밭으로 들어가 작물을 뜯어먹는 소동이 벌어지고 말았다. "어머니께 엄청 혼났죠. 그런데 그날이 바로 제가 처음으로 숲에서 달리기 훈련을 시작한 날이에요." 그러나 제말이 지금의 강한 체력을 얻게 된 데는 또 다른 이유가 있었다. 그는 어릴 때부터 마을 시장에서 달걀을 수백 개 사 등짐 바구니에 넣어 짊어진 다음, 몇 킬로미터 떨어진 도시까지 걸어가 팔았다. 그렇게 번 돈으로 달리기 용품과 영양가 있는 음식을 샀고, 가는 길에 깨진 달걀은 그냥 먹기도 했다. 언젠가 제말을 주인공으로 한 영화가 만들어진다면, 권투 영화 〈록키〉의 훈련 장면들이 이어지는 몽타주처럼 이 장면도 꼭 넣어야 할 것 같았다.

제말은 가장 좋아하는 건 출발과 동시에 빠르게 달릴 수 있는 능력을 키우는 훈련이라고 했다. 특히 트랙에서 하는 열여섯 바퀴 훈련을 선호했으며, 2000미터 또는 3000미터를 빠른 속도로 4~5회 반복해서 달리는 인터벌 훈련도 즐겼다. 그렇게까지 어려워 보이지 않을 수 있지만, 제말이 하는 훈련은 여기서 끝이 아니었다. 제말은 일정한 페이스로 트랙 30바퀴를 쉬지 않고 달리는 훈련도 했는데, 10000미터 경주의 단조로움에 '적응'하기 위해 설계된 훈련이었다. 하일리에가 제말이 장차 케네니사나 하일레처럼 신기록을 세울 선수로 성장할 것이라 믿는 이유가 바로 이런 그의 태도에 있었다. 제말은 오직 결과로 평가되는 지극히 객관적이며 어떤 변명도 통하지 않는 훈련을 주저 없이 받아들이고 있었다.

　제말은 자신의 온 삶을 달리기에 바치고 있었다. 카페를 나와 도로로 걸어가던 중 하일리에가 말했다. "제말은 굉장히 특별한 선수가 될 거예요. 무슨 옷을 입고 있는지 봤죠? 상금을 한 푼도 안 쓰고 그대로 은행에 넣어둔 것 같더라고요." 암하라 교도소 클럽 선수로서 몇 년 동안 매일 아침저녁으로 훈련하고 구내식당에서 단출한 식사를 하며 월 50달러의 급여로 생활해온 사람이, 첫 상금으로 6000달러를 받고도 그대로 모아둔다는 건 상당한 자제력이 없으면 어려운 일일 것이다. "제말의 말이, 돈은 나중에도 쓸 수 있지만, 달리기는 기다려주지 않는다고 하더군요." 하일리에가 말했다. 하일리에에겐 좀처럼 흐트러지지 않는 선수들조차 훈련에 집중하지 못하게 만드는 온갖 방해 요소를 싸잡아 부르는 영어 표현도 따로 있었는데, 바로 '잡동사니 같은 일들hodge-podge things'이었다. 페이스북 메신저는 물론, TV와 당구, 카페에서 시간을 보내는 일까지 모두 여기에 포함됐다.

　나는 2019년 에티오피아를 잠시 다시 찾았고, 제말이 여전히 '잡동사니 같은 일들'을 멀리하며 훈련에 집중하고 있는지 궁금했다. 또 어떻게 하프 마라톤을 58분 33초라는 기록으로 완주할 수 있었는지도 직접 물어보고 싶었다. 나는 하일리에와 함께 스타디움으로 가서 그의 트랙 훈련을 지켜보기로 했고, 제말은 오전 7시까지 오면 된다고 했다. 예전에 했던 새벽 훈련과 비교하면 꽤 인간적인 시간이었다. 제말은 300미터를 전력 질주한 뒤 100미터를 가볍게 달리는, 단순하면서도 극도로 강도 높은 인터벌 훈련을 하고 있었다. 제말은 각 300미터 구간을 약 43초에 주파하고 있었고, 그의 빠른 페이스를 유지하기 위해 세 명의 페이스메이커가 교대로 투입됐다. 페이스메이커들은 두세 세트씩 번갈아가며 뛰었고, 교대하고 나올 때는 빨강, 노랑, 초록으로 칠해진 콘크리트 계단에 앉아 조르지스 맥주 광고판 그늘에서 햇볕을 피해 쉬었다. 제말은 가슴을 펴고 흐트러짐 없이 단단한 자세로 달렸다. 스파이크슈즈가 트랙을 채 스치기도 전에 이미 다른 걸음을 내딛는 것처럼 보였다.

천천히 정리 운동을 한 뒤 제말이 자기 집에서 이야기하자며 차를 타라고 권했다. 제말은 처음 만났을 때 입고 있던 빛바랜 청바지는 온데간데없이, 머리부터 발끝까지 스폰서인 나이키 옷을 걸치고 있었다. 검은색 조끼 안에 하늘색 티셔츠를 받쳐 입은 차림새였다. 그는 막 토요타 코롤라를 장만한 참이었다. 성공한 에티오피아 육상 선수들이 가장 많이 타는 세단인 듯했다. 좌석은 아직 채 비닐 포장도 벗기지 않은 상태로, 그 위에 1970년대 스타일의 구슬 시트커버가 덧씌워져 있었다. 차에 오르자 제말이 활짝 웃으며 어제 네 번째 도전 끝에 운전면허 시험에 합격했다고 말했다. 나는 일단 축하의 말을 건넸으나 불안감이 몰려왔다. 다행히 제말은 이미 꽤 운전에 능숙했다. 아디스에서 운전하려면 신중함과 과감함이 모두 필요한데, 그는 이를 적절히 조화시키며 필요한 순간 정확하게 가속 페달을 밟았다.

  우리는 제말의 집에 거의 다다라 주스 가게에 잠시 들렀다. 그의 집은 코테베 북서쪽, 파렌사이 레가시오네라는 동네로, 프랑스 대사관과 가까웠다. 생각보다 훨씬 개발된 지역이었지만, 제말의 집 뒤편으로 숲이 이어져 있어 마음만 먹으면 엔토토산까지 달려갈 수도 있는 환경이었다. 주스 가게 벽에는 코팅된 포스터가 가득 붙어 있었다. 주로 다채로운 과일 사진과 고원 풍경이었다. 나는 빵과 망고 주스를 시켰지만, 제말은 음식은 건너뛰었다. "전 주스만 있으면 돼요. 주스 마시기로는 제가 세계 챔피언일걸요?" 그는 망고, 아보카도, 파인애플, 파파야 주스를 큰 유리잔으로 무려 일곱 잔이나 쉬지 않고 들이켰다. 그러고 나서야 배가 부르다며, 아침 훈련의 피로가 완전히 풀린 것 같다고 말했다. 테이블을 치우러 온 점원이 웃으며 말했다. "이건 약과예요, 약과. 어떤 날은 열 잔, 열한 잔도 거뜬히 마신다니까요." 내가 왜 주스만 마시냐고 묻자, 강도 높은 트랙 훈련을 하고 나면 입맛이 없을 때가 많다고 했다. 그리고 곧 경기가 있다며, 체중이 46킬로그램일 때 경기력이 가장 좋다고 덧붙였다.

  하프 마라톤을 58분 만에 완주한다는 건 과연 어떤 기분일까? 특히 달리기처럼 수치로 결과가 명확히 드러나는 분야에서 세계 다섯 손가락 안에 드는 선수가 느끼는 감정을 짐작하기란 쉽지 않다. 그런데도 우리는 그런 사람들의 생각과 감정을 궁금해하며 상상해본다. 데이비드 포스터 월리스는 이 점에 대해, 누가 최고의 배관공이며 최고의 회계사인지 가리기란 불가능하지만, 최고의 스포츠 선수들은 순위가 '공식 통계 자료를 통해 공개'되기 때문에 '우리의 경쟁적 우월성과 확실한 데이터를 향한 욕구'를 해소해준다고 탁월하게 짚었다. 그는 또 '위대한 선수들의 움직임은 그 자체로 경이롭고 심오하다'며 뛰어난 선수들의 아름다움을 이야기했다. "세계 정상급 선수들이 신체의 한계를 돌파하며 보여주는 초월적 아름다움은 인간의 신성을 드러낸다." 하지만 제말 같은 선수들 스스로도 자신의 경기에서 이런 감정을 느낄까?

발렌시아 대회를 준비하면서 한 훈련은 어땠는지 묻자, 제말은 '불가능했다', '대단했다', 심지어 '힘들었다' 같은 말은 한마디도 하지 않았다. 그는 그저 '바덴브', 즉 '제대로' 훈련했다고 말했다. 집 마당에 들어서자, 조금 녹이 슨 스쾃 랙과 바벨 등이 자리한 야외 운동 공간이 가장 먼저 눈에 들어왔다. 코테베에서 이런 걸 본 건 처음이었다. 콘크리트 바닥에는 동기 부여를 위해 써놓은 듯한 그래피티가 여러 겹 겹쳐져 있었다. 서로 얽힌 올림픽 고리들 위로 영어, 암하라어로 여러 메시지가 새겨져 있었는데, 그중 하나는 '자신을 넘어서라'였고, 또 다른 하나는 '스포츠가 곧 나다'였다. 그 외에 간단히 '규율'이라는 단어도 적혀 있었다. 그리고 매일 아침 이곳으로 운동을 하러 걸어 올라올 때 제말이 마지막으로 읽게 되는 메시지는 이것이었다. '쉬운 길은 없다.' 그는 이 지역 물이 깨끗하기로 유명한 데다 마당에 운동 시설이 있는 걸 보고 이 간소한 침실 하나짜리 집을 선택했다고 말했다. 날이 맑

앉고, 우리는 벤치 프레스용 벤치에 앉았다. 제말은 애정 어린 손길로 바벨을 두드리며 말했다. "스쾃을 하면서 어깨 쪽으로 바벨을 내릴 때마다 달걀 바구니 얘기가 생각나요."

제말이 발렌시아 대회 준비 과정을 설명해줄 때 가장 인상 깊었던 건 그가 순수한 속도 훈련에 집중했으며, 실제 대회에서 달리게 될 아스팔트 표면은 철저히 피해 훈련했다는 사실이었다. 대회를 대비하는 몇 달 동안 제말의 아스팔트 훈련은 단 두 번뿐이었다. 그 두 번은 쉐라톤 호텔 근처에 있는 훈련 장소로 유명한 언덕에 인터벌 훈련을 하러 갔을 때였다. 심지어 코로콘치도 피했으며, 센다파에도 장거리 달리기 훈련을 위해 두 번만 갔다. 게다가 그마저도 각 90분을 넘기지 않았다고 하니, 의외라는 생각이 들었다. 제말은 아스팔트 위를 너무 많이 달리면 다리가 둔해질 수 있는데, 이렇게 훈련한 덕분에 다리의 속도를 지킬 수 있었다고 확고히 말했다. 그의 훈련은 단순하지만 그의 말대로 '적절한' 훈련이었고, 이는 훈련과 훈련 사이에 최대한 휴식을 취하는 것도 포함된 뜻이었다. 제말은 일주일에 두 번 트랙 훈련을 하고, 잔메다의 들판과 엔토토산 숲에서 가벼운 달리기를 많이 했다.

트랙 훈련이 없는 날이면 아침에 숲에서 1시간 20분 동안 달리고, 저녁에는 '아주 천천히' 40분간 조깅을 했다. 평소 몇 킬로미터 정도 달리는 것 같으냐고 묻자, GPS 워치를 차고 훈련했을 때 얻은 기록을 바탕으로 추정치를 말해주긴 했지만, 솔직히 충전을 깜빡하고 그냥 차고 나가기 일쑤라고 했다. 우리는 메모지 같은 걸 찾으러 집 안으로 들어갔는데, 구석에 똑같은 나이키 운동 가방 여섯 개가 겹겹이 쌓여 있었다. "나이키에서 달리기 용품을 정말 많이 보내줘요. 제가 다 쓸 수 없을 정도로요. 나중에 달리기 그만두고 나면 어떻게 처리할지 고민해보려고요." 우리는 오래된 배번호판 뒷면에 숫자를 적으며 대략 계산을 해봤다. 그랬더니 제말이 매주 170킬로미터를 달린다는 결론이 나왔다. 물론 적지 않은 거리지만, 그렇게 놀랄 정도도 아니었다.

요즘 신는 러닝화는 바깥에서 햇볕에 마르고 있었다. 옆에는 전날 오후 러닝화를 빨고 놔둔 듯한 플라스틱 양동이도 놓여 있었다. 그는 보통 훈련을 마치고 집에 오면 식사를 한 뒤, 오후 대부분의 시간을 낮잠으로 보낸다고 했다. 이후에는 웨이트 트레이닝을 하고, 언제나 그렇듯 40분간 조깅을 하는 게 일과였다. 제말의 대회 준비 과정에서 가장 두드러지는 건 방해나 에너지 낭비 요소가 전혀 없다는 점 아닐까 싶었다. 3000미터처럼 긴 거리를 반복해서 뛰는 훈련을 제외하면, 그가 하는 훈련은 아마도 영국의 웬만한 장거리 주자들 역시 충분히 소화할 수 있는 수준이었다. 흔히들 '달리기는 절대 쉬워지지 않는다. 그저 빨라질 뿐이다'라고 하는데, 제말만큼이나 빠른 선수가 느끼기에도 그 말이 여전히 유효할지 궁금했다. 어쩌면 제말이 하프 마라톤을 58분에 뛰는 느낌이나 내가 그보다 8분 늦게 뛰는 느낌이나 별반 다르지 않을지도 모른다. 실제로 어떤지는 영영 확인해볼 수 없지 않을까.

14

달리기가 제 삶이니까요

선수들은 결정을 내리기 위해 꼭대기까지 걸어 올라갔다. 코치들은 힘들게 산을 오르고 싶어 하지 않으니, 이곳에서라면 마음 놓고 이야기를 나눌 수 있을 것 같았다. 아서스시트Arthur's Seat˚를 휘도는 1월의 매서운 바람이 에리트레아 대표 팀 선수들의 얇은 트레이닝복 사이로 파고들었다. 선수들은 어깨를 맞대고 모여 앞으로 어떻게 해야 할지 의논했다. 전날 에든버러에서 열린 2008년 세계 크로스컨트리 선수권대회에서 남자 대표 팀 선수 대부분이 상위 30위 안에 들었지만, 기대했던 만큼 좋은 성과를 내진 못했기 때문이다. 경기를 치르러 오기까지 이집트에서 일주일이나 발이 묶여 있었던 데다, 런던 히스로 공항에서도 출발 지연으로 상당 시간 대기해야 했다. 결국 에든버러에 도착했을 때는 몸도 마음도 녹초가 돼 있었다. 테월데 멩기스테아브는 52위로 결승선을 통과했다. 이는 영국 대표 팀 전체를 앞지른 기록이었음에도 그는 코치들이

˚ 스코틀랜드 에든버러의 작은 산.

어떤 반응을 보일지 몹시 두려웠다.

"코치님들한테 우리가 에리트레아로 돌아가면 어떻게 될 것 같으냐고 물었더니, '두고 봐야지'라고만 하더라고요." 몇 년 후 나와 인터뷰를 하게 된 그는 이렇게 회상했다. 그에 따르면 과거 에리트레아에서는 성적이 저조하면 강제로 군에 끌려갔다. "그리고 일단 군대에 들어가잖아요? 절대 못 나와요." 에리트레아 선수들이 들은 또 다른 처벌 중에는 며칠 동안 금속 컨테이너에 갇혀, 낮에는 무자비한 적도의 태양을 견디고 밤에는 뼛속을 파고드는 추위에 맞서야 하는 것도 있었다. "그래서 저희는 그 꼭대기에 서서 결심했죠. 밤이 되면 기차역으로 가자고." 가진 돈이 많지 않았던 그들은 기차역에서 가장 가까운 큰 도시가 어딘지 알아봤고, 그렇게 해서 글래스고에 가게 됐다.

글래스고의 존 매카이는 세계 크로스컨트리 선수권대회가 열린 홀리루드 파크°에서 줄까지 서 가며 배번호판에 에리트레아 대표 팀 사인을 받았다. 일주일 뒤 그는 스코틀랜드 난민위원회로부터 전화를 한 통 받는다. 그가 코치로 있는 셰틀스턴 해리어스(이하 '셰틀스턴') 클럽이 새로운 선수를 받을 수 있느냐기에, 그는 흔쾌히 승낙했다. 그리고 화요일 밤, 그날의 훈련을 지도하러 글래스고 클럽 크라운포인트 육상 트랙에 도착하고 나서야, 비로소 그는 상황을 파악할 수 있었다. 그곳엔 에리트레아 국가대표 팀 유니폼을 입은 남녀 선수들이 단체로 모여 있었다. "정말 굉장

○ 에든버러의 자연 공원으로, 앞서 나온 아서스시트도 이 공원 안에 있다.

한 우연이었지 뭐예요." 존이 말했다. 이 사건은 스코틀랜드 육상계를 뒤흔들었고, 이후 수많은 스코틀랜드 대표 타이틀은 셰틀스턴 클럽 차지가 됐다. 스코틀랜드 서부에는 셰틀스턴의 라이벌이라고 할 수 있는 '킬바르찬 AAC' 클럽이 있는데, 에리트레아 선수들이 합류한 시점은 이 클럽 소속인 캘럼 호킨스와 데릭 호킨스 형제가 본격적으로 활약하기 시작한 시기와 맞물렸다. 그리고 실제로 호킨스 형제와 2008년 스코틀랜드에 남기로 한 에리트레아 출신 선수 체가이 테웰데가 2016년 올림픽 마라톤 영국 대표로 출전하기도 했다. 존은 에리트레아 선수들의 합류로 스코틀랜드 장거리 달리기의 수준이 눈에 띄게 높아졌다고 평가했다.

나는 도로 경기에서 영국에 거주하는 에리트레아, 에티오피아, 케냐 출신 선수들에게 밀려 2위나 3위를 기록한 적이 수없이 많다. 잉글랜드 북동부 경기에서는 에티오피아의 타델레 게레메우와 야레드 하고스에게 밀렸는데, 특히 타델레에게 번번이 졌다. 스코틀랜드 경기에서는 주로 에리트레아의 테웰데와 웨이나이 게브르셀라시에게 뒤처졌고, 아일랜드의 더블린에서는 케냐의 프레디 시투크를 도저히 따라잡을 수 없었다. 이런 대결에서 이겨본 적은 한 번도 없지만, 그 경주들은 지금도 잊을 수 없는 소중하고 즐거운 추억으로 남아 있다. 교외의 도로를 따라 달리며, 다른 선수들보다 몇 분 앞서 타델레나 테웰데와 발걸음을 나란히 할 수 있었던 순간들이 특히 생생히 떠오른다. 내 하프 마라톤 최고 기록 1:06:13는 2014년 윔슬로 하프 마라톤에서 에티오피아 출신 영국인 토머스 아브유 그리고 요르단의 모하메드 아부-레제크와 치열하게 경쟁하며 달려 얻은 것이었다. 물론 그 후 두 선수에게 확실히 추월당했다. 경기가 끝나고 토머스는 바람이 많이 부는 날이었다며, 날씨만 좋으면 내가 63분에도 달릴 수 있을 것 같다고 했다. 이렇게 경기 후 다른 선수들과 대화를 나누다 보면 나는 언제나 긍정적인 에너지를 얻을 수 있었고, 더 열심히 훈련하리라는 다짐 그리고 나도 더 빠르게 달릴 수 있을 거라는 믿음을 안고 집으로 돌아왔다. 비록 실제로 그렇게 되진 않았지만.

테웰데를 비롯한 여러 선수들은 우연히 셰틀스턴 클럽에 들어가게 됐지만, 결과적으로 그보다 더 든든한 클럽을 만나기도 어려웠을 것이다. 셰틀스턴 클럽은 사회적 책임을 실천하는 데 앞장서는 클럽으로, 그 뿌리는 1930년대까지 거슬러 올라갔다. 당시 10마일 세계 챔피언이었던 현 클럽 회장 일레인 매카이의 조부 앨런 스캘리는 달리기 대회에서 얻은 상금으로 이스트엔드 지역에서 무료 급식소를 운영하기도 했다. 에리트레아 선수들의 새 집에는 클럽 동료들의 도움으로 곧 필요한 것들이 갖춰졌으나, 셰틀스턴 클럽이 위치한 곳은 글래스고의 자랑스러운 노동 계급 지역이었다. 에리트레아 선수들은 클럽의 지원을 받았지만, 훈련과 병행해 일도 해야 했다. 처음에 선수들은 문화 충격을 느끼기도 했으나, 곧 공장과 창고에서 교대 근무를 하기 시작했다. 시간이 지나면서 일부 선수는 어린 선수를 위한 훌륭한 멘토가 됐다. 그리고 테웰데는 화요일 밤의 그 첫 훈련에 참석한 지 10년이 지난 지금까지도 그 역할을 충실히 이어오고 있었다.

나는 에티오피아에서 보낸 시간을 마무리하고 스코틀랜드

로 돌아온 직후 셰틀스턴에서 열린 10킬로미터 도로 경기에 참가했는데, 그때 에티오피아와 에리트레아 선수들이 세계를 누비며 활약하는 양상을 확실히 실감할 수 있었다. 테웰데나 다른 선수들과 비슷한 상황에 처해 2012년 올림픽 이후 영국에 남기로 결정했던 에리트레아의 웨이나이 게브르셀라시에를 마지막으로 본 건 아디스 코테베의 주스 가게에서였다. 그가 지금 이곳에서 30분 이내로 완주해 300파운드의 보너스를 받을 기회를 노리고 있었다. 에리트레아는 30년간의 독립 전쟁 끝에 1993년 에티오피아로부터 독립했고, 1998년 시작된 양국의 국경 분쟁은 2018년에야 공식적으로 종결됐다. 그럼에도 두 나라 선수들은 좋은 관계를 유지하고 있으며, 많은 에리트레아 출신 선수들이 에티오피아에서 전지훈련을 하곤 했다. 이제는 영국에서 살고 있는 웨이나이도 아디스로 자주 훈련을 왔고, 주스 가게에서 만났을 때 그는 에티오피아와 에리트레아의 훈련 방식이 굉장히 비슷한 한편, 아무래도 에리트레아 코치들이 더 엄격한 편인 것 같다고 했다. 또 버밍엄에서 가족과 함께 시간을 보내며 일하는 기간과 에티오피아에서 훈련하는 기간을 따로 두는 게, 두 가지를 동시에 하려 애쓰는 것보다 자신에게 더 잘 맞는 방식이라고도 했다.

나는 웨이나이, 테웰데 그리고 마찬가지로 에리트레아 출신인 아브라함, 아마누엘과 모여 워밍업을 했다. 경쟁자들이 도로나 강을 따라 달릴 때, 우리는 풀밭에서 이게 조깅인지 아닌지 알 수 없을 정도로 천천히 달리기 시작했다. 웨이나이는 적당한 나무 몇 그루를 찾아 그 주위를 돌다, 들판 쪽으로 이동해 이번에는 지그재그 달리기를 했다. 우리는 한 줄로 늘어서서 점점 속도를 높이지만, 아주 미세하게 빨라질 뿐이었다. 웨이나이를 따라 숲속을 달리자니, 마치 다시 에티오피아로 돌아간 듯한 기분이었다. 이후 우리는 실제 경기 페이스에 가까운 속도로 몇 분 달린 뒤 워밍업을 마쳤다. 너무나도 익숙한 한 줄 달리기로 들판을 가로지르며 출발 지점인 스포츠 센터로 향하자, 경쟁자들이 호기심 가득한 시선으로 우리를 바라봤다.

 출발 총성이 울리는 순간부터 나와 웨이나이의 격차가 벌어졌다. 웨이나이는 개인적으로 30분 이내로 달리겠다는 목표를 안고 빠르게 출발하지만, 결국 30분 10초로 경기를 마치며 조금 아쉬운 결과를 기록했다. 나는 그보다 거의 2분 늦게 결승선을 통과하며 2위에 오르고, 아브라함이 3위, 테웰데가 5위, 아마누엘이 6위를 차지했다. 우리는 함께 스포츠 센터로 돌아와 차와 케이크를 먹으며 담소를 나눴다. 영국에는 에티오피아나 에리트레아 출신 선수와 전직 선수들이 꽤 많이 살고 있는데, 테웰데와 웨이나이처럼 정치적 이유로 정착하게 된 이들도 있고, 경제적 이유로 이주해온 이들도 있었다. 최근 맨체스터에서 에리트레아 출신 선수들의 모임이 열려 60명 이상이 참석했다고 한다. 그런데 많은 이들이 달리기와 일 사이의 균형이 이제 일 쪽으로 확실히 기울었음을 느끼고 있었다. 2008년에 영국으로 온 에리트레아 대표 팀 출신 두 명은 현재 택시 운전을 하고 있었다. 그리고 2016년 올림픽에 영국 대표로 출전했던 체가이는 케임브리지에서 요양보호사로 일하는 중이었다. 테웰데는 여러 가지 일을 거쳐, 현재는 뛰어난 지구력을 바탕으로 영국의 배달 플랫폼인 딜리버루Deliveroo에서 자전거로 배달 업무를 하고 있는데, 이는 특히 훈련과 병행하기엔 어려운 일이었다.

웨이나이는 에티오피아 전지훈련을 돌아보며, 자신이 2시간 10분에 마라톤을 할 수 있는 건 모두 그 훈련 덕분이라고 생각하지만, 아디스에 머물 때는 감정 기복이 심했다고 말했다. "훈련이 순조롭게 진행된 날은 뿌듯하고 기분도 좋죠. 하지만 훈련이 잘 안 풀린 날에는, 달리기에만 집중하려고 여기까지 왔는데 시간은 시간대로 쓰고, 돈도 돈대로 쓰고, 가족은 그립고, 내가 왜 여기 있는 건지 모르겠다는 생각이 드는 거죠." 그의 아내는 그를 따라 에리트레아에서 영국으로 왔고, 현재 버밍엄에서 어린 자녀들과 함께 지내고 있었다. 달리기가 생계 수단인 상황에 대해서는 잘 모르지만, 그만한 수준의 훈련을 지속할 필요성을 스스로 납득시키는 과정이 얼마나 어려운지는 충분히 이해할 수 있었다. 내가 영국에서 만난 많은 에리트레아 및 에티오피아 출신 선수들이 다른 일과 가족에 대한 책임을 다하기 위해, 그에 맞춰 달리기 훈련 일정과 강도를 조절하는 생활을 하고 있었고, 이는 다른 선수들에게도 흔한 일이었다.

하지만 비록 지금 달리기로 돈을 벌고 있진 못해도, 달리기를 완전히 포기한 사람은 거의 없었다. 달리기는 여전히 그들의 마음을 붙들고 있었다. 센다파의 훈련 버스 안에서 어느 날 새벽 6시 30분, 하일리에가 했던 말이 떠오른다. 당시 그는 부상으로 몇 주째 달리지 못했음에도, 매일같이 그룹의 새벽 훈련을 지켜보고 선수들의 비자 신청을 위해 줄을 서는 등 보조 에이전트로서의 업무를 소화하느라 상당히 피로가 쌓인 상태였다. "달리면서 지치는 게, 안 달리면서 지치는 것보다 훨씬 나아요." 하일리에는 잠시 말을 멈추고 창밖을 바라봤다. 그룹 선수들이 언덕 정상을 향해 힘겹게 나아가고 있었다. 이윽고 그가 나지막이 읊조렸다. "달리기가 제 삶이니까요."

에티오피아에 있는 동안 나는 달리기와 조금 씨름해야 했다. 나보다 훨씬 뛰어난 선수들에게 둘러싸여 지내다 보니 일루지오를 유지하기가, 즉 달리기가 나에게 얼마나 중요한 일인지 스스로 의미를 부여하고 확신을 갖기가 어려웠다. 또 관찰적 참여에 나선 인류학자로서 높은 고도 및 지형에 나보다 익숙하며 체력도 좋은 선수들과 함께 달리는 건 피할 수 없는 일이었는데, 이는 극도로 힘겨운 도전이었다. 그 덕분에 이 책에 조금 더 흥미로운 통찰이 담기고, 스포츠 인류학에 새로운 시각을 더할 수 있었을지 모르겠다. 하지만 그로 인해 나는 거의 언제나 과훈련 상태였고 늘 지쳐 있었다.

에티오피아에서 15개월이 넘는 시간을 보내고 에든버러로 돌아온 후, 나와 로즐린은 딸 매들린(중간 이름은 티루네시○로 지었다)을 품에 안았고, 둘 다 박사 학위 논문을 쓰기 시작했다. 처음 6개월 동안 나는 홀리루드 공원을 가로질러 대학까지 달려가곤 했지만, 다시 진지하게 훈련에 임할 의욕은 좀처럼 생기지 않았다. 그

○ 앞서 언급된 에티오피아의 여성 챔피언 티루네시 디바바에서 따온 이름이다.

러면서도 공식 마라톤을 한 번도 뛰지 못했다는 사실이 계속 마음에 걸렸다. 마라톤 기록 없이 달리기를 그만두고 싶진 않았지만, 마라톤을 하려면 뭔가 자극이 필요했다. 이럴 때 하일리에나 체닷, 비르하누라면 어떻게 했을까 생각해봤다. 아마도 수백 마일 떨어진 극도로 높은 고지대로 가서 훈련을 하거나, 새벽 3시에 일어나 언덕을 오르락내리락하는 조금은 무모한 활동이 아닐까. 그렇잖아도 6개월 된 아이 덕분에 로즐린과 나는 새벽 3시에 잠을 설치기가 다반사였고, 고산 지대로 훈련을 떠나는 건 애초에 엄두도 낼 수 없었다. 하지만 친구들에게 에티오피아식 훈련 프로그램을 짜달라고 부탁한 뒤, 에든버러의 겨울 동안 실천하는 건 가능할 것 같았다.

　영국에는 에티오피아나 에리트레아의 고원처럼 고도가 높은 곳은 없지만, 테웰데는 전화로 영국이 기후만큼은 달리기에 완벽하다고, 심지어 글래스고도 예외가 아니라고 말했다.° 또 에티오피아에서 달리던 장소와 지면이 꽤 유사한 곳도 찾으려면 찾을 수 있었다. 나는 잉글랜드 북동부 도시 뉴캐슬에 있는 '타운 무어'라는 거대한 공원에서 타델레와 함께 훈련하며 그 사실을 느꼈다. 그 공원은 넓은 벌판으로, 센다파의 코로콘치와 비슷한 지면이 있었다. 테웰데, 웨이나이를 비롯한 다른 선수들이 글래스고에서 하는 훈련을 보고도 깨달을 수 있었다. 캐스킨브레이스 구

○ 글래스고는 연평균 150일 이상 비가 내리며, 영국에서도 강우량이 높은 곳으로 손꼽힌다.

릉 지대는 숲을 대신하기에 더할 나위 없고, 스트래스클라이드 대학 운동장은 5바퀴부터 1바퀴까지 거리를 줄여가며 달리는 긴 인터벌 훈련을 하기에 제격이었다. 그리고 정말 강도 높은 훈련을 하고 싶으면 이 트랙에서 400미터를 40회 반복해서 뛰는 것도 고려해볼 만했다. 체가이가 올림픽 국가대표 팀 선발전을 겸한 런던 마라톤을 대비하는 과정에서 한 훈련이었다.

　에든버러에서는 훈련에 적당한 지형을 찾아 여러 골프 코스를 돌아다녔는데, 그러다 해안을 따라 이어지는 코로콘치 길을 발견해 하일리에게 확인을 받으려고 사진을 찍어 보냈다. 내가 골퍼들의 눈총을 피할 수 있다는 전제하에 하일리에가 특히 마음에 든다고 한 건 슬로프가 길게 펼쳐진 더딩스턴 골프 클럽의 골프 코스였다. 그는 내 훈련 스케줄을 짜는 데 과분할 정도로 신경을 써줬고, 메세렛이 국가대표 팀으로 자리를 옮기면서 모요스포츠에 오게 된 게타마사이 몰라 코치의 도움까지 구했다. 이전엔 에티오피아 최대 스포츠 매니지먼트 에이전시인 '글로벌 스포츠 커뮤니케이션스'에서 일했던 게타마사이 코치는 2시간 4분의 마라톤 기록을 보유한 레울 게브르셀라시에 선수를 지도한 경력도 있었다. 얼마 지나지 않아 흰 종이에 볼펜으로 깔끔하게 작성한 스케줄표 사진이 왓츠앱으로 왔다.

　강조 표시가 된 부분들만 봐도 하일리에가 훈련에서 우선시하는 사항이 무엇인지 확연히 알 수 있었다. 매일의 일정이 최소 한 단락 이상으로 설명돼 있고, 여러 개의 소제목이 달려 있었다. '훈련 장소'가 첫 번째 항목이었다. 가벼운 훈련의 경우 훈련 장소는 차카('숲'이라는 의미) 또는 골프 코스였다. 더 빨리 달리는 훈련을 위해서는 주로 들판과 코로콘치를 번갈아 달리고, 가끔 도로를 달리도록 돼 있었다. 두 번째 항목은 '훈련 유형'이었다. 매우 천천히 달려야 하는 훈련의 경우, 아디스에서 함께 달린 경험으로 하일리에는 내가 이 훈련에 어려움을 느낀다는 걸 알고 있었기에 '아주 느린 속도'라는 표시와 함께 훈련 시간이 분 단위로 명시돼 있었다. 나는 에티오피아의 숲에서 달리던 것과 최대한 비슷하게 훈련하고 싶었다. 그래서 특히 날씨가 너무 추워 골프를 치러 오는 사람들이 없을 때를 노려, 골프 코스 경사면에서 지그재그로 오르내리기 훈련을 반복하기도 했다. 훈련을 재미있게 만들고 가끔은 미친 듯이 해보라는 조언을 받아들여 헤드 랜턴을 쓰고 밤에도 달렸다.

쉬운 훈련을 하는 날 일정에도 대부분 '+인터벌'이 마지막에 괄호와 함께 적혀 있어, 매일 조금이라도 속도감 있는 훈련을 하는 게 얼마나 중요한지 잊지 않을 수 있었다. 강도 높은 훈련을 하는 날이면 코로콘치나 들판 위주로 달리고, 한 번씩 트랙이나 도로로 나갔다. 대부분의 훈련 일정에 내가 달려야 할 속도가 구체적으로 지시돼 있는 만큼, 통제력과 규율을 기르는 데 중점이 있다는 걸 알 수 있었다. 제말이 즐겨 하는 긴 트랙 인터벌 훈련도 포함돼 있었는데, 강도는 내게 적당하게 낮춰져 있었다. 4000미터를 두 번 반복해서 달리는 세션이 특히 힘들었다. 첫 번째 인터벌은 12분 36초, 두 번째 인터벌은 12분 24초로 달려야 했다. 도로 일정은 센다파에서 했던 것처럼 가속 달리기를 하라는 날이 많았고, 15분마다 킬로미터당 몇 초씩 점진적으로 속도를 올리는 방식이었다. 해안을 따라 머슬버러를 향해 왕복으로 달리다 보니, 돌아오는 길에는 바람을 맞으며 속도를 내기 위해 고군분투해야 했다.

이 훈련 일정을 소화하며 나는 활력을 되찾았고, 마라톤 대비 훈련을 고려할 수 있을 만큼 몸 상태도 좋아졌다. 하일리에와 게타마사이가 시간과 정성을 들여 짜준 훈련 세션이라는 점도 적잖이 큰 힘이 됐다. 나는 에든버러와 프랑크푸르트에서 개최되는 대회들을 목표로 삼았다. 그리고 골프 코스 달리기를 이어가고 센다파에서 했던 장거리 도로 훈련을 참고하는 등 에티오피아에서 익힌 훈련 방법을 최대한 활용해 경기 대비를 시작했다. 또 더럼에서 오랫동안 나를 지도해준 맥스 콜비 코치의 조언도 구했다. 그 과정에서 1980년대 영국 북동부의 달리기 문화와 2010년대 아디스의 달리기 문화 사이에 의외로 공통점이 많다는 것도 알게 됐다. 2018년 에든버러 마라톤에서 나는 2:24:43로 3위를 기록했다. 마라톤 완주를 목표로 뛰었으며, 마지막 10킬로미터 구간은 맞바람을 뚫고 뛰어야 해서 만만치 않았다. 나는 결승선을 통과하자마자 로즐린과 이제 막 걸음마를 시작한 매들린과 함께 드디어 공식 마라톤 기록을 갖게 된 기쁨을 나눴다. 그리고 다음 목표는 프랑크푸르트였다.

에티오피아를 떠난 지는 거의 2년이 다 돼가고, 에든버러 마라톤을 치른 지도 5개월이 지났다. 나는 프랑크푸르트의 한 호텔 방에 있었고, 체닷 그리고 체닷의 동료 켈킬레 게자헨과 함께였다. 나는 2시간 20분 이내 마라톤 완주에 도전하기 위해 이곳에 왔고, 덕분에 오랜만에 체닷도 만날 수 있었다. 내가 에티오피아를 떠난 후 체닷은 마라톤 기록을 2:09:26로 단축했고, 내가 에든버러에서 달리기 일주일 전에는 라트비아의 리가 마라톤에서 우승했다. 방 안은 빈 병과 에티오피아 전통 스낵인 콜로, 에너지 파우더 봉지로 어지러웠다. 체닷과 켈킬레는 에너지 파우더를 각자 여덟 병씩 섞어둘 계획이었다. 이렇게 준비된 병들은 내일 아침 마라톤 코스 5킬로미터 지점마다 배치된 음료대로 옮겨질 예정이었다. 체닷은 그래야 마라톤을 할 준비가 단단히 된다며, 콜로도 계속 더 먹으라고 권하고, 테이블에 가득 쌓인 물병을 가리키며 물도 더 마시라고 권했다.

켈킬레는 이불을 덮고 침대에 누워 있었다. 거의 움직이지도 않고, 말도 필요한 말이 아니면 하지 않는데도 자신감이 엿보였다. 오늘은 무엇보다도 에너지를 비축하는 게 중요한 날이었다. 체닷은 올해 나이키와 스폰서 계약을 맺고 각종 달리기 용품이 든 19킬로그램짜리 가방을 두 개 받았는데, 맬컴의 부탁으로 내가 그중 하나를 에든버러에서부터 가져다준 참이었다. 체닷은 포장된 의류를 몇 가지 살펴보고는, 양말 16켤레를 모두 꺼내 하나 하나 바닥에 늘어놨다. "이거 괜찮다. 되게 얇고 가벼워." 체닷이 켈킬레에게 보여주며 말했다. "내일 그거 신으면 되겠네." 켈킬레가 대답했다. 체닷은 조심스럽게 양말 한 짝을 신은 뒤 레이싱화에 발을 넣어 착용감을 확인해봤다. 그러곤 느낌이 괜찮은지, 레이싱화에 양말을 넣어 내일 아침용 작은 가방에 담았다.

체닷은 챙이 넓은 야구 모자도 꺼내 써보고, 조끼와 다른 옷도 몇 벌 입어봤다. 영국 프리미어 리그 축구팀 감독들이 입을 것처럼 생긴 무릎까지 내려오는 패딩 재킷은 침대 위로 내려놨다. 러닝화도 10켤레나 들어 있었다. "아디스에 가서 팔면 꽤 돈 되겠는데?" 켈킬레의 말에, 체닷은 고개를 끄덕였다. 그러나 전에 체닷이 달리기 용품에 관한 자신의 생각을 얘기해준 적이 있다. "전 다른 사람들처럼 러닝화 안 팔아요. 이 신발들이 제 공장이에요. 제가 이걸 신고 뛰어서 달러를 만드는 거예요." 체닷은 발 사이즈가 약 250밀리미터였다. 체닷의 러닝화는 세계에서 가장 효율적인 공장 중 하나라고 해도 결코 과언이 아닐 것이다.

오후 3시쯤 되자 체닷도 침대로 올라가 이불을 덮고 누웠다. 우리는 이제 체닷의 전략을 의논하기 시작했고, 그는 네 명의 페이스메이커 중 두 번째 페이스메이커를 따라가며 중간 지점을 63분 30초에 통과하기로 목표를 정했다. 체닷은 몇 번이나 거듭 말했다. "2시간 7분만 찍으면 좋겠어요. 2시간 7분이면 괜찮은 기록이잖아요?" 사실 체닷은 중간 지점을 45초 더 빠르게 지나갈 선두 그룹과 함께 뛰고 싶어 하는 기색이 역력했다. 하지만 나는 체닷이 그러지 않도록 설득해달라는 맬컴의 부탁을 받고 온 터였다. "체닷은 지금 좀 까다로운 상황이에요." 맬컴이 말했다. "이번에 기록을 대폭 단축해서 2시간 5분대에 들어올 가능성도 있다고 보긴 하는데, 오히려 완전히 무너져서 2시간 10분에도 못 들어오거나 아예 완주하지 못할 가능성이 더 커요." 맬컴이 보기에는 체닷이 앞으로 몇 년간 꾸준한 소득을 보장받을 수 있도록 나이키와의 계약을 안정적으로 이어가는 게 우선이었다. 따라서 최소한 2시간 9분대를 다시 한 번 기록해 나이키와 다른 마라톤 관계자들에게 앞으로의 성장 가능성을 보여줄 필요가 있었다. "2시간 7분이면 대단하죠." 내가 대답했다. "그 정도는 제 능력 범위 안이에요." 체닷이 말했다.

다음 날 아침, 출발선에 선 나는 하일리에가 가르쳐준 대로 했다. 이 대회를 준비하며 했던 코로콘치 장거리 달리기와 가속 달리기 훈련을 머릿속에 떠올렸다. 두 훈련은 하일리에와 맥스 모두 꼭 해야 한다고 강조했던 훈련이었다. 1마일에 평균 5분 28초로 15마일(약 24킬로미터)을 달린 것과, 5킬로미터를 실제 마라톤 페이스보다 빠른 속도로 달린 뒤 1킬로미터를 4분 동안 '회복' 구간 삼아 뛰기를 4회 반복한 인터벌 훈련도 떠올렸다. 이날을 위해 2시간 반 동안 쉬지 않고 달리는 훈련도 충분히 했다고 스스로를 다독였다. 그러고 나서 체닷의 짧지만 힘 있는 말을 곱씹었다. '내 능력 범위 안에 있다.' 체닷에게 행운이 함께하기를 빌었다.

나는 대부분의 훈련을 혼자 했다. 가볍게 훈련하는 날에는 사무실까지 달려서 출근하고 달려서 퇴근하는 걸로 훈련을 대신하고, 매들린이 태어난 지 얼마 안 됐을 때는 훈련 시간을 최소화하려 애썼다. 그렇다 보니 에티오피아에서 늘 들었고 몸소 실천해야 했던 한 가지 중요한 당부를 지키기 어려웠다. 혼자 달리는 것보다 여럿이 함께 달리는 게 더 쉽다는 것. 그런데 프랑크푸르트 마라톤에 참가한 엘리트 여성 선수들 역시 2시간 20분 이하를 목표로 달리고 있어, 결국 나는 자연스럽게 그룹에 섞여 달렸다.

페이스 카에 장착된 모니터에는 우리 그룹의 직전 1킬로미터 구간 기록과 예상 완주 시간이 번갈아 나오고 있었는데, 2:19:40에서 2:19:50 사이를 오르내릴 뿐 큰 변동이 없었다. 페이스 카 바로 뒤로는 에티오피아 출신 남성 페이스메이커 세 명이 나란히 뛰고 있고, 그 뒤를 세계 정상급 여성 마라톤 선수 10명가량이 달리고 있었다. 그리고 그들 뒤를 나 같은 남성 선수 몇 명이 따라갔다. 나는 속으로 끊임없이 되뇌었다. 이건 나만의 '브레이킹 2' 도전이라고. 실제로 그보다 더 이상적인 환경은 상상할 수 없었다. 사실 그날 경기에서 가장 생생하게 남아 있는 감정은, 공포다. 특히 음료대 근처를 지날 때면 주위에서 펼쳐지는 진짜 레이스를 내가 방해하진 않을까 심히 두려웠다. 하지만 에티오피아의 메스케렘 아세파, 하프탐네시 테스파예 같은 여성 선수는 자기 공간을 지키는 데 능숙해서, 내가 너무 가까이 붙으면 팔꿈치로 슬쩍 신호를 줬다.

그룹으로 달린다는 건 분명 큰 차이를 만든다. 그리고 그 차이는 나이키와 이네오스가 마라톤 2시간의 벽을 깨기 위한 공기역학 실험을 통해 얻고자 한 효과보다 훨씬 더 근본적인 것이었다. 킵초게가 브레이킹 2 프로젝트로 이탈리아 몬차에서 경주를 한 직후에 한 말이 떠오른다. "함께 달리며 기운을 북돋아준 페이스 메이커들에게 감사를 전하고 싶습니다." 프랑크푸르트에서 1킬로미터씩 앞으로 나아갈 때마다 바로 이런 마음이었다. 그룹의 에너지는 선수 한 명 한 명의 에너지를 단순히 합친 것 이상이었고, 우리는 마치 하나의 덩어리처럼 함께 나아갔다. 그러다 2시간 20분 페이스에서 조금씩 처지기 시작했고, 마지막 몇 킬로미터 구간에 들어서자 늘어선 고층 건물들 탓에 바람이 사정없이 몰아치는 새에 그룹이 흩어졌다. 그러고 나니 더 이상 의지할 곳이 없었다. 하지만 선두 그룹 바로 뒤라는 최고의 위치에서 이날 경기의 결정적 순간을 지켜볼 수 있다는 건 정말 특별한 경험이었다. 코너를 돌자 메스케렘 아세파가 속도를 급격히 끌어올리기 시작했다. 곧 수백 미터 앞서게 되자 어깨 너머로 자신이 일으킨 파장을 살폈다. 경기 카메라로는 좀처럼 잡아내기 어려운, 갑작스럽고 무자비한 가속이었다. 불과 1분 만에 승기를 잡은 메스케렘은 2:20:36로 여자 우승을 차지하며 코스 기록을 경신했다.

　　프랑크푸르트 마라톤의 결승 구간은 그야말로 장관이었다. 선수들이 달리게 되는 마지막 100미터는 페스트할레˚ 내부의 레드 카펫이 깔린 길이었다. 나는 메스케렘이 결승선을 통과하는 순간 공연장 안으로 들어섰고, 밖에서 수십 킬로미터를 달리다 갑자기 컨페티가 흩날리고 조명이 빛나는 화려한 실내를 맞닥뜨리니 감각이 압도되는 것 같았다. 머리가 약간 어질어질했지

˚ 프랑크푸르트에서 가장 큰 돔형 실내 공연장.

만, 분위기를 만끽하며 결승선을 향해 나아갔다. 그리고 마침내 2:20:53로 경기를 마쳤다.

정신을 가다듬은 나는 체닷을 찾아 나섰다. 상위권 선수들은 모두 호텔로 돌아가도 된다거나 도핑 테스트를 받으러 오라는 안내를 기다리며, 광고판 뒤로 마련된 접이식 플라스틱 의자에 앉아 있었다. 우리는 서로 땀이 흥건한 와중에도 짧게 포옹을 나눴고, 나는 체닷에게 어떻게 됐는지 물었다. 그는 고개를 저으며 "오늘은 도저히 잘 달릴 수가 없었어요. 정말 잘 달릴 수가 없었어요"라는 말을 반복했다. 그러면서 한 번씩 통증이 찾아오는 자신의 발뒤꿈치를 가리켰다. 외부인이라 엘리트 선수 구역에 오래 머물 수 없는 나는 체닷이 중도 포기로 완주하지 못한 것이라 짐작하며 자리를 떠났다.

그런데 그날 오후 샤워를 마치고 한숨 돌리며 경기 결과를 찾아보니, 체닷은 2:09:39로 8위에 올라 있었다. 체닷의 개인 최고 기록보다 약간 늦긴 하지만, 괜찮은 결과 같았다. 호텔로 돌아온 나는 체닷을 찾아갔다. 체닷은 침대에 누워 있었지만, 오전에 만났을 때보다 안색이 한결 밝아 보였다. 체닷은 나를 보자마자 혹시 8위에도 상금이 있는지 알아봐 달라고 했다. 확인해보니, 체닷은 출전료 2000유로에 8위 상금 1500유로를 더해 총 3500유로를 받을 수 있었다. 체닷과 함께 온 켈킬레는 이번 대회 우승으로 3만 7500유로를 거머쥐게 됐다. 아마 나이키로부터도 적잖은 보너스를 받을 것 같았다. "켈킬레는요?" 내가 묻자, 체닷은 모르겠다는 듯 어깨를 으쓱였다. "시상식도 있고, 도핑 테스트도 있고, 인터뷰도 해야 하고. 우승하면 해야 할 일이 많으니까요."

체닷과 나는 절뚝거리며 도로 건너에 있는 백화점에 갔다. 체닷이 리가 마라톤 우승 상금을 쓸 생각으로 현금을 챙겨왔기 때문이다. 쇼핑을 하고 있는데, 낡은 리바이스 재킷을 걸친 에티오피아 청년이 슬그머니 다가오더니 휴대전화 이야기를 시작했다. 결국 우리는 휴대전화 매장으로 가 그 청년의 도움을 받아 암하라어, 영어, 독일어를 섞어가며 한 시간 동안 다양한 모델을 살펴봤다. 그리고 마침내 삼성 스마트폰으로 마음을 정한 체닷은 200유로 지폐 두 장을 꺼내 계산했다. 우리는 백화점을 나와 눈에 띄는 벤치에 앉았다. 지친 다리를 뻗고 잠시 쉬다 보니 몇몇 엘리트 선수들이 모여들었고, 그중에는 독일 국가대표 팀 트레이닝복을 입은 에티오피아 출신 선수도 있었다. 그는 3년 전 경기를 치르러 독일에 왔다가 그대로 남아 이곳에서 선수로 성공하겠다는 결심을 하게 됐다고 말했다. 이제 독일 국가대표 팀 선발전에 나갈 수 있는 자격도 갖췄고, 독일어도 유창하게 구사할 수 있는 상태였다. 조금 전 백화점에서 만난 청년도 달리기 선수로 독일에 온 경우였다. 그런데 막상 와보니 달리기를 할 생각이 없어졌다고 했다. "그냥 일이 하고 싶어요. 어떤 일이든지요. 아직 구하진 못했고요."

호텔로 돌아가는 길, 체닷에게 다음에 뛸 대회는 어디인지 물으니 아직 잘 모르겠다는 대답이 돌아왔다. "일단 한 달 정도는 쉬면서 회복해야 할 것 같고, 컨디션을 되찾으려면 다시 또 두 달은 걸릴 테니까요." 우리 둘 다 2시간 남짓 전력을 다해 뛸 수 있는 최상의 '컨디션'을 만들기 위해 지난 3개월 동안 자신의 모든 자원을 신중히 관리해왔다. 그러나 이제 우리는 짧게는 몇 주, 길게는 몇 달은 그 상태로 돌아가기 어려운 처지였다. 우리 둘 모두, 아니 최상의 '컨디션'을 갖추려 애쓰는 그 어느 선수도, 그 상태에 다시 이를 수 있으리라는 보장은 없었다.

우리는 카페에 앉아 이 책에서 가장 비중 있게 다룬 선수들이 지금은 어떻게 지내고 있는지 한 명씩 되짚어봤다. 아베레는 현재 호주 멜버른에 있었다. 클럽에 들어가 선수로 복귀할 생각은 있지만, 약 1년 전 호주로 '사라진' 이후 아직 그곳에서 경기를 뛴 적은 없었다. 가끔 식품 가공 공장에서 일하며 지내고 있다고 했다. 여전히 아디스에 있는 비르하누는 네덜란드 출신 매니저와 함께 훈련하는 중이지만, 내가 알던 때의 기량을 회복하지 못하고 있는 듯했다. 셀라미훈은 곤다르의 소속 클럽으로 돌아가 해외 대회에 참가할 기회를 엿보고 있었다. "지금은 그렇게 희망을 갖고 있는 것 같진 않아요." 체닷이 전했다. 체닷 외에 지금도 모요스포츠에서 활동하는 선수는 아세파, 메쿠안트, 제말뿐이었다.

이야기를 나누는 중에도 나는 계속해서 트위터 피드를 새로 고쳤다. 아세파도 오늘 더블린 마라톤에서 뛰고 있기 때문이었다. 잠시 후 아세파가 우승했다는 소식이 올라왔다. 이전 대회에서 두 번의 2위와 한 번의 3위를 한 끝에 드디어 우승한 것이다. 이번 우승으로 거머쥘 1만 2000유로의 상금은 아세파가 여자 친구 테제와 결혼하고, 마침내 '두 사람의 삶을 바꿀 기회'가 돼줄 것이다. 이 소식을 들은 체닷은 친구의 성공이 그저 기쁜 듯 조금 전까지의 침울함은 온데간데없이 연신 "아세파가 1등이에요!"라고 외쳤다. 한편 우리가 함께 그룹 활동을 했던 다른 선수들과는 이제 거의 연락이 끊겼다고 했다. "선수들은 이곳저곳 옮겨 다니니까요. 한곳에 오래 머물려는 사람은 별로 없죠."

체닷의 마라톤 최고 기록은 2020년 초 기준 2:06:18로, 두바이 마라톤에서 우승자보다 2초 늦게 결승선을 통과해 3위에 오르며 세운 기록이다. 그는 리가 마라톤 우승에 이어 2019년 스페인의 세비야 마라톤에서도 우승을 차지했다. 메쿠안트는 자신이 강조했던 인내의 가치를 스스로 증명했다. 스물두 번째로 출전한 마라톤인 2020년 세비야 마라톤에서 2:04:46라는 개인 최고 기록을 달성하며, 체닷의 뒤를 이어 우승을 손에 넣었다. 제말은 전 세계에서 가장 꾸준히 뛰어난 기록을 내고 있는 하프 마라톤 선수라고 해도 과언이 아닐 듯하다. 그는 2년 동안 59:00, 59:14, 58:33, 59:45, 59:09, 59:25를 기록했고, 세계선수권대회에서도 4위에 올랐다. 모요스포츠 또한 소속 선수인 스코틀랜드의 캘럼 호킨스가 세계선수권대회에서 두 번이나 눈부신 활약을 펼치고, 케냐의 티모시 체루이요트가 1500미터 세계 챔피언에 등극하는 등 다방면에서 성공을 거뒀다. 왜 제말, 체닷, 메쿠안트는 세계 정상급 선수로 발돋움할 수 있었고, 다른 선수들은 그럴 수 없었는지, 그 단서를 찾고 싶은 충동이 일기도 한다. 굳이 꼽자면, 일관성이 가장 눈에 띈다. 제말과 체닷은 커리어 초기부터 줄곧 모요스포츠에 몸담아왔고, 메쿠안트도 잠시 떠난 적이 있을 뿐이다. 하지만 이 책의 의도는 그런 생존 편향survivorship bias을 부추기는 게 아니다.

내가 가까이 지냈던 선수들의 이후 행보는 그야말로 각양각색이었다.

훈련을 마치고 돌아오는 길에 운전기사 비르하누가 버스를 세웠던 그날, 우리가 바에서 털어놨던 이야기들이 떠오른다. 그중에서도 유독 돈으로 환산할 수 없는, 달리기에 바친 세월의 가치에 대해 나눴던 대화가 기억에 남아 있다. 목표를 갖고 노력하는 것의 가치, 함께 '변화'를 꿈꾸는 동료의 소중함, 건강과 활력을 우선으로 삼는 태도의 중요성. 선수들이 '자신의 삶을 변화시키고자' 선택한 방법들, 즉 매일 다른 방식으로 달리고, 훈련에 모험적 요소를 더하며, 도시 곳곳에 특별한 의미를 부여하는 것은 결국 모두 과정에 몰입하고 하루하루 흥미와 즐거움을 잃지 않고 살아가기 위한 방법이기도 했다.

흔히 공동체의 에너지는 개개인의 에너지를 합친 것보다 크다고 말한다. 에티오피아의 달리기 문화가 그랬다. 선수로서의 삶에 전적으로 헌신하며 살아가는 수많은 이들이 있기에, 에티오피아 달리기의 최정상에 오른 선수들이 그토록 압도적인 기량을 보일 수 있는 것이다. 서로의 발을 따라 뛰고, 모범을 보고 배우거나 직접 부딪히며 익히는 과정에서 최고 수준의 달리기를 가능케 하는 건, 관리와 규율은 물론 그 바탕에 있는 호기심과 모험심이었다. 체닷이 2시간 6분의 기록을 낸 다음 날, 하일리에로부터 전화가 왔다. 그는 대뜸 에든버러에서 요즘 훈련을 얼마나 하고 있는지 물었다. "티니시, 조금이요." 그러자 하일리에가 말한다. "2시간 20분은 돌파해야 하지 않겠어요?" 전화기 너머에서 싱긋 웃고 있을 하일리에의 얼굴이 눈에 선했다. "까짓것 한 번 더 도전해보죠, 뭐. 어차피 달리기는 제 삶인걸요."

감사의 말

이 책을 쓰는 토대가 된 조사와 실제 집필 과정에는 각각 경제사회연구위원회ESRC의 연구 장학금과 포스트닥터 펠로십의 지원이 있었습니다. 제 연구에 보내주신 신뢰와 아낌없는 지원에 먼저 감사의 말씀을 드립니다. 또 이 책을 믿고 지지해준 제 에이전트 리처드 파이크, 책의 완성도를 높여준 블룸즈버리의 샬럿 크로프트와 조이 블랑, 표지 일러스트와 지도로 책에 활력을 불어넣어준 엘리자 사우스우드와 오웬 델라니에게 감사를 전합니다.

에티오피아에 처음 도착했을 때 따뜻하게 맞아준 베누아 고댕 박사와 그의 가족에게도 깊은 감사의 마음을 표합니다. 예상보다 오래 머물게 됐음에도 제가 마치 제 집처럼 편하게 지낼 수 있도록 모두 배려해주셨죠. 그 집 발코니에서 베누아와 함께 달리기나 사회과학에 대해 이런저런 이야기를 나눴던 시간은 지금도 제게 소중한 기억으로 남아 있습니다. 아랏킬로의 카페에서 무한한 인내심을 발휘해 암하라어

감사의 말

를 가르쳐준 밈미 데미시 그리고 따뜻하고 멋진 우정을 나눠준 에드 스티븐스와 레키크, 진심으로 고마워요.

파실, 비르하누, 체닷, 제말, 아세파, 그 밖의 많은 선수들에게도 애정을 담아 감사의 뜻을 전하고 싶습니다. 이 친구들과 함께 훈련은 물론 당구를 치러 가거나 축구를 하기도 하며 정말 많은 시간을 웃으며 즐겁게 보냈습니다. 코칭 노하우를 기꺼이 나눠준 메세렛 코치님도 고맙습니다. 그리고 하일리에 테쇼메에게 특별한 감사의 인사를 전합니다. 그가 없었다면 이 프로젝트는 여기까지 올 수 없었을 거예요. 하일리에는 다른 선수들을 소개해주고 통역해주는 것은 물론, 제가 이해할 수 있도록 무엇이든 몇 번이고 다시 설명해줬습니다. 또 멋진 요리를 만들어주고 끝없이 격려해줬죠. 제게 그들 중 하나가 돼 잠시나마 함께 살아갈 수 있는 기회를 준 하일리에와 다른 선수들의 삶을, 이 책이 부족함 없이 담아낼 수 있었기를 바랄 따름입니다. 그리고 모요스포츠 소속 선수들과 함께 훈련해보는 것이 어떻겠느냐고 제안하고 독려해준 맬컴 앤더슨에게도 깊은 감사를 표합니다. 그의 지원이 없었더라면 에티오피아의 달리기 세계를 경험하는 건 거의 불가능한 일이었습니다.

에든버러 대학에서 박사 과정을 지도해주신 닐 신, 제이미 크로스 교수님께도 감사의 인사를 드립니다. 이 책은 두 분의 아이디어와 지지에 힘입은 바가 큽니다. 제이미 교수님께서는 저보다 먼저 이 프로젝트를 믿어주시고 제가 지원금을 신청할 수 있도록 이끌어주셨어요. 그리고 지반 샤르마, 엘리엇 오클리, 톰 보일스턴, 줄리 황, 닉 롱, 앨리사 고스, 댄 기네스, 니코 베스니에, 레오 홉킨슨, 펠릭스 스타인, 데클런 머리, 톰 커닝햄, 제 글을 기꺼이 읽고 조언해주신 모든 분께 진심을 담아 고마움을 전합니다. 특히 디에고 말라라가 남다른 정성으로 이 글을 살펴줘 정말 큰 도움이 됐습니다. 그와 에티오피아에 관해 대화를 나눌 수 있었던 것도 더없는 행운이라고 생각합니다.

영국에서 저의 달리기를 지도해주신 맥스 콜비와 줄리 콜비 코치님께도 깊은 감사의 뜻을 표합니다. 두 분은 오랜 세월 제가 더 나은 선수가 될 수 있도록 노력을 아끼지 않으셨고, 훌쩍 여행을 떠나느라 훈련 일정을 엉망으로 만들어놓기 일쑤이던 저를 놓지 않으셨어요. 두 분의 격려가 없었다면 저는 이미 오래전에 경기 출전 같은 건 포기했을 거예요. 그리고 이 책도 쓸 수 없었을 겁니다. 저의 부모님께도 감사의 마음을 전합니다. 어린 시절 저의 집은 언제나 책으로 가득했고, 부모님께선 제가 세계 어디로 떠나든 애정을 갖고 응원해주셨죠.

무엇보다도 박사 과정을 우리 두 사람의 모험으로 만들어준 로즐린 그리고 이 책을 절반쯤 썼을 때 세상에 나타나 모든 것을 더 명료하게 볼 수 있는 눈을 갖게 해준 소중한 딸 매들린에게 고마움을 전합니다.